教育部人文社科研究项目资助(编号:13YJA840031)
国家旅游局科研项目资助(编号:16TAAG023)

# 熟悉的陌生人

## ——城市休闲行业外来女性非正规就业研究

袁红清　著

ZHEJIANG UNIVERSITY PRESS
浙江大学出版社

图书在版编目(CIP)数据

　　熟悉的陌生人:城市休闲行业外来女性非正规就业
研究 / 袁红清著.--杭州：浙江大学出版社,2021.12
　　ISBN 978-7-308-21651-7

　　Ⅰ.①熟… Ⅱ.①袁… Ⅲ.①城市-女性-劳动就业
-研究-中国 Ⅳ.①D669.2

中国版本图书馆 CIP 数据核字(2021)第 156588 号

**熟悉的陌生人**

袁红清　著

| | |
|---|---|
| **责任编辑** | 傅百荣 |
| **责任校对** | 梁　兵 |
| **封面设计** | 周　灵 |
| **出版发行** | 浙江大学出版社 |
| | （杭州市天目山路 148 号　邮政编码 310007） |
| | （网址：http://www.zjupress.com） |
| **排　版** | 杭州隆盛图文制作有限公司 |
| **印　刷** | 浙江新华数码印务有限公司 |
| **开　本** | 710mm×1000mm　1/16 |
| **印　张** | 13.5 |
| **字　数** | 250 千 |
| **版印次** | 2021 年 12 月第 1 版　2021 年 12 月第 1 次印刷 |
| **书　号** | ISBN 978-7-308-21651-7 |
| **定　价** | 68.00 元 |

# 作者简介

袁红清：男，宁波大学科学技术学院经济学教授，博士，2011 年毕业于上海理工大学，获管理学博士学位。研究方向为农村人口问题、劳动力市场、非正规就业。在《管理世界》《农业经济管理》《经济地理》《农村经济》等杂志上发表论文数十篇。除本书外还曾出版《"刘易斯拐点"后劳动力市场中的信任与有效性》（浙江大学出版社，2012 年）、《湾区经济发展理论与实践》（吉林大学出版社，2017 年）。

# 前　　言

　　本书是在我的两项科研项目基础上写成的，一是 2013 年的教育部人文社会科学研究项目/规划基金项目"娱乐休闲行业外来女性非正规就业研究——基于浙江省 10 城市的调查"(编号:13YJA840031)，二是 2016 年国家旅游局科研项目"休闲旅游业女性非正规就业的形成机制与管控策略研究"(编号:16TAAG023)。我当时所关注的两个核心问题是:第一,大量从农村到城市休闲行业从事非正规就业的女性是一个怎样的群体(人口特征);第二,这些非正规就业的女性具有什么样的社会心理、就业特征和职业预期(社会就业特征)。我以浙江省主要城市的娱乐休闲业为一个典型的案例来探讨这些问题,并希望能对外来女性这个群体做比较深入的认识,对改善政府的人口管理与就业服务提供一些建议。

　　农村女性城市非正规就业,因社会复杂性和敏感性,加上许多生存于灰色地带,学术研究机构对此调查研究比较少,某些领域(尤其是城市休闲业)的调查则几乎是空白。然而,非正规就业在全国各地又普遍存在、数量庞大,预计从业人员至少在数千万。仅浙江省某一城市娱乐休闲场所的从业女性的数量估计就在 10 万以上,而且绝大多数来自外省农村。这种自雇佣式的就业属于非正规就业最典型的三种形式(另外两种是非全日制、临时工作)之一。从调查研究看,这些外来的农村女性大多为非独生子女,多数人隐瞒她们的实际工作内容和收入状况,也不想长期居住于当前就业所在城市,极少考虑如何市民化和融入城市。她们的婚恋、生育与子女抚育的期望与其自身的工作和心理反差巨大。

　　由此,我们面临的问题是,为什么这么大规模的就业群体缺少正规的调查,无法进入正常的统计报表?为什么这么多外来女性(主要来自欠发达地区的乡镇和农村)在缺少教育(学历大多为初中及以下)的情况下投身这个行业,并赚取相对较高的收入？她们有什么样的家庭禀赋和个体特征？为什么她们不愿让家人知晓她们的工作内容和收入状况，也不想融入所在的这个城市？在满带严重污名化的工作经历后，他们将如何面对和计划未来的婚姻、工作和子女教育？城市娱乐休闲行业的就业，既是为了当下的生计，更是为了未来的工作、婚姻和家庭。它不仅关系到数千万人的体面工作，更关系到欠发达地区的数千万个家庭以及整个社会的和谐。

由中国社会科学院旅游研究中心组织专家编写的《2016—2017年中国旅游发展报告》认为我国社会长期以来对"休闲"一词存在偏见，对其不以为然甚至存在负面认知，从而避之不及。对于学术界一直使用的"非正规就业"的概念，官方考虑其带有一定的贬义，也使用"灵活就业"代替。其实，多年来，随着大众生活个性化、网络化、多元化，外来人口及其休闲行业的非正规就业在民众心中的印象有所改观，2016年11月，国务院办公厅印发《关于进一步扩大旅游文化体育健康养老教育培训等领域消费的意见》，标志着以旅游、文化、体育、健康、养老五大幸福产业为代表的中国休闲产业站上国家战略高度。

非正规就业群体数量庞大、类型多样、信任度低、流动性强，难以通过一般的统计方法进行分析。随机抽样几乎不可能，样本量也非常有限，获得的样本资料也难以保证真实性。因此本研究主要采用质性研究、田野调查，强调体验感。调查于2013年1月陆续展开，至2017年9日基本结束。在这期间，我到过很多城市的城中村，也通过"业内人士"了解许多"故事"，甚至实地蹲点、观察和询问，以"小费"为奖励挖掘所谓的背后实情。我对当年做田野调查时热心帮助过我并接纳我的"中间人""圈内人"，仍怀有深深的感激之情。尤其对城市休闲行业的大部分女性（城市里熟悉的陌生人）漂泊异乡创业的勇气、甘于吃苦的精神和坚韧面对各种压力的生存能力表示敬佩。感谢教育部、国家旅游局以及《管理世界》《农业经济管理》《农村经济》等的评审专家、编辑给予我申报课题和发布论文的认可。最后要感谢浙江大学出版社对本书的审阅、编辑和出版。

袁红清
宁波大学科学技术学院

# 目　录

# 第一章　非正规就业中的小雪

## 【前案例】小雪的工作

　　2013年11月初,宁波,夜幕即将降临,在几个老小区围绕的一条小街,许多人还在路边店门口吃着快餐时,三三两两的女子穿着漂漂亮亮的裙子,踩着高跟鞋陆续来到一家大众舞厅,有些稍微远一点的则是骑电瓶车来的,于是,门口的电瓶车也越停越多。她们之中大多数人都是来自浙江省外的中西部。小雪是一位来自湖南益阳的已婚女性,近40岁,家里大女儿都已经十七八岁了,身材却保持得很好,宛如30岁出头。小雪第一次离家外出去了广东的一家制造企业做流水线女工,结识了现在的丈夫,同在企业做工,是个班组长。因为相互多有照应,彼此相爱。20岁不到回家结婚,因为住女方家,算是招了上门女婿。小雪丈夫在老家开了家小卖店,专门卖导航仪、汽车音响等车载电器。直到小女儿出生,她决定再次出门打工,这次她来的是浙江。她先在一家KTV(通常取名娱乐会所)上班,在包厢里为客人做服务,主要帮客人点歌、倒酒、清理台面卫生等,这个行当叫公主。只在晚上上班,一般晚上八点到岗,工作到半夜十一二点左右(娱乐场所管理条例规定,歌舞娱乐场所营业时间都不能超过次日2点),她们的收入全部来自包厢客人给的小费,小费的多少视KTV的档次,高档KTV小费可以有800～1200多元,低档的也有200～500元。下班回家基本在下半夜,一直睡到中午,一天通常只有两次用餐。有时下午可以到舞厅上班,自己买票进去。在舞厅进舞池的两边排排站着,等着男性人员去邀请。舞厅是一种相对低档次的娱乐场所,门槛只有10元不到的门票,不像KTV包厢费基本需要上千元(为了区别,自助唱歌的KTV一般叫量贩式KTV)。在舞厅陪客人跳舞的服务,分两种,一种是跳一支舞给多少钱(小费),另一种就是整场只陪一个人跳舞(叫坐台费)。一支舞(4~5分钟)小费通常是10元、20元,坐台小费通常是100元、200元、300元。在KTV上班,经常要熬夜,有时还要陪客人喝很多酒,小雪决定去舞厅上班,凭借自己的身材以及较好的舞技,基本每次都能上到班。舞厅开放时间分别是上午6:30—9:15,下午是12:30—15:15,晚上是18:30—21:15,这样她就能有机会上三次班,而且作息时间很有规律,不需要熬夜和喝酒。一个月去掉例行休息的时间,可以上班20来天,每天平均收入200~300元,每月就是5000元收入。只要勤快、沟通能力好、认识的客人多,月收入会更高。当然,也有许多像小雪这样的姐妹,好几天上不到一个班,则会给生活带来很大压力,尤其到月底(或月初)交房租和水电费时。她们通常也有多重收入方式,比如在好友圈里推广产品,获得佣金。小雪有一个亲妹妹,在老家做服装销售员,由于受到电商的强大冲击,生意不佳,出来谋生,她在小雪上班附近的足浴店做"洗脚妹",两姐妹合租一间公寓,房租1900元/月。她姐妹俩上班的地点就是公寓的马路对面,上下班也很方便。由于小雪服务体贴,沟通能力好,累积了不少客人,他们之间经常通过微信或短信联系,有时还会陪客人去量贩式KTV唱歌,或者去足浴店洗脚,收取小费还是与舞厅一样。她们姐妹俩一年中,除了过年回老家外,平时也有回去一两次,有时也会把小孩及家人接过来住几周,但更多的家庭情感沟通靠手机(微信视频)。表面上,小雪和她的那些客人非常熟悉,见面非常亲切,彼此有微信或手机号码。尤其是常约的客人,双方的个性、偏好和习惯都了如指掌,遇到心情不好,也经常会相互安慰和鼓励。但是她们彼此可能还是陌生人,甚至相互陪侍好多年,都不知道对方的真实姓名,成为事实上的"熟悉的陌生人"。

　　像小雪姐妹这样在城市娱乐休闲场所的工作,有一个正式的学术称呼,叫"非正规就业"(Informal Employment)。非正规就业的概念是从对正规部门的定义中产生,旨在关注那些在非正规部门从业的低收入劳动群体。非正规就业的定义和统计标准的认识历经了30多年的时间,尤其是当前世界逐渐进入弹性劳动与经济不稳定时代,非正规就业有了更丰富的解释和表现,比如所谓的"零工经济"(Gig Economy)。它本质上是一种短期工作形式,每个人利用自己的空余时间,帮别人解决问题从而获取相应报酬;同时有一些企业为了节约成本,选择弹性的用工方式,让企业的人力成本变得更为精益。"零工经济"形式已深刻改变着以往的工作方式。放眼四望,如今的社会,各种"临时职位"日渐普遍。越来越多的人正在过着一种类似于U盘的生活,哪里需要就插在哪里,随插随取。以前有句话叫:我是块砖,哪里需要往哪搬。现在看来,这句话正在成为现实。

### 非正规部门与非正规就业

非正规就业部门的概念在 1973 年首次诞生于一篇题为《就业、收入和平等：肯尼亚增加生产性就业的战略》的报告。这篇报告是 1972 年国际劳工组织（ILO）考察肯尼亚就业状况后提交的。考察发现类似的发展中国家里，主要问题不是失业，而是存在一大批"有工作的穷人"。报告引发了世界范围内关于非正规就业的关注。国际劳工组织在《1991 年局长报告：非正规部门的困境》中，首次给非正规部门进行了明确的定义，即"发展中国家城市地区那些低收入、低报酬、无组织、无结构的很小生产规模的生产单位或服务部门"，主要包含三种类型：小型或微型企业、家庭企业、独立的服务者。

伴随着对非正规部门内从业者的关注，1993 年的第 15 届国际劳工统计大会（ICLS）通过了《关于非正规部门就业统计的决议》，并首次正式提出了对非正规部门的国际统计定义，即（1）不构成独立的法人实体的私人企业，没有完整的经济账户，金融活动与生产活动分离；（2）企业提供的产品或服务至少有一项是为了在市场销售；（3）雇佣规模低于国家规定，企业和被雇佣职员都没有在国家法律允许范围内注册；（4）从事包括在农业部门内部的非农业的活动。依据非正规部门的概念，非正规就业被定义为那些在非正规部门内的岗位，不考虑主要职业还是第二职业。

业界对第 15 届国际劳工统计大会通过的非正规部门的定义存在各种各样的质疑。2003 年第 17 次国际劳工统计大会通过了《关于非正规就业统计定义的指导方针》，认为非正规就业的定义应该根据不同国家的具体情况而有所不同，不仅存在于发展中国家，也存在于发达国家。这次会议将非正规就业的统计范围定为观察期内所有正规部门、非正规部门和家庭内非正规岗位的总量。并且将非正规就业认定为：若劳动关系在实际或法律中不受国家劳工法规、所得税制度的规制，并且不受社会保障、社会保护或其他员工福利的覆盖，即被认为是非正规就业。

图 1-1 显示了判定非正规就业的具体操作标准，根据统计便利和现实情况，第 17 次国际劳工统计大会提出了非正规就业的概念性框架图。

经济社会学家 Hart（1973）提出了非正式经济的概念，并认为，广义地讲，非正规就业是这样一种经济活动：没有注册、不受政府监管，从而也就不会纳税的就业形式。吸纳非正规就业劳动力（包括城市非熟练工人、失业的弱势群体以及转移的农村劳动力）的主要部门是非正规部门。非正规部门的管理、规范以及运

| 生产单位类型 | 就业中的工作地位 | | | | | | | | |
| --- | --- | --- | --- | --- | --- | --- | --- | --- | --- |
| | 自负盈亏的工人 | | 雇主 | | 家庭工人 | 雇员 | | 生产合作社成员 | |
| | 非正规 | 正规 | 非正规 | 正规 | 非正规 | 非正规 | 正规 | 非正规 | 正规 |
| 正规部门企业 | | | | | 1 | 2 | | | |
| 非正规部门企业(a) | 3 | | 4 | | 5 | 6 | 7 | 8 | |
| 家政服务(b) | 9 | | | | | | 10 | | |

(a) 如第十五次国际劳工大会的统计学者所定义.（排除雇佣家政服务人员的家庭）
(b) 生产仅供自身使用的最终产品的家庭和雇佣家政服务人员的家庭
非正规就业：方格 1 到 6 和 8 到 10.
非正式部门就业：方格 3 到 8.
非正规部门以外的非正规就业：方格 1, 2, 9 和 10

图 1-1　非正规就业概念框架图

作是介于城市现代化部门和传统的农业部门之间的。Hart 描述了加纳（Ghana）的流动群体,他指出,这些采取临时经济战略的群体往往通过自我雇佣（Self-Employment）的方式就业,而这类就业绝大多数不是通过政府创造的,这也就意味着,非正规就业者面对的是边缘（低级）劳动力市场（A Marginal Job Market）,但这些边缘市场总体上却反映了实际的社会需要。

Hart 认为,在非洲的一些城市中,与其说那些收入低下、颠沛流离,定无所居的非正规就业者是失业的,还不如说他们是就业的,尽管这些经济活动与政府组织的正规经济相比较,是一种松散的、规避政府监管、不缴纳税收的非正规收入机会,但它却是一种大众管理机制,是人们谋求生存的有效手段。其后,de Soto(1989)、Feige(1990)等人对非正式经济理论进行了发展,他们认为:在发达或者发展中国家,合法参与经济的权利一般都给予了一小撮精英阶层,而非正规经济指的那些未被国家规定,但能赚取收入的行为,包括不符合已建立的制度原则、得不到制度原则保护的经济行为。非正式经济活动是一种谋生手段,他们从事该经济活动的最终目的是更加充分地利用时间,改善自己的生活条件。实际上,非正规经济活动弱化了家庭对于市场供给的商品和服务的依赖性。Marcouiller 等(1997)按照单位规模和社会保险的覆盖程度来确定个体的非正规就业从业状态。他们将受雇于 5 人以下的微型企业的雇员和没有享受社会保障的雇员视为非正规就业的从业者。Savvedra 和 Chong(1999)将没有签订正式的劳动合同、没有医疗保险和养老以及没有支付所得税作为非正规就业的三条标准。

在发达国家,由于非正规部门或者非正规经济的规模比较小、经营分散而无法纳入到国家制度框架内,因而非正规经济受到了政府的排斥或者漠视。对于非正规就业的合法性,Castells 和 Portes(1989)还认为非正规实际上只是一个标签,依据标签的不同定义,非正规就业所代表的内涵就不同,如果拿掉这个标签,非正规经济就与正规经济一样,在整个经济活动中具有合理性。换句话说,非正规就业与正规就业的划分往往是变动的、没有严格界限的。

我国非正规部门的概念是在 1996 年由上海市政府从国外移植进来的。当时上海市政府为了解决城市下岗职工的再就业问题,将非正规部门称为非正规就业劳动组织,并将非正规就业定义为由下岗失业人员组织,通过参与社会公益性劳动,为社会提供临时性的服务,但眼下无法或者没有条件建立稳定劳动力关系的一种就业形式。随后,非正规就业引起了国内学者的普遍关注。目前,对非正规就业的定义,大多数学者都是借鉴国际劳工组织的定义与说法,然后结合我国的实际国情,在一定程度上对其外延进行拓展而得来的。比如吴要武、蔡昉(2006)认为,对于受雇于人的劳动者,如果没有正式合同,且不是单位的正式职工或者工作单位为个体经济性质的就为非正规就业;对于个体工商户,雇佣 7 人以下的就符合微型企业的定义,属于非正规就业。谭琳、李军峰(2003)指出非正规就业具有以下特点:雇佣关系不稳定,不规范;收入低下,劳动强度大;工作缺乏保障,失去工作的风险较大,同时,进入和退出的成本较低等。万向东(2008)则从雇佣关系、政府管制和就业效果三个维度来界定非正规就业。他认为所谓非正规就业是指具有非正式的雇佣关系(无合同、临时雇佣、随意决定工资等)、未进入政府征税和监管体系、就业性质和效果处于低层次和边缘地位的劳动就业。

从以上论述可以看出,与国际上一样,目前我国非正规就业的定义也没有一个统一的口径。但是,非正规就业的要点,包括经济部门、就业方式和雇佣关系的非正规性这三点普遍得到了大多数学者的认可。根据这些要点,本书比较认可万向东(2008)对非正规就业的定义。就这一定义的本质内涵来讲,雇佣关系、政府管制和就业效果是与劳动就业的方式和权益问题关系最为紧密的三个维度,能够比较全面地揭示我国非正规就业的基本特征(表 1-1)。

表 1-1    非正规就业的三维特征

| 维度 | | 就业特征 |
|---|---|---|
| 雇佣关系 | 非正式雇佣自雇佣 | 1.未注册的小厂/小店的自雇和受雇;2.零散性、流动性个人生产、销售和服务;3.家庭内就业;4.无合同或不规范合同的临时性雇工;5.无合同兼业;6.自由职业 |
| 征税、监管、统计 | 未缴税、未监管、未许可、未统计 | 1.未纳税或偷漏税的就业;2.未进入政府注册登记和统计的就业/兼业;3.雇佣关系及产品或服务的质量未受政府监管;4.就业未得到政府支持或保护;5.法律/法规禁止的隐蔽性就业 |
| 就业性质/效果 | 边缘性、低层次、效果差、风险大 | 1.就业机构是主流经济的替代、补充;2.就业机构规模小、投资少或无投资;3.就业机构技术落后、效率低;4.易进入、收入低、工作时间长、劳动条件差、不稳定;5.得不到正规的技术培训、福利待遇差;6.未进入社会保障体系 |

## 非正规就业与灵活就业

与非正规就业相关联的一个概念则是灵活就业。灵活就业(Flexible Employment)在 20 世纪 70 年代在北欧国家就已经出现,当时主要是为了缓解服务部门的劳动力短缺,以非全日制的形式鼓励妇女参与市场活动。其后,随着就业形式的不断发展变化,灵活就业成为缓解劳动力市场就业紧张、解决失业问题的一条重要途径。

灵活就业所包含的内容和涵盖的领域十分广泛,大多数分布在报酬低下、岗位低级的部门或者行业,比如批发零售业、餐饮业、社区服务业等。从总体特征上看,灵活就业的形式大致可以分为三大类型:一是在劳动标准(包括工作条件、工作环境和工资等)、生产组织管理等方面达不到大规模生产企业标准的就业形式;二是由于科技进步和新兴产业的发展所引起的传统就业方式的变革而产生的新的就业形式;三是独立于单位就业之外的就业形式(方文超,2004)。

其实,我国很多学者往往将灵活就业与非正规就业两个概念等同使用,例如李强和唐壮在《城市农民工与城市中的非正规就业》(2002)一文中认为,传统意义上的临时工就是非正规就业,即那些没有取得正式的就业身份,就业地位很不稳定的就业。石美遐(2007)认为灵活就业和非正规就业的含义是相同的,只是称谓不同而已。曾湘泉(2006)认为我国的灵活就业比国际上认定的非正规就业的覆盖范围更广,就业形式更加复杂、多变,并认为灵活就业不仅包括非正规就业,而且包括部分正规就业。但事实上,非正规就业与灵活就业也存在着明显的区别。

第一,灵活就业来源于弹性就业的概念,其关注的是就业活动的方式和形式,而非正规就业则更关注就业工作岗位的稳定性。

第二,灵活就业不能代替非正规就业,它是一个比非正规就业更宽泛的概念,既包括正规就业也包括非正规就业;而非正规就业则是一个相对狭隘、范围窄的概念,它是灵活就业的一部分。

第三,由于灵活就业不一定是非正规就业,因而从事灵活就业的雇工与雇主之间的劳动关系可能是明晰的,也可能是不明晰的,而非正规就业则不同,它的一个重要特点就是雇工和雇主之间的劳动关系是模糊的、不稳定的。

据吴要武(2014)的说法,劳动部门的一些官员私下承认:“灵活就业”与“非正规就业”没有清晰可辨的区别。只是中国的文化传统不接受“非正规”这样的字眼,在中文语境里,“非正规”容易使人联想到“不正当”“不合法”“不体面”“歧视”等让人觉得“低人一等”的负面感受。政府部门要照顾公众的感受和意愿,因此,在各种文件中使用“灵活就业”这个词。在帮助下岗失业者再就业的过程中,政府部门的工作之一是帮助下岗失业者“转变观念”,接受那些昔日不愿接受的岗位。政府部门一定会顾及下岗失业者的心理感受,避免使用刺激他们、不利于他们转变观念的词汇。

## 非正规就业与自雇佣就业

国际劳工组织和联合国把就业状态细分为雇员、无酬家庭帮工、雇主(雇佣一个或多个雇员)和个体经营户(不雇佣任何雇员)四类,并把后两类就业状态归类于自我雇佣(self-employment)。

自我雇佣、非全日制工作和临时工作是非正规就业最重要的三种类型(ILO,2004)。在所有发展中国家和地区,自我雇佣都占据非正规就业的绝大部分比重(Chen,2004)。北非的非正规就业群体中,62%为自我雇佣者,这一比例在拉丁美洲为60%,在亚洲为59%。

西方特别是美国社会学者对外来移民族群聚集现象以及外来移民自雇佣就业有大量的研究,尤其是“中间人族裔商人与企业家”理论对外来移民自雇佣就业的解释具有较大影响力。该理论认为,外来移民更倾向于自雇佣就业是为了应对市场歧视的一种理性选择;那些阻碍劳动力就业的障碍降低了他们从事自雇佣就业的机会成本,因此,在其他条件相同的情况下,为了生存、自我保护以及代际流动的需要,被歧视群体(外来移民)更多地从事了自雇佣就业。通常情况下,自雇佣者的平均收入水平明显高于受雇者的平均收入水平,社会经济地位的向上流动也非常明显。

在国内,刘妍、李岳云(2007)对南京351个有效农民工样本的研究显示,有32.1%的农民工通过自己打拼的方式就业,是继地缘和血缘关系后的第二大就业途径。Gagnon等(2009)根据2005年1‰人口普查的统计结果得出中国农村移民的自我雇佣比例(包括雇主和自我经营者)为24%。由农村流向城市的劳动力由于没有城镇户口,很难在工资工作部门获得就业,只能依靠自身力量自我经营。宁光杰(2012)在7085个移民劳动者调查中,发现22.48%的劳动者是自我雇佣,72.04%是获取工资的劳动者,5.48%是无酬的家庭劳动者。与对城市劳动者和农村劳动者的调查结果相比,移民劳动者的自我雇佣比例较高,城市劳动者和农村劳动者的自我雇佣比例分别是7.8%和14.3%。

胡凤霞(2014)研究发现,从事自雇佣就业的农民工获取了更高的工资收入,但是也承担了更重的工作强度和压力,他们对工作评价的两极化比较严重,但是对城市生活的融入感相对比较高。自雇佣者的社会资本也优于受雇佣者,其中,教育显著提高了农民工的自雇佣就业选择。随着收入水平的提高,男性农民工和女性农民工从事自雇佣就业的概率都会显著上升,这或许意味着农民工自雇佣就业选择具有更多的自主性,是对高工资收入的一种理性反应。

按照经济学的一般理解,非正规就业者的就业效果较差。但是,在中国的特殊国情之下,非正规就业的意义不仅在于吸纳就业,使那些未能实现正规就业的农民工能够相对容易找到一份生存性的工作,更在于其就业效果(收入与时间付出)可能并不低于正规就业的农民工。这是因为,一方面正规就业者的就业状态本来就不好,另一方面农民工的非正规就业还进一步分化成了自雇就业(self-employment)和受雇就业两种情形。在农民工劳动力市场上,可能正是自雇就业具备了一定的"优势",与在工厂打工相比产生了差异。而这一点与国际上的研究也是相通的。

万向东(2009)把农民工自雇就业进一步区分为"自雇劳动"和"自雇经营",其具体行当主要有:散工——如打零工者、运输人员、手工业和维修服务人员、收废品者等,他们以其替补性、微利性和灵活快捷等特点满足了城市各种服务和流通需求;流动摊贩——具有容易进入、规模小、技术含量低、成本小、见效快、适应性强、灵活度大的特点;无牌小店铺——未进行工商登记注册而从事生产性或服务性经营的个体店铺或小作坊,其主要特点是经营活动以基于社区的零售、服务业为主,总量较大且分布集中,服务对象多样化但以低收入阶层(主要是城市老年人或外来流动人口)为主,经营场所兼有加工销售和居住多功能。

吴要武(2014)通过 66 城市抽样调查,认为具有以下特征的劳动者被界定为非正规就业者:(1)受雇于人,没有正式合同,不是单位的正式职工;(2)社区的家政钟点工,为居民家庭服务、小时工和临时工;(3)没有正式合同的社区管理和公益服务人员;(4)受雇于人,工资支付是以"按小时""按天"和"无固定期限无固定金额"的劳动者;(5)家庭帮工和自营劳动者;(6)受雇于"个体经济"的劳动者;(7)正规部门内"劳务派遣、小时工和临时工";(8)个体工商户。

## 零工经济(Gig Economy)

最近在美国洛杉矶出现了一种新职业——"遛人师"(People Walker),不同于遛狗和遛自己,你只需要支付 1 小时 30 美元,就会有人陪你出门透透气、聊聊天、走走路。据这一服务的创始人麦卡锡介绍,两年前,"遛人师"以个人企业模式起家,因需求太大,现在他手下有 35 名遛人师轮班,并且还架设了专门的网站,可以让客户定制路线、挑选散步伙伴。有人认为,这种服务的出现是互联网背景下现代人在现实生活中越来越孤独的产物。不过有专家指出,这种服务的出现并不是因为人们的朋友变少,而是"零工经济"孕育了自由工作者的结果。

那么什么是"零工经济"呢?美国巴布森学院客座讲师黛安娜·马尔卡希在《零工经济》一书中指出,"零工经济"指的是用时间短、灵活的工作形式,取代传统的朝九晚五工作形式,它包括咨询顾问、承接协定、兼职工作、临时工作、自由职业、个体经营、副业,以及通过自由职业平台 Upwork、Freelancer.com 等网站平台找到的订单式零工。当下,很多行业都能感受到互联网和数字技术带来的冲击,这种伴随着以数字化、网络化为基础的时代,孕育了共享经济的到来,并颠覆传统用工模式。零工经济带来的是一种以人为本的组织模式和工作方式:将传统的雇佣模式由"企业—员工"改造为"平台—个人"。最为明显的变化就是一些互联网平台公司正在将一大批传统职业变成自由职业。

随着共享平台的兴起,从事自由职业的门槛变得越来越低。根据 Edison Research 的调查,2017 年,有 49% 的兼职自由职业者声称自己已经有一份传统全职雇佣工作,而有 20% 的传统全职工作者也声称有别的收入来源,比如在 Uber 和 Lyft 上面注册成为一名网约车司机,在 eBay 上卖二手物品,抑或是在 Airbnb 上出租民宿。零工经济市场悄然壮大,以共享平台为基础的零工市场也逐步分化为更丰富多样的层次。在低端零工市场,Uber、Lyft 及 TaskRabbit 为求职者提供了计件报酬平台,而 Catalant、Toptal 等高端平台则主打高精尖人才服务,帮助具体个人与商业进行直接联系,目前最紧俏的领域是 IT、市场、生物科技及医疗药物等。

其他发现包括:

● 24％的美国人从零工经济中获得一些收入。

● 对于 44％的零工经济作者来说,这是他们的主要收入来源。

● 年龄在 18～34 岁受访者中有 53％表示零工经济是他们的主要收入来源。

● 与女性相比,男性更有可能从事零工经济,31％的男性这么表示,女性仅占 18％。

● 31％的西班牙裔成年人靠零工经济赚钱,相比之下,27％的非裔美国人和 21％的白人这么表示。

● 零工经济为主要收入来源的人中,有 45％的焦虑指数得分超过 50,相比之下,只有 24％的全职受访者焦虑指数超过 50。

● 以零工经济为主要收入来源的受访者中,有 80％表示难以支付 1000 美元的非预期支出。

● 以零工经济为主要收入来源的受访者中有 28％认为经济上不安全,全职工作者中有 20％这么认为。

● 51％的零工经济工作者认为他们比从事传统工作的人更努力。

在中国,低端行业诸如滴滴打车、58 到家以及微信、陌陌等社交软件平台,已经是运作非常成熟的平台市场,而高端市场也逐步在兴起。零工经济已经扩展到中产阶级、白领的工作中,并逐渐融入高价值、高度透明的科技初创企业的商业模式里。

比如,一品威客网(www.epwk.com)是国内领先的创意众包服务平台、知识技能共享服务平台,聚集了包括设计、开发、策划、营销等品类的千万级服务商。平台打破了中国创意服务人才与企业需求分布的不均衡现状,构建创新的交易模式及完善的服务体系。截至 2019 年 6 月,平台拥有超 1900 万注册用户,交易额累计超 170 亿元。一品威客网以共享经济的发展模式,打破了时间、地域的界限,对社会资源进行撮合匹配,服务中国数以千万级的中小微企业,服务中国数以千万计的创意人、设计师和工作室、机构等。

再比如,在市场上出现了上门医护、共享护士的业务(如图 1-2),只要在 APP 下单,就会有执业护士提供上门输液打针等服务。尽管收费是公立医院的 7 倍之多,但仍然有很多顾客表示非常愿意选择这一服务,因为比起蹲在公立医院走廊里打针,多花一百块钱可以不用出门就躺在家里的床上打针,显然再合适不过了。2018 年 6 月,国家卫健委针对"共享护士"这一新生事物,回应中指出,目前,部分有条件的省市探索开展"共享护士"上门服务,解决了老年人和行动不便患者就医难的问题,给老百姓带来了便利,同时也为护理服务进入家庭进行了探索。2019 年 2 月,自国家卫生健康委员会发布《关于开展"互联网+护理服务"试点工作的通知》及试点方案以来,北京、上海、江苏、浙江等试点地区医疗机构通过"线上申请、线下服务"的方式开展试点。

图 1-2 "共享护士"加入共享经济套餐

德勤《2018 全球人力资本趋势报告》显示,50%的受访者表示他们的劳动力队伍当中存在大量合同工,23%的受访者表示存在大量自由职业者,13%的受访者表示有大量零工。在美国,超过 1/3 的劳动力为自由职业者,该比例在 2020 年将达到 40%。人力资源服务供应商 Kelly Services 发布的《2017 年零工经济下的人才管理研究》报告也显示,零工正在成为新的常态。65%的人才和招聘经理表示,零工经济正迅速成为企业规划工作的新常态。43%的雇佣零工的组织表示至少会节约 20% 的人力成本;72% 的组织表示使用零工/自由工作者的技能为他们的团队/组织提供了竞争优势。

2017 年 1 月阿里巴巴研究院发布的《数字经济 2.0 报告——告别公司,拥抱平台》中指出,雇佣关系、八小时工作制是传统资本雇佣劳动,尤其是大型企业、跨国公司就业的关键词。自我雇佣、灵活就业是平台经济体就业的关键词。越来越多的个体都成为知识工作者、服务提供者,人人都是某个领域的专家。这让个体的潜能将得到极大释放,每个人的特长都可以方便地在市场上"兑现"。U 盘式就业、分时就业、斜杠职业等"灵活就业",基于网络、跨越地理距离的"分布式就业"将越来越普遍。未来 20 年,八小时工作制将被打破,中国高达 4 亿的劳动力将通过网络自我雇佣和自由就业,相当于中国总劳动力的 50%。

2019 年 4 月清研智库联合南京大学紫金传媒研究院、度小满金融(原"百度金融")共同发布了《2019 年两栖青年金融需求调查研究》。报告显示,中国"两栖青年"群体规模已超过 8000 万人。所谓两栖青年,是指年轻群体中有主业(工作)的兼职者和有主业的创业者。他们有自己的主业,同时又兼着其他副业,有多重身份和多种职业,主业可能是一份工作、一个小生意,副业可能是一份兼职,或正在进行创业。从职业特征变化看,海外代购、专车司机、自媒体等传统意义上副业的热度有所降低,小红书达人、数字化管理师、付费咨询师等更具专业性和时代特征的新兴职业强势崛起。国内繁荣的互联网浪潮下新兴产业不断衍生,解构了传统企业组织模式而使自由职业者大规模发展成为可能,青年"两栖"正在发展成为当今时代新潮流标志之一。而互联网金融渗透率的提升以及金融可获得性的增加,为年轻人提升自身,实现梦想提供了有力支持。该报告研究还显示,受整体环境、职业理念、市场兴起三方推动影响,未来两栖青年规模将持续扩大,多元化需求随即迸发多元化副业,两栖青年的副业类型将更具时代性特征,如 AI(人工智能)、无人机驾驶、物联网等全新领域将催生出一系列新兴副业。两栖青年群体一定程度上代表了新时代中国青年的新面貌,符合"树立远大理想、担负时代责任、砥砺奋斗"等时代发展要求,主流媒体的关注也说明社会对他们的认同度正在逐步增加。

国务院总理李克强 2017 年 6 月 21 日主持召开国务院常务会议,部署促进分享经济健康发展,推动创业创新便利群众生产生活时提到,"几年前微信刚出现的时候,相关方面不赞成的声音也很大,但我们还是顶住了这种声音,决定先'看一看'再规范。如果仍沿用老办法去管制,就可能没有今天的微信了!"李克强指出,分享经济利用"互联网+",不仅创造了很多新业态,化解了不少过剩产能,更带动了大量就业。各有关部门一定要高度重视分享经济在我国经济社会发展当中的"生力军"作用。"分享经济是一个新业态。它的所有权和使用权是分离的,灵活性很强,多种模式并存,可以说很多事情是'未知大于已知'。"总理说:"怎么进行有效监管从而更好促进这一产业发展? 相关部门首先还要有一个'包容'的心态,审慎监管,不要一上来就管死。"

### "最美洗脚妹"为足浴服务者"正名"

"我是96号,很高兴为你服务!"这是人们走进一家足浴店包间经常能听到的问候语。足浴,是城市里最容易被误解的边缘行业。洗脚妹,又是一个承受着许多辛酸的就业群体。她们受雇于个体工商户(许多是无牌小店铺),工作很苦很累,每天要在阴暗的包房内至少工作12个小时,和各种各样的客人打交道,头上还"扣"着卑贱的帽子,经常受人歧视,工作强度、心理压力之大可想而知。2010年"感动中国"人物揭晓,被誉为"中国最美洗脚妹"的刘丽当选。这位10年来一直靠打工维持生计,却资助几百名贫困学生上学的女孩,第一次站在这个领奖台上,她朴实地称,因为自己失学打工觉得很困难,见到那些孩子就觉得可怜,想帮帮他们而已。感动中国组委会在颁奖词中赞其为内心的善良,是只不灭的火炬。

在2013年5月4日全国优秀青年表彰会上,习近平总书记不仅认出了刘丽,还主动关心起全国的"洗脚妹"群体。刘丽回忆道:"总书记问我,全国'洗脚妹'群体大概有多少人?""我回答,据非官方统计,大约有1200万。"刘丽说,总书记的鼓励让她非常振奋。回顾她一路走来的道路,就是不把"洗脚妹"的工作看作低人一等,不怕吃苦受累,用心把这个工作做好,用心对待每一个人每一件事,才让她取得今天这样的成就。"我想用四句话总结我走过的路:接受掌声,耐住寂寞,坚持原则,快乐生活。"刘丽说,"美好的明天才刚刚开始,要让'中国梦'美梦成真,还得靠实干。"

2015年,被誉为"最美洗脚妹"的刘丽回家乡安徽创业,在合肥开办一家足浴城。刘丽说,回家乡开足浴城,一是为洗脚妹"正名",为员工们提供一个有保障的工作;二是做公益,今后足浴城25%的利润将捐入慈善会;三是感恩,足浴城采取低定价,要让更多的普通百姓消费得起。

图 1-3　最美洗脚妹——刘丽

## "最美洗脚妹"返乡创业开足浴城

（新华社照片）合肥，2015 年 1 月 13 日，"最美洗脚妹"返乡创业开足浴城 1 月 12 日，刘丽在为客人做足疗。近日，被誉为"最美洗脚妹"的刘丽回家乡安徽创业，在合肥开办一家足浴城。刘丽说，回家乡开足浴城，一是为洗脚妹"正名"，为员工们提供一个有保障的工作；二是做公益，今后足浴城 25% 的利润将捐入慈善会；三是感恩，足浴城采取低定价，要让更多的普通百姓消费得起。刘丽出生于安徽颍上县农村一个贫困家庭，只念了 5 年书便因贫辍学。为减轻父母的负担，身为长女的刘丽外出务工供弟妹上学。1995 年起，刘丽先后到湖北、江苏等地打工。后来，刘丽在

图 1-4　"最美洗脚妹"
返乡创业开足浴城

厦门找到一份"洗脚工"工作，家庭经济状况在她的支持下逐渐好转。除补贴家用外，刘丽用做洗脚妹攒下的辛苦钱资助贫困学生，也由此被网友称为"最美洗脚妹"。新华社发（杨晓原 摄）

　　足疗本质上是一个劳动密集型的产业，是现代服务业的组成部分。足疗看似一个小生意，实际上是一个生生不息的大生意。足疗行业作为服务业，如何体现服务的价值、服务的深度、服务的理念，将决定这个产业是做千亿级的市场容量，还是万亿级的市场容量。另一方面，足疗行业发展，说明了现代都市人在快节奏、高压力的工作生活中，需要一个可以休闲、放松、减压的场合与服务。尤其

是很多国人平常缺少运动，以及喜欢穿高跟鞋的女性，需要通过足疗来做一次强迫运动，从而改善血液循环，缓解疲劳、提高睡眠质量。

足浴疗法在中医文化中源远流长，是人们在长期的社会实践中的知识积累和经验总结，至今已有3000多年的历史传统。古人曾经有过许多对足浴的经典记载和描述："春天洗脚，升阳固脱；夏天洗脚，暑湿可祛；秋天洗脚，肺润肠濡；冬天洗脚，丹田温灼。"苏东坡曰："热浴足法，其效初不甚觉，但积累百余日，功用不可量，比之服药，其效百倍。"又在诗中写道："主人劝我洗足眠，倒床不复闻钟鼓。"陆游道："洗脚上床真一快，稚孙渐长解浇汤。"清朝外治法祖师在《理瀹骈文》道："临卧濯足，三阴皆起于足，指寒又从足心入，濯之所以温阴，而却寒也。"

### 小雪从事的怎样的工作

那么和洗脚妹刘丽有些类似的小雪的工作又是怎样呢？首先需要面对的几个问题是，小雪每天去舞厅陪人跳舞算工作（就业）吗？她算是娱乐场所服务人员吗？她的收入算是什么名分？

什么是工作？什么是就业？根据维基百科（en. wikipedia. org），工作或职业，是一个人的社会角色。更具体地说，工作是一种活动，通常是定期进行的，以换取报酬（"为了生活"）。（A job, or occupation, is a person's role in society. More specifically, a job is an activity, often regular and performed in exchange for payment("for a living").）就业是一种两方之间的关系，通常是根据合同，工作是付费的，其中一方是雇主（可能是一个以营利为目的的公司，不以营利为目的的组织，合作社或其他实体），另外一方是雇员。（Employment is a relationship between two parties, usually based on a contract where work is paid for, where one party, which may be a corporation, for profit, not-for-profit organization, co-operative or other entity is the employer and the other is the employee.）

而根据百度百科，就业的含义是指在法定年龄内的有劳动能力和劳动愿望的人们所从事的为获取报酬或经营收入进行的活动。如果再进一步分析，则需要把就业从三个方面进行界定：一是就业条件，指在法定劳动年龄内，有劳动能力和劳动愿望；二是收入条件，指获得一定的劳动报酬或经营收入；三是时间条件，即每周工作时间的长度。

显然小雪是在工作，她到了法定劳动年龄，有劳动能力和劳动意愿，能提供别人正当需要的服务，双方口头约定，并从中获得报酬，有明确的工作时间。而且在小雪们自己看来,也是在上班,她们把有客人邀请跳舞(坐台),称之为"上到班",反之,则说是"没有上到班"。她们去舞厅的时间都是比较准时的,如同上班打卡一样,比如晚场舞厅标识的营业时间是18:30—21:30,开门则在18:30之前,绝大多数的女性都是在18:55—19:05买票进入舞厅。

其次的一个问题是,小雪和舞厅之间有什么关系,答案似乎是没有关系。对于舞厅而言,小雪也是买票进去的消费者,和其他买票进入的男性顾客没有差别,所以舞厅不能算是小雪的工作岗位(双方没有合约,舞厅没有雇佣小雪工作,小雪所得也没有上缴舞厅),但却是小雪的工作场所。对于舞厅而言,由于有小雪的存在,男性客人才会来,所以小雪算是舞厅的引流资源。有时附近有多个舞厅存在彼此竞争时,为了争夺小雪这样的女性,舞厅有时会推出前50位女性可以免票进场的营销策略。一般情况下女性票价都要比男性票价低2~3元。一个舞厅多则500人,如果男性客人300人,女性客人200人,晚场票价女票5元,男票8元,票价所得3400元。前台寄存衣物一件1元,所得约50元,场内购买饮料、香烟、口香糖等销售所得约300~600元,全部所得在4000元左右。一个舞厅一年毛收入在200万~300万元是很正常的,相比舞厅里小雪们的年收入1200万元(200多人,每月5000元收入),则收入规模小得多。

问题又来了,小雪们的1200万元收入,每次的200元算是什么名分?在舞厅里她们把这叫"小费"。

让我们来看看,服务行业里小费是什么意思,它是指服务行业中顾客感谢服务人员的一种报酬形式。源于18世纪英国伦敦,当时酒店的饭桌中间摆着写有:to insure prompt service(保证服务迅速)的碗。顾客将零钱放入碗中,将会得到招待人员迅速而周到的服务。把上面几个英文单词的头一个字母联起来就成了tips,译为小费。大约为总支出的5%至25%。中世纪末,德国的酒店主通常都要向客人索取小费,时称(给侍者的)"饮酒钱",因在酒店里当帮工的女眷和伙计是不拿报酬的,以小费充作薪水。后来,小费的给予范围不断扩大,很多公职人员也能收到叮当作响的钱币。19世纪末,有钱人为了达到某种目的,常以小费的名义向有影响的人物和新闻界人士行贿。约100年前,西方出现过一次反小费浪潮,当时的反小费协会认为给小费是一种不良风气,号召人们加以抵制,开始效果甚微,原因是很多侍者以小费为生。第一次世界大战以后,餐、旅馆开始实行"10%服务费"制度,将价格提高10%作为服务人员的固定工资。收入尽管已有保障,然而新规定还是难以战胜老习惯,对服务上乘者,顾客依旧甘心解囊,给小费的风气始终没有根绝。

其实中国古代早已有给"赏钱"的习惯,赏赐对象有店小二、奴仆、书童、小厮、跟脚等。如今现实中也出现打赏,比如餐厅、酒吧、KTV、景区等等消费地带都出现给服务员打赏付费渠道。近几年,微博、今日头条、直播平台等中国互联网产品开通"打赏"功能,用户如果喜欢作者和主播发布的内容,会根据心情给一笔费用不等的"小费"。打赏是互联网新兴的一种非强制性的付费模式。

图 1-5　网上直播平台的打赏

让我们回到主题,小雪的工作算是非正规就业吗?属于哪个类型?根据Hart(1973)的定义:没有注册、不受政府监管,从而也就不会纳税的就业形式。显然小雪的工作属于非正规就业。根据万向东(2008)的三维定义,小雪的工作属于自雇佣式的非正规就业。在雇佣关系上,属于零散性、流动性个人服务;在政府管制上,属于未进入政府注册和统计的就业/兼业;在就业效果上,属于未进入社会保障体系。小雪的工作也可以算是自由职业者。她要不要去上班、去哪里上班、为谁服务、服务收费多少都是自由的,都由她自己决定的,这是真正的自雇佣。

其实,小雪们的工作在某种程度上也是响应当前城市服务业的基本需求的,尤其是社区养老服务业。

## 老人陪护的需求

人口老龄化是 21 世纪贯穿我国的基本国情。根据国务院发布的《"十三五"国家老龄事业发展和养老体系建设规划》,预计到 2020 年,全国 60 岁以上的人口将增加到 2.55 亿人左右,占总人口比重提升到 17.8％左右。这一数字远远超过联合国国际人口学会对人口老龄化的定义——即当一个国家或地区 60 周岁以上人口所占比例达到或超过总人口数的 10％时,该国家即进入了"老龄社会"。2020年高龄老年人将增加到2900万人左右,独居和空巢老年人将增加到1.18亿人左右。国家卫生健康委员会党组成员、全国老龄办常务副主任王建军2018年7月19日在中央和国家机关离退休干部人口老龄化国情教育大讲堂做报告时表示,预计到2025年,我国60岁及以上老年人口数将达到3亿,占总人口的1/5;到2033年将突破4亿,占总人口的1/4左右;而到2050年前后将达到4.87亿,约占总人口的1/3,老年人口数量和占总人口比例双双达到峰值。

我国从1999年进入人口老龄化社会。根据全国老龄办发布的数据,截至2017年底,我国60岁及以上老年人口有2.41亿人,占总人口17.3%,从1999年至2017年老年人口数净增1.1亿。2015—2050年,我国用于老年人养老、医疗、照料等方面的费用占GDP的比例将从7.33%升至26.24%。我国是世界上人口老龄化程度比较高的国家之一,老年人口数量最多,老龄化速度最快,应对人口老龄化任务最重,人口老龄化带来的风险和挑战不容小觑。而老龄化社会,空巢现象是个全球性难题,发达国家独居及夫妇空巢户比例高达70%～80%。随着中国逐步进入老龄化社会以及城镇化建设的加快,今后空巢老人将越来越多,空巢期也会明显延长,老年人问题将更趋严峻。

随着社会经济的发展、社会结构和家庭结构的变迁,面对越来越高的现代生活化成本,年轻一代不堪重负,老人一旦生病,昂贵的医疗费用和照护成本摆在子女和老人面前,给家庭带来沉重的负担,同时大量的陪护时间更是子女无法提供的。一对夫妇要同时供养四位老人,还要抚养一个孩子的"四二一"家庭结构的现实,受经济压力、心理压力和体能压力的影响,传统家庭养老的功能逐渐减弱,受到前所未有的冲击。目前,我国选择机构养老服务模式的空巢老人仅占1%左右,在养老机构中专业护理人员和诊疗设施匮乏的前提下,资源利用率较低,有一些养老机构仅达五到六成的入住率。此外,选择机构养老的空巢老人,需要重新适应环境、重建人际关系;养老费用较高,需要额外支付生活护理费用;缺乏精神慰藉,孤独感、寂寞感倍增。这一系列的困难和问题制约着机构养老服务模式的长足发展。

2013年8月,在沈阳多福社区的座谈会上,两位老人建议政府开展"花钱不多"的社区养老服务。习近平总书记回应说,现在养老问题越来越突出,中央非常重视,正研究措施。加强养老公共服务,内容上要多样,财力上要倾斜,全社会一起努力,把老年人安顿好、照顾好,让老年人安度晚年。

2015年7月,全国老龄办、民政部、财政部发布《第四次中国城乡老年人生活状况抽样调查成果》,调查显示,老年人健康状况不断改善,但仍有18.3%的老年人处于失能、半失能状态;老年人精神慰藉服务严重不足,空巢老人比例达到了51.3%;同时,民政部下属研究机构发布《中国老年人走失状况调查报告》显示,每年走失老人约有50万人。人老了最怕什么?孤独!美国医学家詹姆斯对老人进行长达14年的调查研究得出结论:孤独隐居者死亡的可能性是爱交往人的两倍,癌症发病率也是正常人的两倍。我们谈赡养、孝顺等话题,关注最多的是老人的衣食保暖。然而物质上的满足已不再是问题,更多的是精神需求。

　　长期以来,在如何关爱老年人方面,一直存在误区和缺项,认为只要让老人衣食无忧,便能让他们安度晚年。不仅每个家庭如此,各养老机构在具体工作中也多注重物质条件的改善,而忽视提升老年人的精神生活质量。然而,在老龄人口激增的今天,物质生活品质不再是老人夕阳生活的唯一选项,老年人的精神生活同样不可或缺。无论是家庭还是养老机构或相关部门,在提升居家、机构、医疗等养老服务管理水平的同时,尤其应该加强对老年人的精神关爱。近年各地专门为老年人提供陪护工作的岗位应运而生,陪护的内容包括陪聊天、散步、读书、看报等。

　　前文案例中提到的城市低档娱乐休闲场所——大众舞厅,几乎都处在城区中的老小区周围或城乡接合部。而进入大众舞厅的男性人员,主要是来自周围小区的中老年人,年龄普遍在60岁以上,还有一部分是外来打工人员,年龄普遍在45岁以上。其实,两类人员都是心灵上的"孤独者",都需要情感沟通和人际关怀。其次,老年人有充足的自由时间和旺盛的休闲需求,然而,相应的休闲活动场所和设施却不足。近年来,不少城市频繁出现因老人跳广场舞而引发纠纷的现象。一方面,公园、广场、绿地少,特别是县市一级更少,小区内的公共娱乐休闲设施不足或失于维护,农村就更为缺乏;另一方面,适合老年人需要或为老人所专用的公共娱乐休闲设施稀缺。人数不断增加、休闲需求高涨的老年群体,却没有适合的休闲空间,已成为各地普遍存在的问题。

### 严厉的法律与弹性的执法

　　最后,我们说说法规。舞厅属于娱乐场所,接受《娱乐场所管理条例》管治。《娱乐场所管理条例》是为了加强娱乐场所管理而制定的法规。2006年1月18日国务院第122次常务会议通过,2006年1月29日发布,自2006年3月1日起施行。根据2016年2月6日中华人民共和国国务院令第666号《国务院关于修改部分行政法规的决定》第一次修订。条例所称娱乐场所,是指以营利为目的,并向公众开放、消费者自娱自乐的歌舞、游艺等场所。

其中,第十四条,娱乐场所及其从业人员不得实施下列行为,不得为进入娱乐场所的人员实施下列行为提供条件:

(一)贩卖、提供毒品,或者组织、强迫、教唆、引诱、欺骗、容留他人吸食、注射毒品;

(二)组织、强迫、引诱、容留、介绍他人卖淫、嫖娼;

(三)制作、贩卖、传播淫秽物品;

(四)提供或者从事以营利为目的的陪侍;

(五)赌博;

(六)从事邪教、迷信活动;

(七)其他违法犯罪行为。

娱乐场所的从业人员不得吸食、注射毒品,不得卖淫、嫖娼;娱乐场所及其从业人员不得为进入娱乐场所的人员实施上述行为提供条件。

第四十三条,娱乐场所实施本条例第十四条禁止行为的,由县级公安部门没收违法所得和非法财物,责令停业整顿 3 个月至 6 个月;情节严重的,由原发证机关吊销娱乐经营许可证,对直接负责的主管人员和其他直接责任人员处 1 万元以上 2 万元以下的罚款。

第十四条中的第四点"提供或者从事以营利为目的的陪侍",即有偿陪侍与上文谈论的问题高度相关。所谓有偿陪侍,一般是指在娱乐场所,一方以营利为目的陪伴另一方进行唱歌、跳舞、喝酒等活动,另一方付出金钱的行为。《娱乐场所管理条例》规定有偿陪侍的处罚对象是娱乐场所或直接负责的主管人员和其他直接责任人员,也就是说陪侍小姐陪侍和消费者接受陪侍并不是违法行为。其实,在现实中,陪侍小姐和消费者根本没有意识到娱乐场所提供有偿陪侍是法律所禁止的。娱乐场所如舞厅、酒吧、KTV 会所里陪侍人员只要存在,一定不是无偿的。可以说全国没有一个陪侍小姐是从事义务劳动的,要么是从娱乐场所那里拿提成,要么是在消费者那里赚小费。很显然,所有的陪侍小姐都是有偿陪侍。

中国人民大学黄洋(2008)从法理学的角度上分析有偿陪侍问题,认为有偿陪侍与色情业在表现形式和危害上都存在很大的区别,并从法理上对娱乐场所有偿陪侍理应合法化的理由进行深入的探讨,主要是(1)从法律与政治的关系上来看,有偿陪侍现象与社会主义的本质要求并不相悖;(2)从法律经济学的基本要求上来看,有偿陪侍合法化是社会主义市场经济中法学的需要;(3)从法的价值上来看有偿陪侍合法化符合正义论原则;(4)从法的作用上看,对禁止有偿陪侍立法以后所产生效果分析上来看,其法规的出台不仅没有起到立法者所预期的法律和社会效果,还带来了其他许多社会问题,同时,在我国实行"有偿陪侍"合法化还有维护法律的严肃性公正性方面的意义;(5)从立法技巧上看,导致制定的法律在现实的执行过程中不具有可操作性,违背了立法技巧的基本原则。

　　浙江新时代律师事务所一级律师王克先在《法制与社会》(2011)上刊文指出,有偿陪侍是很难界定和实施打击一个或数个违法行为人,放纵其他违法行为人,不符合法律面前人人平等的基本原则,也不能达到有效遏制犯罪的法律效果。最严重的问题是,这会成为权力腐败的温床。由于违法行为的普遍性,还由于大众对这些行为的违法性有不同看法,更由于执法的弹性,上述违法行为将继续普遍存在。执法者可以根据政绩的需要,根据个人的好恶,以及与违法对象的亲疏,进行选择性的执法。结果是,中招者人仰马翻,跌入地狱,哀叹没有靠山,运气不好;大量的漏网之鱼却逍遥自在,这种现象已经对法治建设产生了负面影响:执法者可以滥用职权或玩忽职守,追究一些人的法律责任,可以不追究另一些人的法律责任,法律形同虚设;而执法者滥用职权或玩忽职守却无须承担任何法律责任,最后是公众对法律失去信心。

　　2000年中央电视台春节联欢晚会上由张惠中导演,何庆魁编剧,赵本山、宋丹丹主演的小品《钟点工》(如图1-6),讲述了一个农村来的大叔被儿子接到城市来后因为不适应城市的生活方式而闷闷不乐,于是儿子请了一个专门做心理服务的钟点工来帮助他走出心理障碍,结果由于大叔不明钟点工来意而闹出了一串笑话的故事。宋丹丹在小品中那一嗓子"陪聊的",讲述了陪聊者的职业特征,即为帮助空巢老人缓解在大城市的孤独寂寞而提供的一种有偿聊天服务,当

图1-6　赵本山、宋丹丹2000年央视春晚小品《钟点工》中的"有偿陪侍"

时这种行为不但没有被禁止反而在有些地方被效仿起来,因为此种行为无疑缓解了一些空巢老人在晚年的孤独寂寞,的确值得效仿和推广。

有人花钱吃喝,有人花钱点歌,有人花钱美容,有人花钱按摩,今儿我雇个好活,有人花钱,雇我陪人儿唠嗑。

……

我告诉你,我们的工作往大了说叫家政服务,往小了说叫钟点工,在国外叫"赛考类计斯特"(Psychologist),翻译成中文是心理医生。

浙江省公安厅的齐岩兴、张晓峰(2000)认为,所谓"营利性陪侍",从字面上可理解为是经营性的陪伴和伺侍;从经济学的角度看,可理解为是把陪侍行为作为商品进行交换。但是从法律上看,《娱乐场所管理条例》第四十一条规定的"营利性陪侍"就不那么简单了。通过对《娱乐场所管理条例》第四十一条的分析,可以得出这样三个判断:一是既然对场所提供营利性陪侍的行为和为营利性陪侍提供方便条件的行为要依法予以处罚,那么这一行为必然是具有社会危害性的违法行为。二是既然这一违法行为应由公安机关处罚,那么这一违法行为必然具有治安违法性。三是鉴于《条例》只规定了对场所提供营利性陪侍的行为和为营利性陪侍提供方便条件的行为要进行处罚,那么就不能认为"营利性陪侍"行为本身具有违法性。对"营利性陪侍"行为是否具有违法性的判断,应由某一具体的陪侍行为的内容决定,笼统地讲是否具有违法性是不正确的。

## 【后案例】陪酒人员与娱乐场所间的法律关系

王素平:江苏法制报,2014年9月24日(第003版)

【案情】李某、陶某在某娱乐场所(系个体工商户)从事陪酒、陪唱服务,某娱乐场所不对李某、陶某进行考勤管理,也不给李某、陶某发放工资报酬,李某、陶某的收入来源于客人给付的小费。2012年8月,李某、陶某在某娱乐场所陪客人于某等饮酒、唱歌后,与于某一起外出宵夜。途中,于某提出开房请求遭李某、陶某拒绝后,将李某打倒在地。次日晨,李某因抢救无效死亡。事发后,公安机关经鉴定,确认李某系右颞顶部着地致减速性颅脑损伤死亡。2013年5月,法院判处于某有期徒刑11年。判决前,于某一次性赔偿李某的近亲属10万元。2013年底,李某的近亲属向法院起诉要求某娱乐场所的经营者赔偿死亡赔偿金50余万元。

【评析】笔者认为,厘清娱乐场所从事有偿陪侍服务的人员与娱乐场所经营者之间是何种法律关系及事发时有偿陪侍人员是否在执行工作任务是处理本类案件的基础和前提。如果有偿陪侍人员与娱乐场所之间是劳动关系或雇佣关系，有偿陪侍人员即使系因执行违法的工作任务而受到伤害，为尊重生命健康权，也应享有工伤保险待遇或由雇主依法承担赔偿责任，但有偿陪侍人员与娱乐场所间不仅可能存在劳动关系、雇佣关系，还有可能存在其他关系。如本案中，因李某与某娱乐场所间未签订劳动合同、雇佣合同，某娱乐场所也不对李某进行考勤等管理，更不支付李某工资报酬，故李某与某娱乐场所间的关系不符合劳动关系、雇佣关系的构成要件，不应将两者间的关系认定为劳动关系、雇佣关系。事实上，这种娱乐场所依靠陪侍人员吸引顾客消费获取利润，陪侍人员依靠娱乐场所提供的场地、酒水等条件从事陪侍服务赚取小费的经营模式，应认定为类似合伙的非典型合同关系。

在确定双方间法律关系的性质后，还应对事发地点是否为娱乐场所来确定娱乐场所是否负有安全保障义务。如果事发地点属于娱乐场所管理的范围，娱乐场所的经营者未尽到安全保障义务，则应依法承担安全保障责任；反之，则不应承担责任。因本案李某与某娱乐场所间并非劳动关系、雇佣关系，事发地点也并非娱乐场所管理范围，无证据证明娱乐场所从陪侍人员外出行为中受益或娱乐场所的经营者有违救助义务，故法院最终驳回了李某近亲属的诉讼请求。当然，在此种情形，陪侍人员及其近亲属所受到的损失应由直接侵权人员承担损害赔偿责任是无异议的。至于娱乐场所违反《娱乐场所管理条例》的规定，违规提供有偿陪侍人员所应负的行政责任自然也应由有权机关予以处理。

# 第二章　吃喝玩乐中的城市娱乐休闲业

【前案例】休闲绿皮书：2017—2018 年中国休闲发展报告

2018 年 7 月 13 日，由中国社会科学院财经战略研究院、中国社会科学院旅游研究中心与社会科学文献出版社共同主办的"休闲与美好生活：破解不平衡不充分的难题——《休闲绿皮书：2017—2018 年中国休闲发展报告》发布暨研讨会"在京举办。

绿皮书指出，休闲是美好生活的重要组成部分。在满足人民日益增长的美好生活需要成为发展要务的当下中国，休闲发展面临重要机遇，也存在各种不足。中央电视台、国家统计局等联合发起的"中国经济生活大调查"结果显示，除去工作和睡觉，2017 年中国人每天平均休闲时间为 2.27 小时，较三年前（2.55 小时）有所减少；其中，深圳、广州、上海、北京居民每天休闲时间更少，分别是 1.94、2.04、2.14 和 2.25 小时。相比而言，美国、德国、英国等国家国民每天平均休闲时间约为 5 小时，为中国人的两倍。

除了休闲时间不充分之外，由于带薪休假制度尚未全面落实，我国居民休闲时间也不均衡、不自由。中国社会科学院旅游研究中心对全国 2552 名在业者进行的一项调查显示，40.1% 的受访者表示"没有带薪年休假"，4.1%"有带薪年休假，但不能休"，18.8%"有带薪年休假，可以休，但不能自己安排"，而"有带薪年休假，可以休，且可自主安排"的仅占 31.3%。由于带薪年休假制度长期没有得到有效落实，人们休假和出游的时间高度集中于法定节假日，尤其是"十一"等长假期。以 2016 年为例，29 天的节假日中，全国接待游客量约占全年国内旅游接待人次的 32%，旅游收入约占全年旅游收入的 40%。根据王琪延等人的调查研究，北京市居民有业群体周休制度、法定节假日制度、带薪休假制度完全落实率分别为 79.2%、59.2%、62.9%，三类休假制度均能完全享受的群体仅占 34.2%。

《休闲绿皮书》指出——文化休闲产业规模不断壮大和优化，微观企业释放活力，居民休闲意识需普及，文化休闲产业蓬勃发展。首先，市场主体壮大，企业活力释放。2017 年全国规模以上文化及相关产业企业实现营业收入 9.19 万亿元。社会资本对行业内的资源整合促进了文化休闲产业调整、资源配置，实现产业运行更有效率，企业运营更有活力。其次，公共文化服务稳健推进。公共文化服务标准化、均等化在各级政府和文化部门推动下得到进一步落实，居民对博物馆、公共图书馆等公共文化休闲设施和场所的利用率不断提高。再次，传统文化休闲业平稳发展。电影市场在消费升级和市场下沉中不断挖掘需求；综艺市场竞争激烈，节目数量井喷；图书出版稳定增长，期刊和报纸出版出现不同程度的下降。最后，新兴文化休闲产业方兴未艾，"互联网十"正在引领文化、休闲、娱乐等文化服务消费。

## 休闲与城市休闲

休闲通常被定义为空闲时间的体验和质量。休闲时间是指远离商业、工作、寻职、家务和教育以及必要的活动（如吃饭和睡觉的时间）。休闲作为体验通常强调感知自由和选择的维度，经典的定义包括 Thorsten Veblen(1899) 的"非生产性的时间消耗"。休闲可以被看作是在非劳动及非工作时间内以各种"玩"的方式求得身心的调节与放松，达到生命保健、体能恢复、身心愉悦的目的的一种业余生活。市民的休闲活动不是完全自由的选择，可能受到社会压力的制约，例如，人们可能因为需要跟上小区花园的标准而被迫花时间做园艺，或者因为社会压力而去参加社交聚会。

旅游、游憩与休闲一般被认为是一组相互关联、意义重叠的概念，斯多克戴尔(Stockdale，1985)提出了休闲概念的三大要点：

- 一定时间内，个体可自由支配选择的心理活动或状态；
- 客观上，休闲与工作相对立，是非工作时间（闲暇时间）的感受；
- 主观上，休闲活动强调发生时个人信念与知觉系统，本质上可发生在任何场合和任何时间。

20 世纪 90 年代，美国学者杰弗瑞·戈比提出了一个较接近现代人思想且内涵更为丰富的一个定义：休闲是从文化环境和物质环境的外在压力中解脱出来的一种相对自由的生活，它使个体能够以自己所喜爱的、本能地感到有价值的方式,在内心之爱的驱动下行动,并为信仰提供一个基础。国内学者较为认同的休闲概念是:指人们从工作和生活的压力中超脱出来,在闲暇时间自愿从事各项非报酬性的自由活动。休闲一词的内涵主要包括四个方面:第一,它是一种自由选择;第二,它是一种自在心境;第三,它是一种自我教化;第四,它是一种生命存在状态。

中国休闲网对休闲的狭义定义为:休闲是建立在一定物质基础上,用自己喜欢的方式去放松身心、追求精神上的愉悦与充实,以提高生活品质的一种生活方式。我们认为休闲首先是一种生活方式,休闲的最终目的是为了提高生活品质,包括身心和精神上的,休闲的表现形式和方法是“自己喜欢的方式”。从追求温饱到寻求享受,是消费者随着经济发展和生活水平提高作出的自然选择。人们在温饱之后,不仅有享受可供追求,更有发展的需求和动力。比如,现在流行的假日休闲,作为一种生活质量提高的标志,不同于基本生存需要的单一化和物质型,而越来越趋向于多元化和精神型:如文化娱乐消费、体育健身消费、旅游服务消费等。

人们普遍地抱怨着繁忙的生活节奏,但是,一份根据德国 GFK 集团公司的调研报告(2015)显示:全球范围内的大部分人(58%)对各自所拥有的休闲时间感到非常满意或比较满意。调查涉及 22 个国家和地区年龄在 15 周岁及以上的消费者,其中 16% 的人表示他们对自己拥有的休闲时间感到非常满意,另有42% 表示比较满意。而在该问题上,感到不满意的人群仅占总体的 18%,其中包括了 4% 的人对自己所有的闲暇时间感到非常不满意。其余约 1/4(24%)的人对这一问题持中立态度。美国人在对于休闲时间多少的满意程度上位居首位。众所周知,尽管美国人每年仅拥有少量的个人假期,但他们还是最满足于自己拥有的休闲时间。每十个美国人中会有七人(69%)在该问题上表示非常满意或比较满意。英国和加拿大(67%)以及比利时和德国(66%)均以微小的差距紧随其后。对闲暇时间的多少感到最不满意的国家当属俄罗斯,有近 1/3(31%)的人表示非常不满意或不太满意,紧随其后的是日本(30%)和巴西(28%)。

休闲的丰富和便利极大地提升了一个地区和城市的地位和形象。早在1970 年,C. Stansfield 和 J. E. Rickert 在研究旅游区的购物问题时就提出了城市休闲商业区(Recreational Business District)的概念,当时他们的定义是:为满足季节性涌入城市的游客的需要而在城市内集中布置酒店、娱乐业、礼品与精品商店的街区。随后,城市娱乐休闲的概念在研究中得到延伸,其关注点扩展到以娱乐休闲和商业服务功能为主的各种设施的空间集聚。人们的经济收入、社会阶层、生活形态、娱乐休闲态度等方面的差异,产生了对娱乐休闲的不同要求,客观上出现了特征性明显的娱乐休闲消费行为。娱乐休闲是现代城市服务业的核心功能之一,主动适应人们的娱乐休闲需求是城市服务业建设和外来人口就业的重要方向。

美国著名的娱乐休闲研究教授 Geoffrey Godbey(1999)认为,在未来几年,娱乐休闲的中心地位将会加强,人们的娱乐休闲概念将会发生本质的变化。并预计,娱乐休闲产业将在 2015 年左右主导世界劳务市场,并占世界 GDP 的一半份额,名副其实地成为世界支柱产业。事实上,越来越多的城市将娱乐休闲业规划为后工业时代振兴城市的一个重要战略部门(Jansen-Verbeke 和 Lievois,1999,Judd 和 Fainstein,1999)。荷兰的克拉克(Terry Nichols Clark,2004)在《作为娱乐机器的城市:关于城市政策的研究》一书中认为正是城市的适宜性吸引了人力资本,并主张在后工业时代,文化活动成为一个重要的贡献者,是那些以消费为基础驱动的城市取得成功的关键因素之一。

根据国际经验,当一个国家或地区人均国内生产总值(GDP)达到 2500 美元时,社会就会进入休闲消费的急剧扩张期,人们将拥有相当的经济实力和闲暇时间投入休闲消费。而一个国家或地区人均 GDP 进入 3000～5000 美元阶段以后,在城市居民生活方式、城市功能、产业结构和生态环境等方面相继形成休闲化特点的一个发展时期。具体表现为:生活方式休闲化、城市功能休闲化、产业结构休闲化、生态环境休闲化等。

2018 年中国人均 GDP 为 9770 美元(全球第 81 名),全球平均为 11312 美元。而浙江省 2018 年实现地区生产总值近 5.62 万亿元,相当于世界第 18 位的沙特阿拉伯,人均生产总值达到 1.49 万美元,已经成功迈进高收入经济体行列。浙江省杭州市、宁波市更是超过世界发达国家人均 GDP 1.8 万美元的标准。同时,2018 年浙江居民人均可支配收入为 45840 元,是全国 28228 元的 1.62 倍,位居全国各省(区)第一位,仅次于上海市和北京市。根据同程旅游提供的数据,2018 年元旦小长假出境游客当中,宁波以人均消费 8370 元成为出境游客人均支出最高的城市(仅包含用户购买旅游产品的支出,不含目的地购物等花费)。而在国内游当中,杭州以人均消费 3810 元排名国内游人均支出榜单第二,仅次于北京。

城市休闲产业是以旅游、文化、体育、交通、餐饮等连带产业群为主体,将旅游业、娱乐业、服务业、文化产业整合成一个休闲产业系统。孙平军等人(2011)认为城市化是一个“人口—经济—空间”三位一体的过程——其中人是行为主体,经济是驱动力,空间是载体。罗庆等人(2014)对 1990—2010 年中国县域经济格局在空间上的演变研究发现,中国县域经济空间格局的自组织性越来越强,空间分异格局中的随机成分不断降低。焦志伦(2013)分析了中国城市消费的空间分布特征,发现城市空间消费市场结构更多地表现为区隔效应而非集聚效应,我国区域经济和市场一体化程度有待提升。许杰兰等人(2011)对长沙消费者娱乐休闲行为进行分析,认为存在不同频次和消费层次的 5 类群体,仍有大多数对娱乐休闲消费持消极态度,中低端消费者仍是娱乐休闲消费主体,安全因子和花费因子仍是城市娱乐休闲消费者普遍关注的因素,并建议加强对中低消费群体的娱乐休闲需求的关注。

2018 年 11 月 16 日,由华东师范大学和上海师范大学共同主办的"第三届中国休闲与旅游发展论坛暨 2018 中国城市休闲化指数发布会"在沪举行。会上华东师范大学休闲研究中心发布了"2018 中国城市休闲化发展指数报告",报告显示,列入监测研究对象的全国 36 座重点城市的休闲化水平持续稳步提高,同时在空间格局上呈现出"东部领先、西部崛起、中部洼地"的典型特征,客观反映了各地在着力推动高质量发展、创造高品质生活上取得的成绩以及需要努力的方向。从整体发展水平看,4 个直辖市、27 个省会城市以及 5 个计划单列市,总计 36 座城市的休闲化水平呈持续稳步增长态势,其中北京、上海、广州稳居前三,这是自 2011 年以来连续第 8 年位居排行榜前三位。

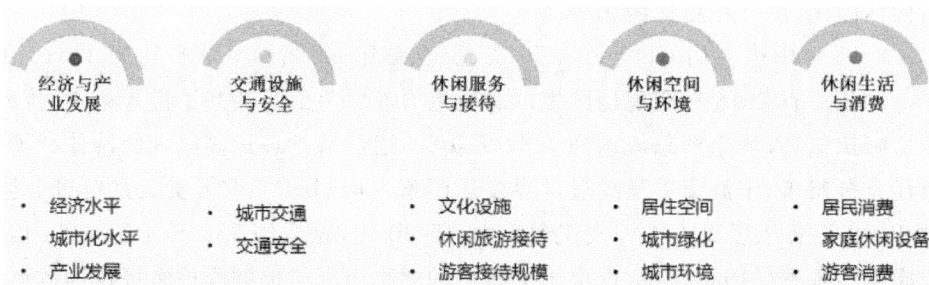

图 2-1　城市休闲评价指标体系

通过比较城市休闲化水平和分指标的发展水平(如图 2-1),可以看出经济与产业发展依然是推动城市休闲化发展的核心动力,但伴随着社会发展进入新的阶段,休闲服务与居民消费成为未来城市休闲化发展的落脚点,通过增加休闲服务供给、推进休闲服务的均等化,可以在一定程度上激发居民消费潜力,提升消费对区域经济发展的贡献力度,有效改善城市经济发展模式,实现经济增长和社会和谐发展的共赢。

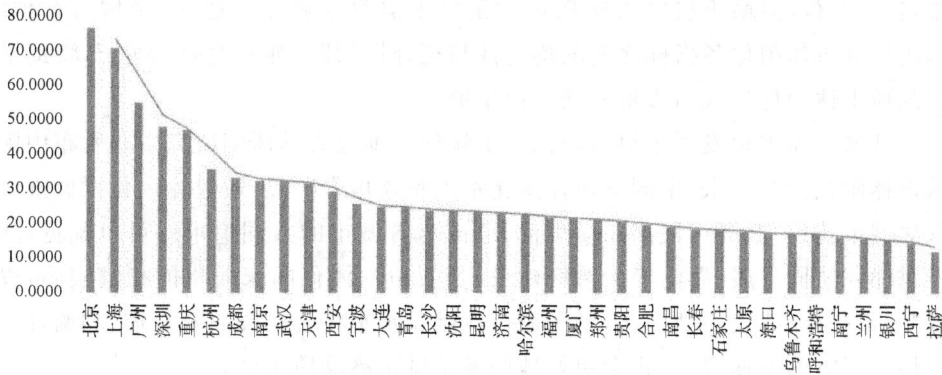

图 2-2 中国 36 城市休闲化指数综合水平排行榜

从城市间比较看（如图 2-2），北京第一，拉萨最低，评价分值相差 6.40 倍，但是与 8 年前 7.64 倍相比，差距在缩小。列入观察的宁波、青岛和大连等计划单列市的排名高于大部分省会城市。

从区域格局看，一方面，东中西部发展差异明显，位居前十位的城市是北京、上海、广州、深圳、重庆、杭州、成都、南京、武汉、天津，其中东部城市 7 个，中部 1 个，西部 2 个；另一方面，"东部领先、西部崛起、中部洼地"成为中国城市休闲化发展过程中的一个新格局。近年来，西部城市休闲化发展的整体均值水平高于中部，区域内部发展的协调度优于中部。对此，华东师范大学"中国城市休闲化指数"课题组首席专家楼嘉军教授指出，在西部崛起政策的支持下，在一带一路国家战略的引领下，西部城市休闲化水平的整体崛起，对于西部地区的社会稳定、民族和谐，以及人民群众的安居乐业起到不可估量的作用。

从城市休闲化指数 44 个指标、5 个维度的评价指标看，经济与产业发展方面，上海、北京、重庆、深圳、广州排名前五；交通设施与安全方面，北京、广州、上海、深圳、重庆排名前五；休闲服务与接待方面，北京、上海、重庆、深圳、广州排名前五；休闲空间与环境方面，广州、上海、深圳、南京、北京排名前五；休闲生活与消费方面，上海、北京、杭州、广州、长沙排名前五。可以看出，东部地区城市在各分指标评价中占据绝对优势，西部地区的成都、重庆等城市表现突出，而中部地区的长沙在休闲消费维度方面则比较抢眼。

进一步分析可以发现，各个城市内部休闲化发展不均衡不充分特征明显。如北京，总分排名第一，但空气质量单项指标排名 32 位；又如重庆，总分排名第五,但城市居民人均教育文化娱乐消费单项指标排名 32 位;再以长沙为例,总分排名是 15 位,但城市居民人均教育文化娱乐消费排名却高居 36 个城市首位。解决好城市休闲化各指标之间的均衡性与充分性问题,补齐发展的短板,将助推中国城市休闲化步入高质量发展的快车道。

从城市休闲化发展趋势看,自 2011 年华东师范大学休闲研究中心发布中国城市休闲化指数以来,中国城市休闲化水平整体提升明显,通过休闲化发展推动宜居城市建设,服务市民高品质生活,已成为各城市的共同追求。可以预见,随着京津冀协同发展、粤港澳大湾区建设、长三角一体化国家战略的相继实施,以及"一带一路"建设不断深入,中国城市休闲化水平将会在高质量发展、均衡性充分性发展方面增速提质,将会更好地服务于城市高品质生活。

从发展实践看,城市休闲功能的全面优化与完善,生态休闲环境的持续改善,将成为新型城镇化进程中各城市重点推进的民生任务。目前多个城市开展了休闲空间的更新与改造、社区休闲设施的配套与文化的营造等提升居民美好生活的举措,正在加速推进全域休闲向纵深发展。城市休闲化发展的根本目的在于提升城市生活品质、满足居民追求美好生活的需求,未来中国城市休闲化发展路径将会从"商旅文融合"模式转向"商娱文体居一体化"模式,这是提升城市吸引力和竞争力的关键举措。

2019 年 11 月 22 日,第四届中国休闲与旅游发展论坛暨 2019 长三角城市休闲化指数发布会在上海举行。由华东师范大学与上海师范大学共同组成的课题组发布了"2019 长三角城市休闲化发展指数报告"。这是课题组在连续 9 年发布的《中国城市休闲化指数》报告基础上,为适应长三角区域一体化发展的现实需要,推出的第一份我国区域层面的城市休闲化指数报告。报告认为,城市功能休闲化是居民生活品质化提升的前提与基础,居民生活品质化是城市功能休闲化发展的结果与表现。"2019 长三角城市休闲化指数报告"可以看做长三角区域践行城市高质量与生活品质化发展的一个缩影。报告从经济与产业发展、交通设施与规模、休闲服务与接待、休闲空间与环境、休闲生活与消费五个方面进行分析(如图 2-3)。

纳入本报告监测的长三角沪苏浙皖地级及以上城市共计 41 个。从综合排名看(如表 2-1),上海、杭州、南京、苏州和宁波排名前 5 位。这些城市在休闲化结构的协调性方面较为明显,因而能够成为长三角城市休闲化发展的领先城市。结合经济与产业、交通设施与规模、休闲服务与接待、休闲空间与环境、休闲生活

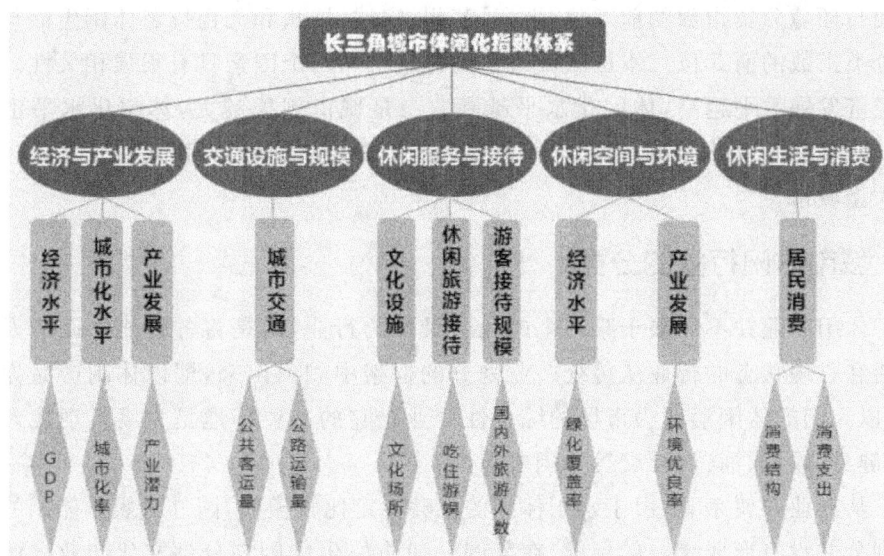

图 2-3　长三角城市休闲化指数体系

表 2-1　2019 年长三角城市休闲化指数排名

| 序号 | 人口排名 | GDP 排名 | 综合排名 | 分类 1 | 分类 2 | 分类 3 | 分类 4 | 分类 5 |
|---|---|---|---|---|---|---|---|---|
| 1 | 上海 | 上海 | 上海 | 上海 | 上海 | 上海 | 上海 | 上海 |
| 2 | 苏州 | 苏州 | 杭州 | 杭州 | 苏州 | 杭州 | 南京 | 苏州 |
| 3 | 杭州 | 杭州 | 南京 | 宁波 | 杭州 | 苏州 | 杭州 | 宁波 |
| 4 | 温州 | 南京 | 苏州 | 南京 | 南京 | 宁波 | 宁波 | 杭州 |
| 5 | 徐州 | 无锡 | 宁波 | 苏州 | 温州 | 宿迁 | 合肥 | 无锡 |
| 6 | 南京 | 宁波 | 合肥 | 南通 | 合肥 | 无锡 | 苏州 | 南京 |
| 7 | 宁波 | 南通 | 无锡 | 合肥 | 徐州 | 宣城 | 绍兴 | 金华 |
| 8 | 阜阳 | 合肥 | 金华 | 无锡 | 无锡 | 六安 | 扬州 | 嘉兴 |
| 9 | 合肥 | 常州 | 绍兴 | 常州 | 宁波 | 南京 | 常州 | 常州 |
| 10 | 南通 | 徐州 | 温州 | 徐州 | 金华 | 黄山 | 连云港 | 台州 |

与消费共五个维度的分类排名看,上海、杭州、宁波、南京和苏州排名经济与产业分类指数、休闲服务与接待分类指数的前 5 位,上海、苏州、杭州、南京和温州排名交通设施与规模分类指数的前 5 位。上海、南京、杭州、宁波和合肥名列休闲

空间与环境分类指数的前 5 位,上海、苏州、宁波、杭州和无锡排名休闲生活与消费分类指数的前 5 位。本区域城市休闲化水平与两个因素具有很强相关性。一是经济发展水平越高,休闲化水平越高。二是城市规模越大,休闲化水平也越高。排名前 5 位的城市,都是长三角地区经济最发达的城市,而且也是属于超大或大型城市。

## 城市休闲行业的分类

休闲产业并不局限于某一个或几个具体的行业,而是将各种能够调节人们生活和心理状态的行业从传统产业划分的框架中剥离出来,即以休闲产品为龙头,以人们的休闲消费为市场的综合性产业。它的主要阵地是为满足现代人旅游、健身、娱乐、消遣、社交等休闲要求。

从产业归属来看,由于娱乐休闲的范畴界定比较模糊,国外对娱乐休闲的产业划分并没有形成统一的标准,在美国一般将娱乐休闲划分到文化产业。沃格尔(Vogel,1994)从产业经济学的角度,对美国的娱乐产业进行财务统计分析指导,包括八个核心部分:电影、音乐、电视、玩具、赌博、体育、演艺和文化、游乐公园。

根据我国的《国民经济行业分类》(GB/T 4754-2017)行业分类代码(见表 2-2),娱乐业属于 R 门类的 90 大类,包括 901(室内娱乐活动)、902(游乐园)、903(休闲观光活动)、904(彩票活动)、905(文化体育娱乐活动与经纪代理服务)以及 909(其他娱乐业)。国家统计局的《文化及相关产业分类(2018)》显示,娱乐休闲业是文化产业的重要组成部分,在行业分类门类中为 06 大类(文化娱乐休闲服务),属于文化核心领域,具体包括 061(娱乐服务)、062(景区游览服务)、063(休闲观光游览服务)。娱乐休闲业一般来讲就是通过非医疗的方式让消费者放松身心的综合行业,在国民经济行业分类中,娱乐休闲业归属于服务业。

表 2-2　娱乐休闲服务行业分类

| 代码 | | | 类别名称 | 说　　明 | 行业分类代码 |
|---|---|---|---|---|---|
| 大类 | 中类 | 小类 | | | |
| **06** | | | **文化娱乐休闲服务** | | |
| | **061** | | **娱乐服务** | | |
| | | 0611 | 歌舞厅娱乐活动 | 指各种歌舞厅娱乐活动。 | 9011 |
| | | 0612 | 电子游艺厅娱乐活动 | 指各种电子游艺厅娱乐服务。 | 9012 |

| 代码 | | | 类别名称 | 说　明 | 行业分类代码 |
|---|---|---|---|---|---|
| 大类 | 中类 | 小类 | | | |
| | | 0613 | 网吧活动 | 指通过计算机等装置向公众提供互联网上网服务的网吧、电脑休闲室等营业性场所的服务。 | 9013 |
| | | 0614 | 其他室内娱乐活动 | 包括儿童室内游戏娱乐服务、室内手工制作娱乐服务和其他室内娱乐服务。 | 9019 |
| | | 0615 | 游乐园 | 指配有大型娱乐设施的室外娱乐活动及以娱乐为主的活动。 | 9020 |
| | | 0616 | 其他娱乐业 | 指公园、海滩和旅游景点内小型设施的娱乐活动及其他娱乐活动。 | 9090 |
| | **062** | | **景区游览服务** | | |
| | | 0621 | 城市公园管理 | 指主要为人们提供休闲、观赏、游览以及开展科普活动的城市各类公园管理活动。 | 7850 |
| | | 0622 | 名胜风景区管理 | 指对具一定规模的自然景观、人文景观的管理和保护活动,以及对环境优美、具有观赏、文化和科学价值风景名胜区的保护与管理活动。 | 7861 |
| | | 0623 | 森林公园管理 | 指国家自然保护区、名胜景区以外的,以大面积人工林或天然林为主体而建设的公园管理活动。 | 7862 |
| | | 0624 | 其他游览景区管理 | 指其他未列明的游览景区的管理活动。 | 7869 |
| | | 0625 | 自然遗迹保护管理 | 包括地质遗迹保护管理、古生物遗迹保护管理等。 | 7712 |
| | | 0626 | 动物园、水族馆管理服务 | 指以保护、繁殖、科学研究、科普、供游客观赏为目的,饲养野生动物场所的管理服务。 | 7715 |
| | | 0627 | 植物园管理服务 | 指以调查、采集、鉴定、引种、驯化、保存、推广、科普为目的,并供游客游憩、观赏的园地管理服务。 | 7716 |

续表

| 代码 | | | 类别名称 | 说　明 | 行业分类代码 |
|---|---|---|---|---|---|
| 大类 | 中类 | 小类 | | | |
| | **063** | | **休闲观光游览服务** | | |
| | | 0631 | 休闲观光活动 | 指以农林牧渔业、制造业等生产和服务领域为对象的休闲观光旅游活动。 | 9030 |
| | | 0632 | 观光游览航空服务 | 指直升机、热气球等游览飞行服务。 | 5622 |

根据大众点评网（中国独立第三方消费点评网站）的点评项目分类（如图2-4），娱乐休闲包括：养生（按摩/足疗、洗浴/汗蒸）、休闲（酒吧、私人影院、茶馆、DIY手工坊、采摘/农家乐）、娱乐（K歌、密室、轰趴馆、桌面游戏、游乐游艺）、文化展览（博物馆、美术馆、图书馆、创意园区、文化艺术）、运动健身（健身中心、武术场馆、游泳馆、羽毛球馆、溜冰场）。

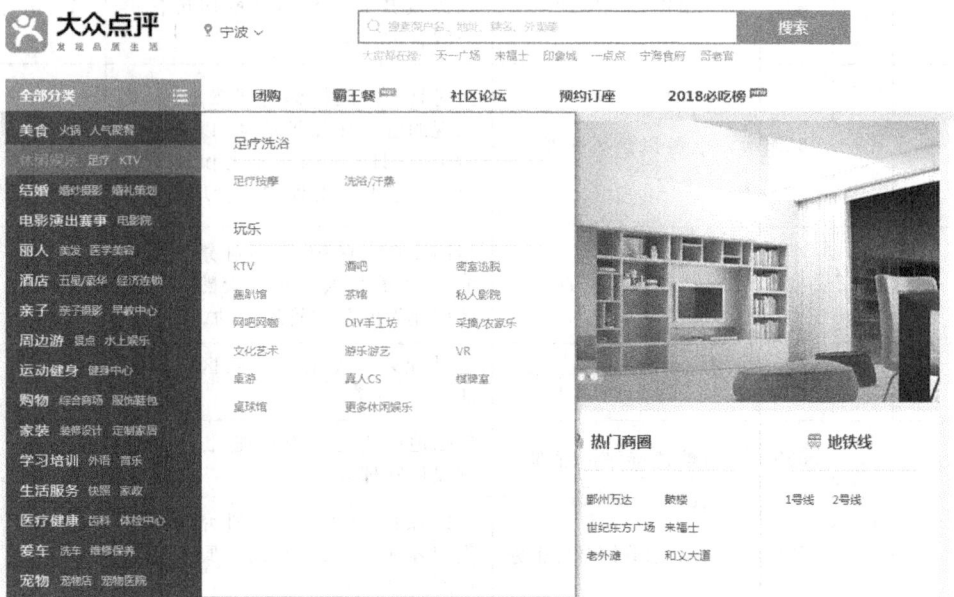

图 2-4　大众点评网的"娱乐休闲"类别

而以"帮大家吃得更好，生活更好"为使命的生活服务电子商务平台美团网的"娱乐休闲"板块，其内容涵盖：团建拓展、足疗/按摩、洗浴/汗蒸、KTV、酒吧、电玩/游戏厅、运动健身、私人影院、DIY 手工坊、密室逃脱、网吧网咖、茶馆、棋牌室、轰趴馆、桌游、真人 CS、采摘/农家乐、VR、文化艺术。公司拥有美团、大众点评、美团外卖、美团打车、摩拜单车等消费者熟知的 App,服务涵盖餐饮、外卖、打车、共享单车、酒店旅游、电影、娱乐休闲等 200 多个品类,业务覆盖全国 2800 个县区市。2018 年全年,美团的总交易金额达 5156.4 亿元,同比增加 44.3%。截至 2019 年 9 月 30 日过去的 12 个月,美团年度交易用户总数达 4.4 亿,平台活跃商户总数达 590 万,用户平均交易笔数为 26.5 笔。

　　比如,在大众点评网上宁波市鄞州区有按摩/足疗场所 535 家、洗浴/汗蒸场所 110 家、酒吧 120 家、KTV 场所 52 家。以按摩/足疗为例,规模中上的场所一般配备房间(单人间、双人间、多人间)至少在 30 间以上,雇佣技师(绝大多数为外来女性)在 20 人以上,粗略估计仅宁波市鄞州区按摩/足疗从业人员在 1 万多人。进一步估计,每人月工资 5000 元,以及与雇主 1∶1 分成,一年下来,从业人员的收入为 6 亿元,行业总收入为 12 亿元。

　　图 2-5 为宁波市鄞州区一家足浴店,其中,左图为大众点评网上的展示,右图为足浴技师个人微信中的日常管理照片。

图 2-5　大众点评网上的某一足浴店

　　而百度地图服务提供的"娱乐休闲"检索类目包括:洗浴、KTV、体育场馆、游泳馆、羽毛球馆、乒乓球馆、健身、棋牌室、洗浴中心、足浴、温泉、桑拿、按摩。

　　而根据城市生活服务分类信息平台 58 同城网站显示(如图 2-6),娱乐休闲服务类别包含运动健身、足疗按摩、KTV、夜店酒吧等,服务项目则包括居民搬家、月嫂、钟点工、跑腿公司等业务。

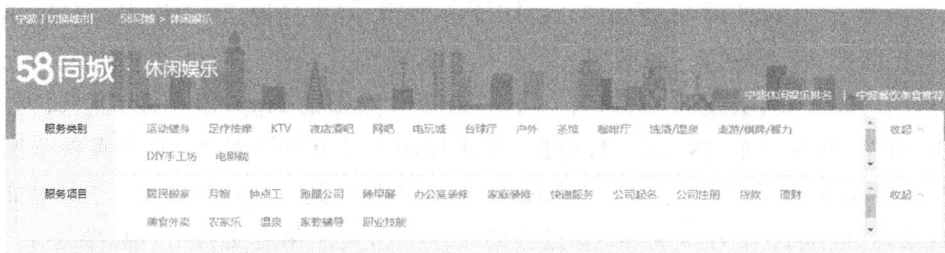

图 2-6　58 同城上的娱乐休闲项目

## 城市生活服务的新职业人群

2019 年 5 月,国务院成立"国务院就业工作领导小组",进一步加强对就业工作的组织领导和统筹协调,稳就业工作全面发力。6 月 10 日发布的《2018 年度人力资源和社会保障事业发展统计公报》显示,自 2014 年至 2018 年,我国第三产业就业人员占比从 40.6％上升至 46％,呈持续上升态势。在服务业中,生活性服务业(以下简称为"生活服务业")又因领域宽、范围广,涉及人民群众生活的方方面面,在稳定经济增长与吸纳就业上发挥着"稳定器"的作用。

基于回收的 9784 份有效问卷以及智联招聘、美团点评平台大数据,智联招聘与美团点评、21 世纪经济研究院联合撰写了《2019 年生活服务业新职业人群报告》。该报告通过分析我国生活服务业新职业的发展背景、发展现状和典型案例,对生活服务业新职业人群进行画像,全方位反映生活服务业新职业人群的风貌,展现新经济蓬勃发展背景下生活服务业新职业人群的生活状态和社会价值,探寻新职业发展对稳就业和提高就业质量的作用。

新职业是指我国生活服务业新兴业态中的新就业形态,这些新就业形态已具有一定的规模,具有相对独立成熟的职业技能。这些新职业,有的是《中华人民共和国职业分类大典》中尚未收录的职业,包括外卖骑手、酒店收益管理师、外卖运营规划师等,有的是已收录在《中华人民共和国职业分类大典》之中的职业,但近几年这些职业的职业内涵、从业方式与以前相比发生了显著变化,具体包括健身教练、造型师、育婴师等(如图 2-7)。

从 2004 年发布新职业名单工作开始至 2009 年,我国累计发布了 12 批次 122 个新职业,2010 年至 2018 年未发布新职业。2019 年 4 月发布的 13 个新职业是 2015 版《中华人民共和国职业分类大典》修订后发布的首批次新职业。近年来,随着经济社会发展、科技进步和产业结构调整,我国新产业新业态新模式

数据来源：2019年5月，中国人民大学劳动
人事学院，《生活服务平台就业生态体系与
美团点评就业机会测算报告》

酒店收益管理师
整形医生
轰趴管家
育婴师
密室剧本设计师
宠物摄影师
非遗菜系传承人
宠物训练师
线上餐厅装修师
民宿房东
头皮养护师
美甲美睫师
外卖运营规划师
旅拍策划师
植发医生
收纳师
侍水/茶/酒师
整屋设计师
产后修复师
电竞顾问
宠物医生
CS教练
STEM创客指导师
整体造型师
调酒师
健身教练

餐饮及外卖
酒店及民宿
休闲娱乐
丽人
医美
亲子
结婚
学习培训
家居

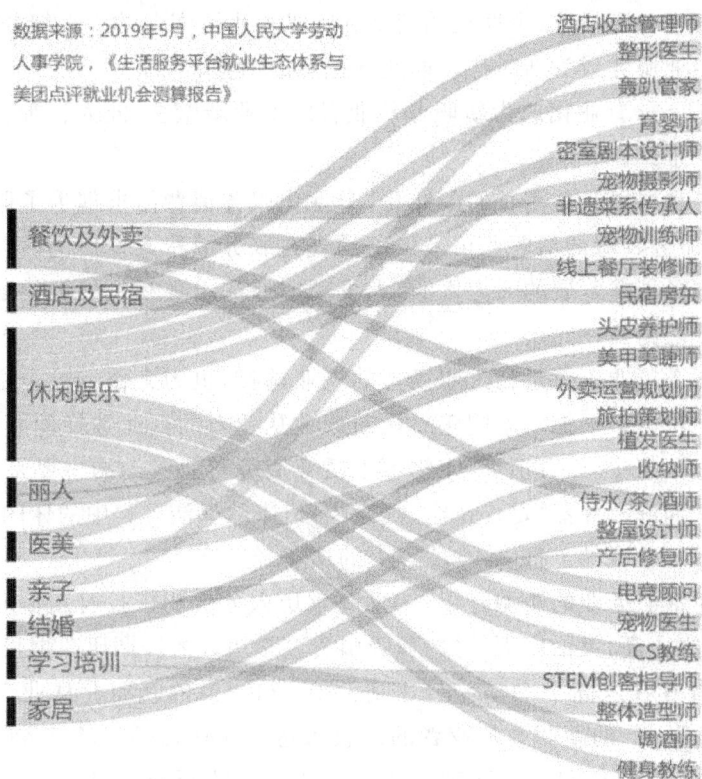

图 2-7　生活服务类平台的典型新职业

不断涌现。互联网、人工智能、物联网、大数据、云计算等新兴技术得到广泛应用，在加快传统服务业数字化升级改造的同时，还为新兴职业的涌现提供了客观基础。

　　以美团为代表的生活服务电子商务平台，催生了包括外卖运营规划师、美业商家培训师等新的就业岗位和形态。此外，围绕新的生活服务需求发展也诞生了一批新兴职业，在智联招聘网站上可以看到如电竞赛事运营、轰趴馆店长、网店美工设计等。这些新就业形态是产业迭代升级、数字化变革升级的产物，蕴含着时代新意，具有以下四大特点：

　　机会多——生活服务领域覆盖范围广、市场大、消费者和用户多，为新就业形态的出现提供无限可能；

　　技术强——互联网的快速发展与应用，加快了生活服务业的线上化发展，驱动生活服务领域诞生了一批具有市场营销、数据分析等复合能力的新兴职业；

　　职位细——多样化、个性化的消费新需求衍生了多元的垂直细分新兴职业，精细化的专业服务成为新时代新职业从业者的出彩名片；

　　专业精——专业化成为新职业从业者的就业新壁垒，匠人精神在新职业从业者中备受推崇。

　　我国城乡居民日益增长的多样化、个性化服务消费需求催生了服务消费的发展，生活服务领域的新职业正是集中涌现在服务消费大发展的转型阶段。新职业作为服务消费发展的活力之源，大批新职业的出现和发展也见证着中国经济转型升级之路。

　　生活服务行业不仅是初入职场者的就业选择，也为工作经验丰富的从业者提供了就业机会。根据对不同年龄段新职业从业者的行业选择偏好分析得出，如餐饮、婚庆、亲子、教育培训、宠物等生活类服务行业吸纳的主要是 30 岁以下的从业者。而洗浴汗蒸、足疗按摩、洗涤维修、家政保洁等集中的休闲娱乐、社区生活服务等行业吸纳了很多 40 岁以上的从业者。

　　随着生活服务业的转型升级，一批高学历人才也积极投身新职业。新职业时间自由、收入高、灵活度大等因素，吸引着高学历人才。调研数据显示，半数新职业从业者月收入高于 5000 元，达到 55%，24.6% 的新职业从业者的月收入过万。其中，5.6% 的新职业从业者的月收入达 25000 元以上，6.1% 的新职业从业者的月收入为 15000～25000 元（含），12.8% 的新职业从业者的月收入为 10000～15000 元（含），30.4% 的新职业从业者的月收入为 5000～10000 元（含）。根据调研数据，月收入在 10000 元以上的新职业岗位主要集中在宠物、结婚、休闲娱乐、医美、亲子等新兴生活服务业领域。这些新职业领域具有一定的专业技术壁垒，行业收入也随着行业门槛的上升而水涨船高。以整形医生为例，智联招聘数据显示，整形医生人均月收入超过 35000 元，但从业人员需要具备一定的医学基础和审美基础，60% 以上的从业人员需具备 3 年以上从业经验，近50% 的整形医生需要具备本科及以上学历。

　　与每天朝九晚五坐办公室的上班族相比，新职业从业者的工作时间相对来说更加灵活，这意味着他们可以有一份甚至多份兼职收入。调研数据显示，接近二成的新职业从业者有一份及以上兼职，这也与大多数青年的工作状态相符。高收入的背后，是辛勤的付出。本次调研数据显示，近 40.2% 的新职业从业者无法实现每周双休，只能单休；还有 10% 的新职业从业者仅能在春节期间休息。超七成新职业从业者每天工作时长超过 8 小时，其中有 18.1% 的新职业从业者每天工作 10～12 小时，9.7% 的新职业从业者每天工作 12 小时以上。按照每周工作 6 天计算,27.8％的新职业从业者每周工作时间超过 60 小时,这与互联网行业程序员的工作时长不相上下。不同于"闪辞族",新职业从业者身处服务业,长期与客户接触,获得感强,对工作抱有较高忠诚度。本次调研数据显示,超三成新职业从业者坚守在本岗位从未换过工作,27.1％新职业从业者工作 3 年以上才更换工作;15％的新职业从业者虽变更了职业,但依然深耕服务业。新职业从业者们秉持"匠心演绎匠人"的精神,力求不断提升服务品质,将服务体验做到极致。

## 城市"夜间经济"

夜间经济(Night-Timeeconomy)一词是 20 世纪 70 年代英国为改善城市中心区夜晚空巢现象提出的经济学名词,1991 年 Comedia 发表了一份关于英国城市中心的经济、社会和文化生活的研究报告《时间之外》,1994 年 Montgomery 介绍了 18 小时/24 小时城市的概念,提出在城市中心鼓励一系列的经济、社会和文化活动。1995 年 Bianchini 提倡城市夜晚活动的多元化。2001 年 Chatterton 和 Hollands 系统研究了年轻人与城市空间,特别是夜间休闲空间的关系,提出了生产、规范与消费城市夜生活空间的系统理论。"夜间经济"因可以延长经济活动时间、提高设施使用率、激发文化创造、增加社会就业、延长游客滞留时间、提高消费水平、带动区域发展,现已成为城市经济的新蓝海。

商务部 2019 年 5 月发文强调,"夜间经济"作为都市经济的重要组成部分,其繁荣程度是一座城市经济开放度、活跃度的重要标志。2019 年 4 月,上海商务委等九部门联合出台《关于上海推动夜间经济发展的指导意见》,围绕打造"国际范""上海味""时尚潮"夜生活集聚区的目标,推动上海"晚 7 点至次日 6 点"夜间经济繁荣发展。其中,建立"夜间区长"和"夜生活首席执行官"制度被列为第一条。市商务委副主任刘敏说,"夜间区长"由各区分管区长担任,负责统筹夜间经济发展;鼓励各区公开招聘具有夜间经济相关行业管理经验的人员担任"夜生活首席执行官",协助"夜间区长"工作。

普华永道思略特将"夜间经济"定义为,是发生在当日下午 6 点到次日凌晨 6 点以当地居民、工作人群和游客为消费主体,以休闲、旅游、购物、健身、文化、餐饮等为主要形式的现代城市消费经济。并按照业态丰富度和时间维度,将夜间经济聚集区分为三类(如图 2-8)。

夜间延伸型:餐饮、购物等以白天活动为主的服务行业向夜晚延伸,延长营业时间,以美食街、夜市等业态为代表,内容相对单一,代表区域包括北京的簋

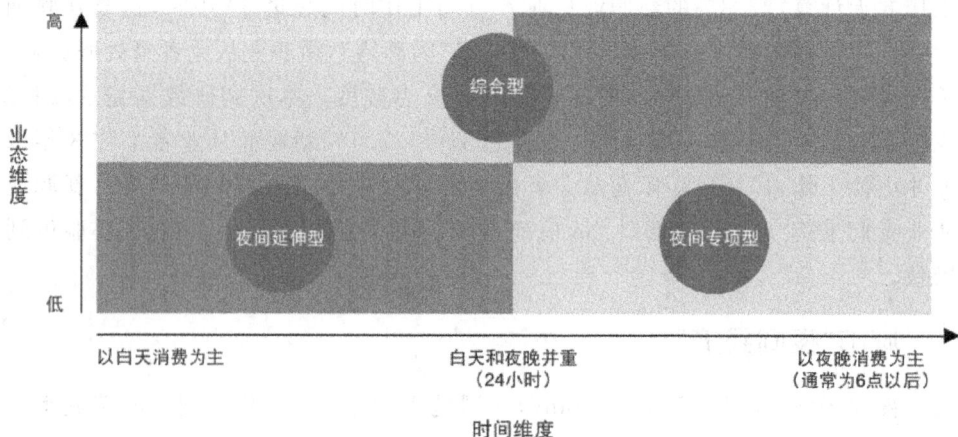

图 2-8  夜间经济集聚区类型与特点

街、成都的宽窄巷子、台中的逢甲夜市等。

夜间专项型:酒吧、KTV、迪厅/舞厅、夜总会等活动时间以夜晚为主、白天为辅的现代服务行业逐渐走向本土化、规模化。代表区域包括北京的三里屯、成都的兰桂坊酒吧街、宁波的老外滩。

综合型:以城市夜景灯光和地标性建筑为特色,结合文化娱乐、餐饮休闲、观光表演和生活配套等,形成综合型集聚区,代表区域包括上海的新天地、南京的秦淮河、深圳的锦绣中华等。

综合型集聚区是未来夜间经济集聚区的主要发展类型,丰富多元的业态和内容不仅为夜间生活提供服务,更能全方位提升城市活力,这也是国际大都市纷纷提出"24 小时经济"的原因。夜间经济的发展实现了城市的三层功能。第一,夜间经济使营商环境得以优化,满足工作人群的多方面需求,延伸商务社交。第二,夜间生活的丰富多彩,即是美好生活的体现,无论是工作人群、居民还是游客,夜生活都是工作、家庭之外的第三空间。第三,夜间经济与城市活力紧密相关,是一个城市体现其活力、形象的国际化名片。借鉴美国纽约、日本东京国际城市最佳实践,从区域夜间经济发展的角度,夜间经济的打造需要进行系统性考量,框架包括业态和内容的差异化设计,以及持续的运营推广和必要的基础支撑(如图 2-9)。

在夜间经济消费上,我国城市居民消费夜间强于白天,东部远强于西部。依据北京第二外国语学院中国文化和旅游产业研究院测算,约 60% 的城市居民消

| 产品设计 | 文化和艺术类 | 博物馆 | 艺术馆 | 旅游景点 | 滨江活动 |
| --- | --- | --- | --- | --- | --- |
| | | 音乐厅 | 剧院 | 灯光秀 | 展览 |
| | 休闲和娱乐类 | 酒吧 | 咖啡厅 | 茶室 | 商场 | 电影院 |
| | | 俱乐部 | 电竞场所 | 夜间游览 | 体育赛事 |
| | 生活配套 | 餐厅 | 酒店 | 健身房 | 便利店 | 美容院 |
| 系统性推动因素 | 夜间经济规划 |
| | 夜间经济投资和招商 |
| | 夜间经济营销推广 |
| | 夜间经济行业人才建设 |
| | 夜间经济信息研究与统计 |
| 基础性支撑因素 | 安全 |
| | 健康 |
| | 环保 |
| | 基础设施 |

图 2-9 夜间经济生态的三个层次

费发生在夜间,北京王府井超过 100 万人的高峰客流是在夜市,重庆 2/3 以上的餐饮营业额发生在夜间。夜间经济消费存在"胡焕庸线",东西差异明显,夜间消费绝大多数集中哈尔滨—北京—成都—腾冲一线以东,北京与东南沿海最活跃。夜间消费存在 18:00 左右的晚高峰和 21:00—22:00 的夜高峰两个高峰。滴滴网约车数据显示:北上广深和部分珠三角及东部沿海城市佛莞厦为双高峰"不夜城",武汉、福州、长沙等存在大的晚高峰与小而长的夜高峰。东部城市在无锡、烟台,中西部地区在泸州、绵阳和南充等存在晚高峰,夜间出行极不活跃。东北城市有晚高峰,夜间 22:00 后基本不出行。夜间出行前 10 城市是北京、佛山、深圳、东莞、上海、丽江、西安、泉州、厦门、广州。

## 娱乐休闲行业空间分布

下面我们选择浙江省全部的 11 城市(浙江省地级市)作为研究区域,包括杭州、宁波、舟山、温州、绍兴、湖州、嘉兴、台州、金华、衢州、丽水。考虑到数据的可比性和可得性,通过大众点评网(www. dianping. com)、百度地图(map. baidu. com)和百度指数(index. baidu. com)三个方面获取浙江 11 个城市的相关数据。

● 大众点评网的"休闲娱乐"(如图 2-10)频道中选取咖啡厅、足疗按摩、洗浴、酒吧、KTV、茶馆、电影院、文化艺术、游乐游艺、更多娱乐休闲 10 类进行各个城市查询汇总。

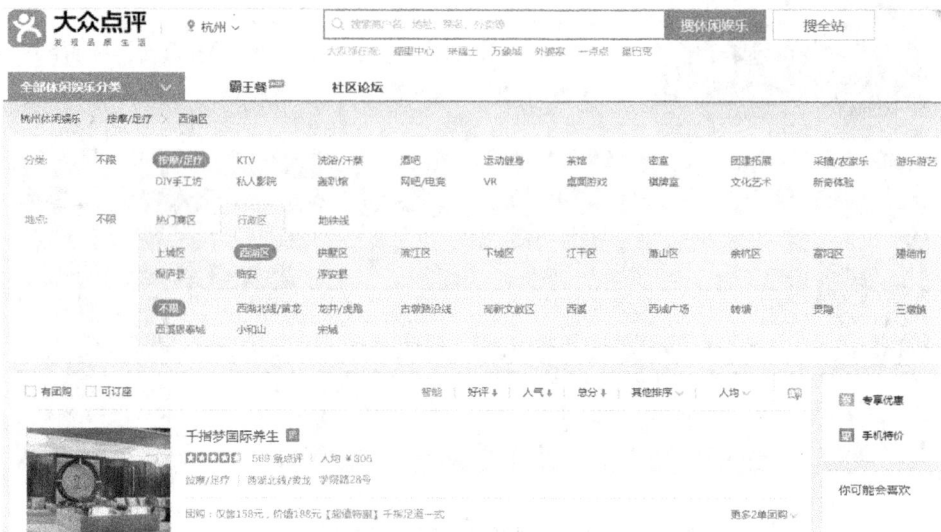

图 2-10　大众点评网（杭州市）休闲娱乐查询

● 百度地图通过"休闲娱乐"、咖啡厅、足浴、按摩、洗浴、酒吧、KTV、茶馆、电影院、SPA、水疗、会所、舞厅、美容美发、星级酒店 15 个关键词进行查询汇总。

● 百度指数则是通过娱乐、休闲、咖啡厅、足浴、按摩、洗浴、酒吧、KTV、茶馆、电影院、SPA、水疗、会所、舞厅、美容美发 15 个关键词进行查询汇总（如图2-11）。

汇总大众点评网、百度地图、百度指数三类查询的结果，然后计算出每一个城市的每一分类（关键词）在全省中的查询比例，而某一城市的总指数计算如下所示：

城市娱乐休闲总指数＝大众点评网占比＋百度地图占比＋百度指数占比

其中：

大众点评网占比 $= \sum_{d=1}^{10}$ 分类查询，分类包括：咖啡厅等 10 个娱乐休闲分类；

百度地图占比 $= \sum_{m=1}^{15}$ 分类搜索，分类包括娱乐休闲等 15 个关键词；

百度指数占比 $= \sum_{i=1}^{15}$ 分类指数分类包括娱乐等 15 个关键词；

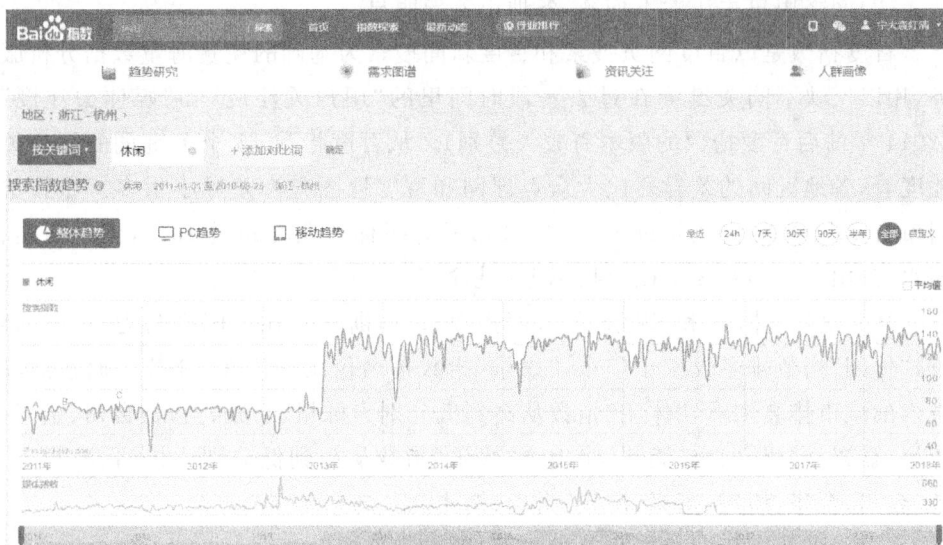

图 2-11 百度指数页面"通过关键词对比"获取某城市的用户关注度

## 娱乐休闲行业空间分布特征

（1）空间分布不均衡，各地市差异很大

根据大众点评网被评价的商户数，在统计的娱乐休闲 10 类目录中，共有被点评商户数 62093 家，其中杭州市在所有娱乐休闲项目中的被评价商户数均占全省的 15％以上，最低类目"电影院"评价商户数占全省的 15.47％，最高类目"足疗按摩"评价商户数占全省的 51.30％。宁波市除"足疗按摩"评价数占比在 10％以下，其余类目均在 10％以上，有 7 个类目占比超过 15％。其他城市中，温州市、金华市分别有 7 个和 6 个类目占比超过 10％，台州、嘉兴、绍兴分别有 4 个、2 个和 1 个类目占比超过 10％，而湖州、衢州、丽水、舟山没有 1 个类目占比超过 10％。衢州、丽水、舟山三市竟然没有 1 个类目占比超过 5％。

从百度地图查询统计看，浙江全省范围内 15 个娱乐休闲相关关键词查询结果有 16.26 万个。杭州市除"舞厅""四星以上酒店"2 个类目外，其余 13 个类目全部列全省第一，有 11 个类目占比超过 25％。宁波市除"舞厅""四星以上酒店"2 个类目搜索占比列全省第一外，其余 13 个类目全部列全省第二，有 12 个类目占比超过 15％。衢州、丽水、舟山三市竟然没有 1 个类目占比超过 5％。

（2）网络用户关注度不均衡，各地市差异明显

百度指数是以百度网页搜索和百度新闻搜索为基础的免费海量数据分析服务，用以反映不同关键词在过去一段时间里的"用户关注度"和"媒体关注度"（2014 年前后百度指数的版本有较大差别）。从百度指数 15 个关键词的用户关注度看，各地区间的差异要比大众点评网和百度地图查询差异小很多。尽管杭州市有 14 个指标占比超过 15%，宁波市所有指标占比均超过 10%，但是衢州、丽水、舟山三市均有 3 个以上指标占比超过 5%。

从关键词"休闲"和"娱乐"的百度指数来看，浙江省在全国排名为第二和第三，"休闲"指数排名仅次于广东，"娱乐"指数排名仅次于广东、江苏。而在浙江省内的城市排名来看，"休闲"指数从高到低分别为杭州、宁波、温州、台州、金华、绍兴、嘉兴、湖州、丽水、衢州、舟山。"娱乐"指数从高到低分别为杭州、温州、宁波、台州、金华、绍兴、嘉兴、湖州、舟山、衢州、丽水。

（3）娱乐休闲行业总指数差异显著，形成三个梯次

大众点评网占比、百度地图占比和百度指数占比汇总，得出浙江省 11 城市娱乐休闲总指数，如表 2-3、图 2-12 所示。基本形成三个梯次，杭州、宁波 2 市为第一梯队，优势明显；温州、金华、台州、嘉兴、绍兴、湖州 6 市居中；丽水、衢州和舟山 3 市位列最后。

表 2-3　浙江 11 城市娱乐休闲总指数

| 梯次 | 城市 | 大众点评网占比 | 百度地图占比 | 百度指数占比 | 总计 |
|---|---|---|---|---|---|
| 第一梯队 | 杭州 | 2.437 | 4.238 | 2.849 | 9.524 |
| | 宁波 | 1.650 | 3.021 | 2.265 | 6.936 |
| 第二梯队 | 温州 | 1.190 | 1.610 | 1.957 | 4.758 |
| | 金华 | 1.032 | 1.175 | 1.477 | 3.684 |
| | 台州 | 0.855 | 0.932 | 1.434 | 3.222 |
| | 嘉兴 | 0.814 | 1.139 | 1.235 | 3.188 |
| | 绍兴 | 0.755 | 1.127 | 1.248 | 3.131 |
| | 湖州 | 0.486 | 0.804 | 0.865 | 2.154 |
| 第三梯队 | 衢州 | 0.284 | 0.342 | 0.512 | 1.137 |
| | 丽水 | 0.285 | 0.304 | 0.604 | 1.193 |
| | 舟山 | 0.211 | 0.308 | 0.554 | 1.073 |

## 浙江省娱乐休闲行业空间分布活力因子

我国区域经济空间格局演化的驱动力一般主要体现在三个方面：经济区位、

资源禀赋和区域发展政策。其中,经济区位和资源禀赋是区域经济发展格局演化的内在影响因素,区域发展政策则是区域经济发展格局演化的外在推动力。就某一产业而言,现代服务业的演化是系统自适应的过程,是内生动力各要素子系统间矛盾运动和外生动力与环境影响共同作用的结果。其中,内生动力是现代服务业发展的根本动力,外生动力是现代服务业发展的必要条件,外生环境通过促进内生各要素子系统的变化和矛盾运动而推动现代服务业渐进式优化升级。

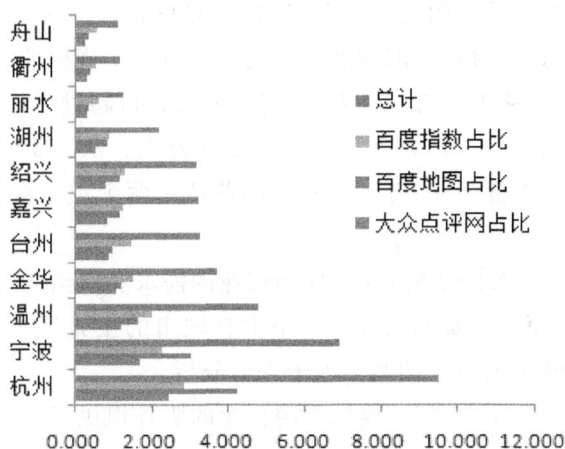

图 2-12 浙江省娱乐休闲指数强度分布格局

娱乐休闲行业的发展首先得益于当地的经济发展水平,影响因素包括人均GDP,人均收入与支出等;其次取决于为其提供客源的需求发展状况,如当地人口娱乐休闲需求的规模和消费能力、外来人口娱乐休闲需求的规模和能力;当然也取决于资源禀赋,为其提供服务的供给发展状况,如外来从事娱乐休闲行业的人口规模。

遵循系统性、科学性、有效性和可操作性等原则,合理选取人口、经济、城市空间评价指标体系,将从影响娱乐休闲行业空间分布的 16 个活力因子入手,分析这些活力因子影响娱乐休闲空间布局的相关程度。由于娱乐休闲行业的发展是服务业发展的一部分,所以在研究娱乐休闲行业发展和空间分布的活力因子时,可以从服务业发展的动力系统入手,将娱乐休闲行业发展的活力因子设定为六大要素,即宏观力、资源力、外动力、内动力、消费力、支撑力。

对于城市娱乐休闲的发展和空间分布,直接用一些定量的指标更容易描述空间分布的规律,但由于影响的因素复杂繁多,不可能在构建活力因子的时候,反映全部的影响因素,并且在选择定量指标时,由于数据的有限性,也受到了局限,所以在构建六大活力因子的基础之上,选择了其中 16 个影响因素进行了分析。

(1)宏观力因子(X1-X3):主要是从经济和人口规模分析,包括地区生产总值(GDP)、户籍人口、常住人口三方面进行分析。从上述分析可见,娱乐休闲的高指数强度区主要分布于经济总量和人口总量较大地区,可以看出地区经济和人口发展的特征与娱乐休闲空间分布规律是一致的。之所以需要户籍人口、常住人口两个人口总量指标,是因为浙江各地市人口流动规模非常大,比如宁波市户籍人口 597 万,常住人口有 800 万,登记的外来人口超过 430 万人。而同期的衢州市,户籍人口为 257 万,常住人口仅为 218 万人。从 2011 年到 2016 年,衢州每年流出的人口总数为 45 万人左右。因此从这两个定量的指标来分析人口总量更为合理。

(2)资源力因子(X4-X5):娱乐休闲行业的需求和供给均与人口有关,尤其集中在城镇地区,而高消费的人群主要集中在城市的主城区。资源力主要是从市区人口密度和城镇人口比例两个因子进行分析。

(3)外动力因子(X6-X7):娱乐休闲行业的服务提供者主要是外来人口,而且经济越发达地区,对外来人口的依赖也越大。同时低消费的娱乐休闲行业中,外来流动人口也同样存在较大需求。外动力主要从流动人口和流动人口比例两个因子进行分析。

(4)内动力因子(X8):前文所述,随着经济实力的提高,娱乐休闲的消费会急剧扩张,内动力主要从城镇居民人均可支配收入进行分析。当地居民消费能力的多少直接影响着娱乐休闲的消费程度。

(5)消费力因子(X9):居民的高收入为娱乐休闲的消费带来了可能,而居民的消费支出则是影响了娱乐休闲行为的实际发生。消费力主要从城镇居民人均消费性支出进行分析。

(6)支撑力因子(X10-X16):娱乐休闲的发展离不开第三产业的发展以及相关产业的就业人口,因此支撑力主要从第三产业和相关的就业人口进行分析,具体包括:第三产业增加值、市区第三产业增加值、第三产业比重、市区第三产业比重;市区从业总人数、市区第三产业从业人数、市区第三产业就业比重。

### 因子相关性计算与分析

对影响娱乐休闲行业空间分布的活力因子及影响因素分析后,对它们之间的相关程度进行计算,通过 Pearson 相关分析法研究活力因子影响娱乐休闲行业空间分布的程度,运用 SPSS 统计分析软件,对数据进行相关分析。

浙江省娱乐休闲行业发展与 16 个影响因子的相关分析结果见表 2-4,其中:Y1 为大众点评网占比、Y2 为百度地图占比、Y3 为百度指数占比,城市娱乐休闲总指数(Y4)的指标可能存在的假相关性,因此无需验证其相关性。由于样本本身偏少,在此按照 1% 水平的结果分析,这样本来不相关被认为相关的可能性较小。

表 2-4　浙江娱乐休闲发展强度与 16 个指标的 Pearson 相关系数表

| | 地区生产总值GDP | 常住人口 | 户籍人口 | 城镇人口比例 | 市区人口密度 | 流动人口 | 流动人口比例 | 城镇居民人均可支配收入 | 城镇人均消费性支出 | 第三产业增加值 | 市区第三产业增加值 | 第三产业比重 | 市区第三产业比重 | 市区从业总人数 | 市区第三产业从业人数 | 市区第三产业就业比重 |
|---|---|---|---|---|---|---|---|---|---|---|---|---|---|---|---|---|
| | X1 | X2 | X3 | X3 | X5 | X6 | X7 | X8 | X9 | X10 | X11 | X12 | X13 | X14 | X15 | X16 |
| Y1 | 0.965581 | 0.862839 | 0.770314 | 0.938885 | 0.559915 | 0.904015 | 0.789654 | 0.728954 | 0.647771 | 0.985024 | 0.941568 | 0.833614 | 0.728624 | 0.94537 | 0.940059 | 0.645107 |
| | 0 | 0.0013 | 0.0091 | 0.0001 | 0.0923 | 0.0003 | 0.0066 | 0.0168 | 0.0428 | 0 | | 0.0027 | 0.0168 | | 0.0001 | 0.044 |
| | *** | *** | *** | *** | * | *** | ** | ** | * | *** | *** | ** | ** | *** | *** | ** |
| Y2 | 0.976656 | 0.792175 | 0.677706 | 0.912029 | 0.551449 | 0.902608 | 0.801239 | 0.707425 | 0.55064 | 0.987843 | 0.97104 | 0.738629 | 0.798034 | 0.95803 | 0.958946 | 0.669259 |
| | 0 | 0.0063 | 0.0313 | 0.0002 | 0.0984 | 0.0003 | 0.0053 | 0.0221 | 0.099 | | | 0.0147 | 0.0057 | | | 0.0343 |
| | *** | *** | ** | *** | * | *** | ** | ** | * | *** | *** | ** | ** | *** | *** | ** |
| Y3 | 0.957375 | 0.938612 | 0.861167 | 0.969222 | 0.619122 | 0.933891 | 0.805649 | 0.785689 | 0.7611 | 0.965087 | 0.883943 | 0.838887 | 0.671048 | 0.893324 | 0.879484 | 0.615979 |
| | 0 | 0.0001 | 0.0014 | 0 | 0.0563 | 0.0001 | 0.0049 | 0.0071 | 0.0106 | | 0.0007 | 0.0024 | 0.0336 | 0.0005 | 0.0008 | 0.0579 |
| | *** | *** | ** | *** | * | *** | ** | ** | ** | *** | *** | ** | * | *** | *** | * |

数字的第一行为皮尔逊相关系数,第二行为 t 统计量,第三行表示统计显著性。
*** 表示在 1% 的显著水平下拒绝不相关的原假设,认为两者的相关性是统计显著的。
** 表示在 5% 的显著水平下拒绝不相关的原假设,认为两者的相关性是统计显著的。
* 表示在 10% 的显著水平下拒绝不相关的原假设,认为两者的相关性是统计显著的。

(1)完全强相关因子:宏观力因子中的"地区生产总值(GDP)""常住人口",资源力因子中的"城镇人口比例",外动力因子中的"流动人口""流动人口比例",

支撑力因子中的"第三产业增加值""市区第三产业增加值""市区从业总人数"
"市区第三产业从业人数"的相关系数的 $t$ 检验在大众点评网占比（Y1）、百度地
图占比（Y2）和百度指数占比（Y3）显著性概率均小于 0.01，分别在 0.01 的显著
性水平上拒绝零假设。其中，除"常住人口"（与百度地图占比 Y2 相关系数为
0.792）和"流动人口比例"（与大众点评网占比 Y1 相关系数为 0.789）两因子外，
其余因子皮尔逊相关系数在大众点评网占比（Y1）、百度地图占比（Y2）和百度指
数占比（Y3）上均大于 0.8，我们认为以上因子与地区娱乐休闲行业发展完全强
相关。

　　（2）部分强相关因子：宏观力因子中的"户籍人口"，支撑力因子中的"第三产
业比重"的相关系数的 $t$ 检验在大众点评网占比（Y1）、百度地图占比（Y2）和百
度指数占比（Y3）中至少有 1 项显著性概率小于 0.01，分别在 0.01 的显著性水
平上拒绝零假设，而且相应的 Pearson 相关系数大于 0.8，我们认为以上因子与
地区娱乐休闲行业发展部分强相关。

　　通过对浙江省各地区娱乐休闲行业的消费点评情况、地理分布情况和搜索
情况数量的计算结果，可知浙江省娱乐休闲行业发展强度地区间差异大，高指数
地区主要分布在经济发达、外来人口众多的杭州、宁波、温州地区，低指数地区分
布在地域小、人口少（如舟山）和经济相对不发达的西部地区（如衢州、丽水）。

　　娱乐休闲行业的发展和空间分布是多个复杂因素共同作用的结果，本章选
取了六大动力活力因子共 16 个影响因素，构建了娱乐休闲行业发展的活力系统
模型，采用 Pearson 相关分析法测算各影响因子对娱乐休闲行业空间分布的影
响程度。结果表明：地区娱乐休闲强度与地区生产总值、城镇人口比例、流动人
口、第三产业增加值、市区第三产业增加值、市区从业总人数、市区第三产业从业
人数强相关；地区娱乐休闲强度与市区人口密度、城镇人均可支配收入、城镇人
均消费性支出、市区第三产业比重、市区第三产业就业比重不相关。

　　总之，通过对娱乐休闲发展的活力系统模型的构建以及各因子相关性的计
算和分析，可见浙江娱乐休闲行业空间分布与地区经济发展水平、城镇化、流动
人口、第三产业发展、就业人数等因素有关，这些因素是影响浙江娱乐休闲行业
分布的重要因子，这进一步说明活力系统构建及活力因子指标的选择具有一定
的科学性和代表性。需要说明的是，娱乐休闲指数是基于网络实际搜索而得，16
个影响因子数据则为官方统计数据，由于娱乐休闲行业存在一定的不透明性，两
者的相关性及影响作用还有待于更为全面的、权威的数据进行分析。

## 【后案例】为什么中国这么多足疗店？

来自百度百家号"妙看历史"2018-06-01（有删节）

我的一个朋友，每次回到中国，不是当天晚上就是第二天晚上，一定要中国的朋友安排去洗脚店，他说，这是他在国外享受不到的让他放松的服务。

无论你走在大城市还是小县城的街道上，一眼扫去，足疗店的密度可能超过兰州拉面、沙县小吃、黄焖鸡米饭之和。你肯定要问，中国到底有多少足疗店？按照商务部的统计，2015 年足浴企业数 10.3 万个，从业人员 701.4 万人，营收2380.9 亿元。而且，商务部在发布统计数据时说了，鉴于足浴企业统计方法的局限性，实际经营店个数和实际从业人员数量，很可能远远大于测算的结果。也就是说，最保守估计，现在每 1.3 万中国人，就拥有一家足疗店服务，平均 196 个中国人中，就有一个在足疗业就业。

乍一看，足疗的商业定位有点尴尬：既不是真正的医疗业，也不是典型的休闲业；既没有实际的技术门槛，也缺乏靠谱的效果背书。更何况，在大众消费者的印象中，足疗的形象还常常与色情行业"碰瓷"而遭到连累，从业人员的专用称谓"技师"也容易被玷污。但这些夹缝中的尴尬，愣是被从业者们做成了各方面好处均沾的产业优势。中国足疗业的红火，正有赖于这些四不像的特色。

"足疗"理论不靠谱，但体验很实在。足疗是极具中国特色的行业，源流来自一个在台湾地区传教的瑞士籍天主教士吴若石神父（Josef Eugster）。1978 年，已在台湾传教六年的吴神父前往台东传教。苦于风湿病和关节炎的他，接触到同教会修士推荐的"足部反应区疗法"，先是自疗，然后在教堂活动中心对教友推广。接受过吴若石按摩的台东天主教徒们纷纷出师，开办自己的足疗按摩项目。80 年代末，在台湾风行的足疗逐步传入中国大陆。

自吴若石起，足疗的医疗效果其实一直不是行业侧重。在行业定位上，足疗从业者与管理者都很清醒地将之从医疗业中择出去。1993 年 11 月，台湾地区卫生主管部门公告，脚底按摩与"收惊、神符、香灰"等同属于"民俗调理行为"，为不列入医疗管理之行为。2012 年，台湾地区行政主管部门消费者保护处也表示脚底按摩经"卫生署"认系不具疗效，只需达到可合理期待之安全性即可。2011年我国商务部将足疗归口为生活服务业，由服务贸易和商贸服务业司主管，而非卫生部主管。

既然足疗是归属服务行业，就给了从业者很大的施展空间：能够影响消费者心智的健康观念，都可以"为我所用"。抛开广告宣传不说，即使你查阅足疗业界自行总结的行业理论史,都能发现"足疗"的保健理论依据一直在变化。抛去从《史记》与《黄帝内经》中捕风捉影来"发现""中医足部按摩"起源的尝试,1978—1981 年,"足疗"在源起地台湾地区的医学理论依据是来自一位美国医生的"反射区疗法"。1982—1994 年,"足疗"的医学理论依据是"推散脚底尿酸晶"。1994 年之后,在海峡两岸才用上中医的阴阳、五行、经络等概念。

足疗理论依据十年一改,依托的不论土洋都是"替代医学"的臆造,在医疗上自然不靠谱,但在改善消费者体验上却很有效验。1994 年之前,足疗技师们从"推散尿酸晶"的理论出发,强调消费者脚底被按得越疼,疗效越好,颇有顾客被按得脚部瘀血。1994 年,使上中医经络概念的"足疗"技师们,才让顾客享受到真正轻松舒适的按摩。

足疗店,意外走红的社交场所。在消费者心目中,其实也没有把足疗当做医疗。2016 年,对广西玉林市的足疗市场调查显示,男性顾客数量占 72.1%,远远多于女性顾客。50.6% 的足疗消费者在 30～50 岁之间,工作稳定,资金充裕,有一定业余时间,不信足疗真有什么用,在足疗店消费主要是享受按摩与各种社交。

现代人的社交需求带来了足疗店的发展,这一点其实很好理解。想想足疗店的经典消费场景:迎宾员将你们带进足疗店的包间,换上宽松的衣裤,各自半躺在睡椅上,先在泡了香草、草药的热水泡脚一刻钟,泡脚后再涂上按摩油,然后接受技师近 1 个小时的足部按摩。在此过程中,可以闲聊,可以品茶,可以吃水果嗑瓜子,在这段相对私密的空间里,商务谈判、朋友分歧或许能够取得进展。

中国大陆足疗技师的年龄,主要集中在 20～30 岁间,而且 20 岁以下的技师呈现增多的趋势。技师的学历里,中专及以下学历者占 62.8%,本科及以上学历只 14%。技师培训的时间多在 30 天以下,大多数是在零基础短时培训就上岗,工作中练会手艺。从业者学历不高,意味着人力成本不高,价格比较亲民,能够遍地开花。足疗技师一般是底薪加提成,月收入主要靠计件。足疗企业店面租金与水电、物料成本的压力大过人力成本。

这种技术门槛低、成本投入少、消费持续坚挺的企业,想不遍地开花都难。

# 第三章 外来流动人口的污名与管制

2018 年 8 月 3 日　来源：中国江苏网

中国江苏网 8 月 3 日泰州讯（高纪贵）近年来，随着城市经济加快发展、城镇化进程快速推进，城市规模不断扩大，流动人口数量也大幅攀升。与此同时，流动人口的结构、流动方式、居留稳定性以及居留意愿等也都发生了深刻变化，成为影响社会经济科学健康发展和社会治理不断优化的重大问题之一。

流动人口管理是一项艰巨繁杂而又长期的系统工程，涉及方方面面，包括户口管理、治安管理、劳动管理、市场监督管理等等，流动人口具有双重效应，管理得好对社会和经济的发展能够作出有益的贡献，管理不好容易产生许多社会问题。因此，靖江东兴派出所多项措施加强新形势下的流动人口管理。

完善体制机制建设。一要整合资源，落实管理专门机构。由于出租房屋和流动人口管理是一项综合性的工作，需要多个职能部门的充分配合和高度协调，共同开展工作。所以，出租房屋和流动人口管理需要实行部门联动的工作模式，从政策规章、体制机制、人员经费以及权益保障等方面进行综合研究和整体推进，建立并完善协调一致、共同参与、齐抓共管的高效工作机制。二要进一步推进网格化管理模式。夯实各个网格负责人和责任人职责，定期组织召开联席会议，及时采集核实通报统计流动人口相关信息，实现无缝隙、全覆盖的网格化服务管理模式。

加大宣传教育力度。公安机关作为流动人口的主管机关，要加强对流动人口的宣传教育。充分利用电视、网络、新媒体等新闻传媒手段，积极宣传有关流动人口管理的政策与法律法规，营造舆论氛围，让广大群众和流动人口了解掌握公安机关对流动人口的管理要求,提高流动人口的自我管理意识。通过正面的宣传、引导和反面的案例、教训使得各娱乐场所、宾馆、旅店、房屋出租人以及用人用工单位提高认识、参与管理、履行责任。在宣传教育中,针对部分房屋出租户、暂住人员对相关的法律意识较为薄弱,配合职能部门依法管理的主动性、积极性不高的现象,着重对《租赁房屋治安管理规定》《治安管理处罚法》等法律法规的宣传,努力提高群众法律意识和出租房主的守法经营意识。

创新外来人口信息登记需求。公安机关为提升社会管理能力,有外来人口信息采集的需求,但相对于外来人口而言,他们几乎没有需求,信息采集工作陷入了"一头热"的被动困境。牌楼派出所通过与用工单位、企业、商铺对接,在员工入职时,就要求相关负责人配合上报相关信息,实现了被动上门采集到主动发现登记管理的转变。如果能在政府层面上,将外来人口信息登记作为就业、就医、参保、入学等社会活动的前置条件,并落实用工单位、房东的登记责任,用需求推动外来人口信息采集率的提升,将会使信息采集和管理工作变得更加完善配套。

全面整合人口信息资源。一方面,依托现有的"一标三实"系统和网格化管理系统,逐步打通公安数据库与政府其他部门数据库之间的壁垒,建立起一家采集、多家共享的数据库,通过公安内部平台比对,进行甄别分析,可有效消除信息采集盲区。另一方面,拓展信息资源渠道。搭建起物业、中介、快递等社会团体数据流入通道,拓展源头信息采集维度,通过对数据碰撞,查找缺漏登记人员,及时做好信息补采工作。

优化信息采集模式及流程。在采集方式上,除了沿用上门登记外,还要依托公安网上办事大厅、微信公众号等平台开展网上预约服务,有效降低上门"空跑"率。在流程上,要进一步优化、简化,尽量提供"一站式"快捷服务,提升外来人口采集意愿。在宣传上,积极联合其他职能部门加大外来人口合法权益维护力度,在为流动人口解决求职、就医、求学问题的活动中加强宣传,再结合一些普法教育、法律援助等活动,在全社会范围内形成主动采集、常态登记、规范管理的良好氛围。

急速商业化和城市经济的扩张,需要大量外来劳动力,这也促使大量农民离开贫瘠的家乡,涌入中心城市去寻找就业或经商的机遇,这个规模庞大的群体被称为"流动人口"。从2000年流动人口数量达到1亿以来,一直在高位运行,根据国家卫计委发布的《中国流动人口发展报告2018》,我国流动人口总量在2011—2014年间持续增长,由2010年的2.21亿人增长至2015年的2.47亿人

（如图 3-1）。可以预见，在今后较长一段时期，大规模的人口流动迁移仍将是我国人口发展及经济社会发展中的重要现象。根据国家统计局报告，流动人口是指人户分离人口中扣除市辖区内人户分离的人口。人户分离的人口是指居住地与户口登记地所在的乡镇街道不一致且离开户口登记地半年及以上的人口。市辖区内人户分离的人口是指一个直辖市或地级市所辖区内和区与区之间，居住地和户口登记地不在同一乡镇街道的人口。《浙江省流动人口居住登记条例（修订草案）》（2016 年）所称流动人口，是指在本省居住的非本市区、县（市）户籍的人员。

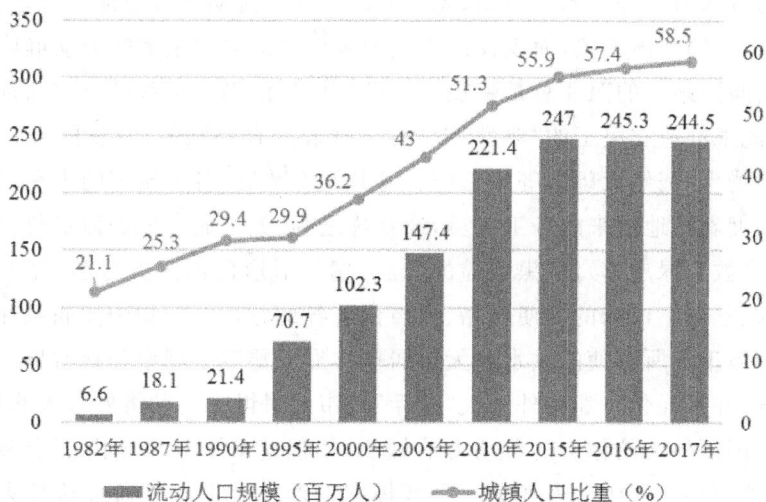

图 3-1    1982—2017 年全国流动人口规模（单位：百万人，%）

《2019 年国民经济和社会发展统计公报》指出：全国人户分离人口（即居住地和户口登记地不在同一个乡镇街道且离开户口登记地半年以上的人口）2.80亿人，比上年末减少 613 万人；其中流动人口 2.36 亿人，比上年末减少 515 万人。全国农民工总量 28652 万人，比上年增长 1.7%。2018 年全国农民工总量28836 万人，比上年增长 0.6%。其中，外出农民工 17266 万人，增长 0.5%；本地农民工 11570 万人，增长 0.9%。年度农民工数量包括年内在本乡镇以外从业 6 个月及以上的外出农民工和在本乡镇内从事非农产业 6 个月及以上的本地农民工两部分。

从 2015 年开始，流动人口规模发展出现新的变化。全国流动人口规模从此前的持续上升转为缓慢下降，2015 年国家统计局公布全国流动人口总量为 2.47

亿人,比 2014 年下降了约 600 万人;2016 年全国流动人口规模比 2015 年份减少了 171 万人,2017 年继续减少了 82 万人,2018 年再减 300 万人,至 2.41 亿人。在改革开放的过程中,大量农村剩余劳动力进入城市,人口从低效率产业向高效率产业、从低工资就业岗位向更高工资就业岗位转移,在微观上增进了抚养家庭的能力,在宏观上促进了社会财富的积累。

## "流动"的负面性

多年前,不管是官方还是城市公共话语,都将流动人口刻画成没有历史的、无差别的劳动力所进行的无组织、无目的的流动。流动人口通常与有自己欲望、梦想、活生生的个体无关,而仅仅是招之即来挥之即去的粗劣的劳动群体。报纸杂志和新闻网站上的照片总是聚焦于流动人口生活当中某些刻意被筛选出来的瞬间,以此来创造农民工的"典型"形象:一群群没有差别的、疲惫的人在街上在车站簇拥蹲坐,茫然无望地等待工作。尤其在春节后,各大城市的火车站的广场上到处簇拥着各地涌来的务工人员,通常称之为"务工流",他们似乎总是与廉价火车票(多数为绿皮车)、黝黑粗糙的皮肤、携带形形色色的大行李、穿着脏旧的厚重外衣、吃着重口味的方便食品、大声说着各地方言等人物画像联系在一起。

这种被市场所驱使的洪水般无定居群体形象塑造了城市公众对外来人的认知和态度,并且强化了那种外来人"充斥"城市的恐惧。这种将外来人非历史化、为迫于穷困而外出的粗劣的劳动力的做法,不但遮蔽了其群体内部众多的差异性,也将他们从活生生的人变为一种客体化的商品。也正是通过这种去人性化和客体化的话语,流动人口和城里人之间不平等的权力关系从此建立起来了。

在中国,由于一种稳定的人-地关系在很大程度上被认为是正常的生活方式以及家庭、社会稳定的基础,因此人口迁移被看作是不稳定、异常的甚至是病态的。尤其在市场经济所带来的不稳定、不确定时期内,城里人经历了犯罪率的上升之后,他们很容易将自己的愤怒导向新来的外地人。流动人口在空间上的移动以及他们显而易见的无归属感几乎在整体上被等同于一个潜在的犯罪分子群体。很多城市居民对流动人口犯罪所提供的解释:由于这些人不是长久归属于某个城市,所以他们这种过客心态很容易导致缺乏必要的道德责任和社会秩序的约束。

人口流动的另一些文化含义来自语言本身。在汉语中,"流动"一词有两种不同的意思:一是指生机勃勃,无拘无束;另一种是漂泊无定且充满危险。这种双重含义为流动人口形象的多重解释留下了想象空间。主流话语通过强调其与诸如流民、流寇、流氓、流窜、流亡、流毒、流放等词语的联系,倾向于片面强调其负面含义。由于中国传统上是一个农业国家,存在数量庞大的农耕人口,中国正统意识形态当中发展出一种强烈的地域认同感。这种与土地捆绑在一起的感情被"安土重迁"(《汉书·元帝纪》:"安土重迁,黎民之性;骨肉相附,人情所愿也。")这一成语所清晰表达出来。同样,根深蒂固(先秦·李耳《老子》:"有国之母,可以长久,是谓深根固柢,长生久视之道。")在主流的传统文化当中被看作是一种正常的存在状态。由道家儒家经典所建构的那种空间边界、明确理想化的社会生活图景至今仍是一种令人羡慕的、合乎道德要求的生活方式而被经常提及。这种对空间上非流动性的强调又通过中国封建帝国城市中的保甲制度(宋朝时期开始带有军事管理的户籍管理制度)以及在后来所衍生出的户籍制度得到强化。古代封建帝国经常采取重农抑商的政策,其部分原因在于限制人口流动。我们知道,商人必须流动才能获利,农业则守土重迁,且不说商人有钱后会形成力量,就是大量的相互流动,就能把各地的人串联在一起,这对中央政府守内虚外,强干弱枝,对地方分而治之的政策不利。

(一)"污名化"概念

"污名化"(Stigma)概念最早由美国社会学家欧文·戈夫曼(1963)提出的。戈夫曼通过对污名一词的词根溯源,发现污名是希腊人用这一语汇"指代身体记号,做这些记号是为了暴露携带人的道德地位有点不寻常和不光彩。……换言之,此人有污点,仪式上受到玷污,应避免与之接触,尤其是公共场合"。现在污名成为一种在它的目标上具有广泛租用的强有力的社会现象,与差劲的心理健康状况、身体缺陷、学业成绩不佳、低社会地位、低教育程度、贫穷和无保障的工作等相联系。戈夫曼对这一语汇加以转化,使之应用到社会学的经验分析中来,用以指代日常生活中一种"社会身份受损"类型的人,这一类人被贬低为一个有污点、被轻视的个体,在社会其他人眼中丧失了其社会信誉和社会价值,并因此遭受到排斥性社会回应的过程。

"污名化"从社会类型划分看有两种类型,一是生理上的污名,二是身份上的污名。生理上的污名比如因为个体的身体缺陷或残疾而由其他群体强加的一些污名。而身份的污名则是一种贴标签式的歧视和排斥。无论是生理污名还是身份污名,作为被污名者来说,都会在和他人的交往过程中遭遇困扰,受到歧视或者被区别对待,使得污名者个体或者群体被迫出现有别于正常人的个体身份和社会身份差异。社会身份被污名,经常会逼迫被污名者个体或者群体出现情绪上的持续焦虑、压抑,甚至是反群体、反社会的行为倾向。

　　"污名化"主要包括被污名者、污名强加者、污名化过程三个因素。在当前中国,社会强势群体经常会把一些污名的语汇用在社会弱势群体身上,以贴标签的方式界定某类群体(如图3-2),比如"钉子户""农民工""乡下人""女司机""中国大妈""广场舞大妈""键盘侠""五毛党"等有污名意味的贴标签式的词汇,而以农民工为主体的流动人口(外来人口)被社会主流媒体和强势群体污名化已经成为当前司空见惯的现象。这种污名化的过程及现象主要源于流动人口与城市人口在各方面的差异。

图3-2　部分污名化的称谓

（二）社会排斥

　　在过去二三十年中,中国城乡之间、地区之间发展的不平衡,加上农村劳动力过剩、城镇企业的劳动力短缺及户籍管理制度,共同推动了农村、欠发达地区和中西部地区人口向城镇、较发达地区、东部沿海地区的流动,以寻求更好的生存机会。大规模的人口流动不仅改变了人口的空间分布格局,而且促进了经济的发展,降低了流动人口个体及家庭的绝对和相对贫困。然而,大多数流动人口仍被排斥在许多公共福利之外,乡-城流动人口更是如此。由于农村和外来双重身份,即便他们在城市生活了数年,但始终被当成农村人、外来人,职业声望差、收入水平低、社会保障缺乏、劳动时间长,在灯红酒绿的城市中过着单调、低下的生活,与本地市民之间存在一条难以逾越的鸿沟。

　　由于种种障碍,乡—城流动人口,尤其青年人,像"三明治"中间的夹层一样,处于城市和农村之间,在城乡间游走,在城市中漂泊,难以找到真正属于自己的土地,无法落地生根。相对于年长的流动人口而言,他们通常被认为具有更高的受教育程度、职业发展期望、生活消费支出和更好的社会保障,但不能节衣缩食、忍辱负重、吃苦耐劳。然而,他们的就业状况、工资收入和社会保障仍无法与流入地市民相比,时时感受到不公平的报酬待遇。

社会排斥（Social Exclusion）是与社会融合相对应的一个较新的概念，自1974 年法国官员 Rene Lenoir 提出后，得到快速完善和发展，且被广泛应用于贫困、流动等领域研究之中。概而言之，该理论具有以下特点：

其一，社会排斥是一个动态过程。在这个过程中，某些群体因为民族、种族、宗教、性取向、种姓、血统、年龄、失能、HIV 感染、流动、居住地点等多方面（或单方面）的原因而遭受歧视和污名化。

其二，社会排斥具有多维度性质，包括经济活动、政治参与、文化排斥、社会关系隔离等。不同维度的排斥相互强化，从而使得被排斥群体不仅难以摆脱困境，而且还使他们与主流群体之间的差别不断扩大。

其三，社会排斥具有累积特点。一方面，某个维度的排斥会导致另一个维度的排斥；另一方面，被排斥之人不仅会逐渐内化自身的弱势，而且还会通过世代传递而延续到下一代，其边缘化的困境被不断地"再生产"。

其四，社会排斥源于多重因素，特别是国家、社会、团体与个体之间的多重逆向互动。排斥可能发生在任何情景之中。即便在社会接纳的宏观政策背景下，社会排斥也难以避免；主流社会总会想方设法且有效地利用现存的制度、结构、心理等多种因素和手段将某些群体排斥在主流社会之外，以便维系自身利益的最大化。

上述种种特点使得被排斥的社会成员或特定的社会群体不仅物质生活低下，而且与社会整体之间的关系出现断裂，无法有效地参与经济、社会、政治和文化生活，不能获取正当的经济、政治、公共服务等资源和享受社会发展成果，在某种程度上被异化，与主流社会出现隔离，呈现系统性弱势。当前，在中国致力打造公平、公正、平等、和谐社会的宏观背景下，有意的社会排斥并不多见，但这并不表明社会排斥现象已经消失。相反，一些弱势群体依旧遭遇各种制度性、结构性和其他方面的排斥。

2013 年西安交通大学"新型城镇化与可持续发展"课题组（顾东东、杜海峰等）利用 2012 年全国流动人口动态监测数据和深圳调查的数据，基于新型城镇化背景，结合著名社会学家陆学艺十大阶层理论透过横向、纵向两个维度，利用户籍、代际、代内三重视角，综合考察农民工的社会分层与流动现状。分析结果显示：农民工阶层结构呈"金字塔型"，普遍分布于蓝领、雇员阶层；多数农民工通过进城务工实现上升流动，城镇打工期间则以平层流动为主；农民工阶层体系的平等性、公平性和开放性虽有较大改观，但与城镇居民尚存一定差距。当代农民工群体已经分化，"社会封闭""阶层固化""结构化与再生产"趋势初步显现。

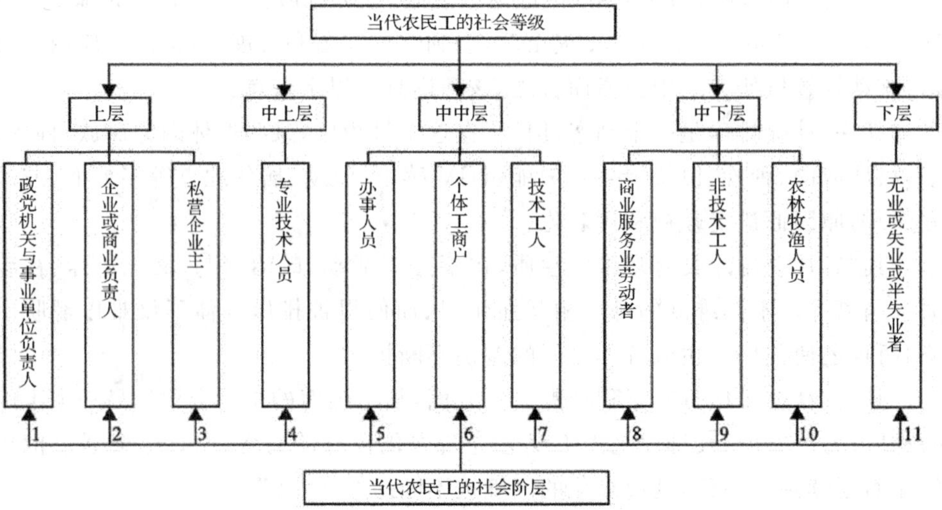

图 3-3　当代农民工社会分层

代内流动能够反映农民工职业生涯社会地位的变化,而打工前、初次打工和当前打工时期是农民工职业生涯三个重要时期,分别用 $T_0$、$T_1$ 和 $T_2$ 表示。表 3-1显示,通过首次外出打工($T_0 \sim T_1$ 时期),21.92%的农民工社会等级得到提

表 3-1　当代农民工打工前与初次打工的社会等级流动　　　　　　　　(%)

| $T_0$ 时期社会等级 | | $T_1$ 时期社会等级 | | | | | |
|---|---|---|---|---|---|---|---|
| | | 上层 | 中上层 | 中中层 | 中下层 | 底层 | 合计 |
| 上层 | 流出率 | 21.95 | 3.66 | 29.27 | 42.68 | 2.44 | 100.00 |
| | 流入率 | 25.71 | 3.13 | 5.02 | 2.75 | 13.33 | 4.25 |
| 中上层 | 流出率 | 1.41 | 52.11 | 21.13 | 25.35 | 0.00 | 100.00 |
| | 流入率 | 1.43 | 38.54 | 3.14 | 1.42 | 0.00 | 3.68 |
| 中中层 | 流出率 | 2.72 | 4.60 | 43.31 | 48.74 | 0.63 | 100.00 |
| | 流入率 | 18.57 | 22.52 | 43.31 | 18.33 | 20.00 | 24.77 |
| 中下层 | 流出率 | 2.81 | 2.30 | 17.60 | 76.70 | 0.60 | 100.00 |
| | 流入率 | 47.14 | 28.13 | 43.31 | 70.97 | 46.67 | 60.93 |
| 底层 | 流出率 | 4.07 | 5.69 | 20.33 | 67.48 | 2.44 | 100.00 |
| | 流入率 | 7.14 | 7.29 | 5.23 | 6.53 | 20.00 | 6.37 |
| 合计 | 流出率 | 3.63 | 4.97 | 24.77 | 65.85 | 0.78 | 100.00 |
| | 流入率 | 100.00 | 100.00 | 100.00 | 100.00 | 100.00 | 100.00 |

升,60.47％的农民工社会等级未能提高;从更加细化的社会阶层流动状况观察,39.47％的农民工社会阶层实现上升,37.77％的群体社会阶层没有改变。从农民工的流动特征和趋势来看,上层、中上层显示出很强的排斥性——该层人员多由本层流入,其他层级流入人数比率虽然不低,但这与其他层级人数基数较大不无关系;中中层具有一定程度的排斥性,中下层和底层流动则较为正常。

表 3-2 表明,在城镇打工期间($T_1 \sim T_2$ 时期),65.28％的农民工社会等级没有变化,仅 21.66％农民工的社会等级进一步上升;从社会阶层流动状况来看,城镇务工期间,实现阶层进一步上升的农民工比例明显降低,仅为 26.38％,更多的农民工(56.68％)只是在同一阶层内转换职业,社会阶层下降的农民工比例不大(16.94％)。另一方面,$T_1 \sim T_2$ 时期社会分层体系显示出的阶层闭包特征强于 $T_0 - T_1$ 时期,特别是上层、中上层表现出极强的社会排斥性,在 $T_1$ 时点处于上层的农民工有 68.58％流出至中中层和中下层。

表 3-2　当代农民工初次打工与当前打工的社会等级流动　　　　　（％）

| $T_0$ 时期社会等级 | | $T_1$ 时期社会等级 | | | | | |
|---|---|---|---|---|---|---|---|
| | | 上层 | 中上层 | 中中层 | 中下层 | 底层 | 合计 |
| 上层 | 流出率 | 28.57 | 1.43 | 24.29 | 44.29 | 1.43 | 100.00 |
| | 流入率 | 30.77 | 0.74 | 2.66 | 3.02 | 1.54 | 3.63 |
| 中上层 | 流出率 | 2.08 | 71.88 | 16.67 | 9.38 | 0.00 | 100.00 |
| | 流入率 | 3.08 | 51.11 | 2.50 | 0.88 | 0.00 | 4.97 |
| 中中层 | 流出率 | 3.77 | 4.39 | 63.60 | 24.90 | 3.35 | 100.00 |
| | 流入率 | 27.69 | 15.56 | 47.57 | 11.60 | 24.69 | 24.77 |
| 中下层 | 流出率 | 1.97 | 3.46 | 23.52 | 67.74 | 3.30 | 100.00 |
| | 流入率 | 38.46 | 32.59 | 46.79 | 83.92 | 64.62 | 65.85 |
| 底层 | 流出率 | 0.00 | 0.00 | 20.00 | 40.00 | 40.00 | 100.00 |
| | 流入率 | 0.00 | 0.00 | 0.47 | 0.58 | 9.23 | 0.78 |
| 合计 | 流出率 | 3.37 | 6.99 | 33.11 | 53.16 | 3.37 | 100.00 |
| | 流入率 | 100.00 | 100.00 | 100.00 | 100.00 | 100.00 | 100.00 |

就流动人口而言,他们在经济、政治、公共服务和社会关系等多方面得不到流入地社会的接纳和包容,依旧受到各种显性和隐性的排斥。其中,在经济领域,流动人口具有明显的职业声望差、劳动时间长、收入水平低、居住隔离强的特点。在公共服务领域,他们享受不到与流入地普通人群同样的权利和福利,具有作为外来人(和农村人)的(双重)弱势。在政治上,绝大部分流动人口实际上已

经从户籍地的政治系统中脱离出去，但又没有流入地户籍和市民身份，既不会在流出地行使政治权利，且在中国现行的政治体制之下，也不能参与流入地的政治生活，成为"政治边缘人"。在社会交往方面，他们在流入地的社会关系、社会网络和人际交往规模小、紧密度高、趋同性强、异质性低，主要围绕着血缘、地缘、业缘等同质关系构成；同时，他们长期生活在城市边缘，与城市居民在互动层面上出现断裂，不被认同、接纳，这不仅使他们与本地市民之间的距离进一步扩大，而且还难以享受相应的社会成果和公共权利，自身的合法权益也难以保护，从而遭遇巨大的社会焦虑和心理压力，出现相对经济贫困和精神贫困。

（三）流动人口与城市人口的差异

流动人口（Recurrent Population），是指离开户籍所在地的县、市或者市辖区，以工作、生活为目的异地居住的成年人员。流动与迁移是两种相似但又有区别的现象，流动人口与迁移人口虽然都进行空间的位移，但迁移是在永久变更居住地意向指导下的一种活动。人口流动主要是由农村流向城市，由经济欠发达地区流向经济发达地区，由中西部地区流向东部沿海地区。根据这一定义，我们可以发现，流动人口与城市人口的差异存在于以下几方面。

（1）制度设置区隔化。流动人口因为离开户籍所在地，前往另外一个地方寻求更好的发展机会或者谋求更好的生活，然而因为制度设定的原因，在诸多方面都与城市本地居民存在差异。附着在户籍上面的一些福利，是户籍人口能够享受到而流动人口享受不到的。比如，现行的入托、入学、就业、医保、社保等都是与户籍联系在一起的。因为各个地区的经济发展水平差异、户籍附带的福利内容差异导致户籍制度改革难以有实质性突破，只能缓慢推进。而户籍制度改革的缓慢推进，又难以适应市场经济的实际需求，由此产生出各种各样的问题。这些问题使得流动人口与城市人口出现了某种程度的区隔化现象。

（2）职业层次等级化。流动人口进入城市，本来是试图寻求更好的发展机会或者更好的生活，然而他们进入城市之后，发现制度为他们的融入设置了门槛和壁垒，使得他们很难凭借自己的个人能力和素养完全跨进城市的大门，在这些门槛和壁垒的阻碍之下，在职业层次方面只能从事城市人口不愿意从事的一些苦、险、累、重、脏或被被认为低人一等的低级卑劣的工作。即使如此，他们的工作时间也最长，获得的报酬也相对较低。据国家卫生计生委流动人口动态监测2014年数据计算，有75.13%的流动人口每周工作6天或7天，每周工作时间高达58.26小时，远超常规的每周40小时劳动时间。另外，流动人口从事的这些工作还面临着缺乏必要的社会保障，甚至工资拖欠、薪水无故扣减等现实问题。

(3)社会保障缺失化。对流动人口来说,没有基本的社会保障,他们不可能在城市里安心、稳定地工作,也不可能真正实现融入城市的目标。根据国家卫计委发布《中国流动人口发展报告 2017》相关数据,我国流动人口群体中没有接受过技术培训的占 76.4%,再加上劳动时间长、安全条件差,导致农民工伤病较多。这种形势要求对于流动人口的社会保障一定要到位。流动人口中,参加养老保险的占 56.1%;参加工伤保险的仅占 33.8%。流动人口一旦受伤,社会保障缺失就会使得他们的生活往往陷入困境。

(4)子女求学差异化。《中国流动人口发展报告 2017》显示,2011—2016 年间,我国流动人口中的女性比重有所上升,由 2011 年的 47.7%升至 2016 年的48.3%,男性比重则由 2011 年的 52.3%降至 2016 年的 51.7%,20~29 岁的年龄组的女性流动人口多于男性,其他各年龄组均为男性多于女性。报告显示,近年来我国人口流动的家庭化趋势依然明显,家庭户平均规模保持在 2.5 人以上,2 人及以上的流动人口家庭户占 81.8%以上。无论是随父母进城的子女还是留守儿童,都面临着上学、生活居住、群体交流等诸多方面的困难。长期以来,流动人口子女在城市入学的问题一直未得到很好的解决。城市公办中小学一般不接受农民工子女上学,而一些适合普通农民工子女上学、收费低廉的民办简易学校,在一些地方却得不到承认,有的被强行关闭。

(5)居住环境恶劣化。流动人口在城市中的居住分布大体可分为三种模式:一是外来人口聚居区,二是城中村,三是工厂宿舍。无论是哪种模式,他们的居住环境都很恶劣。在外来人口聚居区和城中村居住的流动人口,他们都是通过正式或非正式的房屋租赁市场来解决自己的居住问题,主要以廉价出租屋为主。流动人口在廉价出租屋居住首先面临着安全、治安等切身问题。其次,即使如此,这些廉价出租屋能否住得长久依然是个问题。因为各级政府正在大力推进城中村的改造。一旦城中村被改造,那么流动人口就又面临着再次搬迁。而工厂宿舍属于集体宿舍,一般一个宿舍要居住 8~12 名工人,洗漱和卫生间都是公用。在集体宿舍中,流动人口除了床铺之外没有任何私人空间,更不用提夫妻或家庭团聚。因此,流动人口在城市中的居住环境是非常恶劣的。

除了上述问题之外,流动人口在其他诸多方面还与城市人口存在诸多差异和区别,这些差异共同导致流动人口在城市中的边缘地位和被污名状态。尽管政府和学界意识到了这些问题,政府的相关制度与政策也在不断缓慢调整,学界也在不断呼吁。然而政策的碎步化调整策略与实践和市场经济的快速发展、流动人口融入城市的渴望存在巨大差距,学界的呼吁也很难一下子就改变城市人口长期以来已经成型的对于流动人口的刻板印象。当前,整个社会对于流动人口污名化的社会氛围使得流动人口城市融入的道路异常坎坷。

(四)流动人口的犯罪问题

一篇《流动人口犯罪出现新特点》(《法治周末》2014 年 08 月 13 日,蒲晓磊)新闻报道中指出:农民工适应城市生活面临很大的压力,一旦遇到纠纷,因为自身解决问题的能力缺乏、求助渠道有限等原因,造成了农民工遇到问题简单处理的现象,有时候还会导致犯罪。报告认为,农民工维权自救性犯罪现象依然存在,并呈现出团伙犯罪、职务犯罪等新的发展趋势。近年来,以农民工人群为主的流动人口犯罪现象越来越突出。据媒体报道,流动人口犯罪比例已占到了全国各地犯罪总数的 70% 以上,且流动人口犯罪存在"三高"现象:高犯罪率、高逮捕率、高羁押率。

根据乐活上海滩官方微博 2018 年 6 月 28 日的微博,中国各地(不包括港澳台)刑事犯罪率的排名(如表 3-3 所示)。按常住人口比率排名靠前的广东、天津、北京、浙江、上海和江苏,如果按照户籍人口比率排名则要靠后很多。由于这几个地区流动人口规模都较高,是否从一个方面也说明流动人口的犯罪率比较高呢?

表 3-3　分地区刑事犯罪率排名

| 序号 | 地区 | 按常住人口比率排名 | 按户籍人口比率排名 | 序号 | 地区 | 按常住人口比率排名 | 按户籍人口比率排名 |
|---|---|---|---|---|---|---|---|
| 1 | 广东 | 1 | 11 | 17 | 黑龙江 | 17 | 3 |
| 2 | 天津 | 2 | 20 | 18 | 河北 | 18 | 16 |
| 3 | 北京 | 3 | 30 | 19 | 福建 | 19 | 24 |
| 4 | 浙江 | 4 | 28 | 20 | 西藏 | 20 | 25 |
| 5 | 上海 | 5 | 31 | 21 | 湖南 | 21 | 18 |
| 6 | 江苏 | 6 | 27 | 22 | 山东 | 22 | 15 |
| 7 | 湖北 | 7 | 12 | 23 | 山西 | 23 | 19 |
| 8 | 辽宁 | 8 | 2 | 24 | 内蒙古 | 24 | 22 |
| 9 | 云南 | 9 | 6 | 25 | 安徽 | 25 | 9 |
| 10 | 吉林 | 10 | 5 | 26 | 宁夏 | 26 | 21 |
| 11 | 新疆 | 11 | 1 | 27 | 河南 | 27 | 4 |

续表

| 序号 | 地区 | 按常住人口比率排名 | 按户籍人口比率排名 | 序号 | 地区 | 按常住人口比率排名 | 按户籍人口比率排名 |
|------|------|-------------------|-------------------|------|------|-------------------|-------------------|
| 12 | 重庆 | 12 | 14 | 28 | 陕西 | 28 | 17 |
| 13 | 江西 | 13 | 8 | 29 | 广西 | 29 | 10 |
| 14 | 四川 | 14 | 7 | 30 | 甘肃 | 30 | 23 |
| 15 | 海南 | 15 | 29 | 31 | 青海 | 31 | 26 |
| 16 | 贵州 | 16 | 13 | | | | |

数据来源:《中国法律年鉴》《中国检察年鉴》《中国人口统计年鉴》《中国信息年鉴资料》和最高人民法院公布数据整理所得。

自 20 世纪 80 年代开始,流动人口犯罪问题逐渐引起社会各界的广泛关注,国内学者对此进行了大量的研究。考虑到"外来人口""农民工"是与"流动人口"相关的两个概念,为充分把握该领域的研究现状,以中国知网(https://www.cnki.net/)作为中文文献的检索平台,以"流动人口犯罪""外来人口犯罪""农民工犯罪"为篇名关键词进行搜索,截至 2019 年 12 月,共检索到相关文献 936 篇。在检索的过程中发现国内对流动人口犯罪问题的研究始于 1986 年,1999 年开始迅速增加,2008—2014 年达到最热,研究成果的数量达到峰值,此后呈现出逐渐减少的趋势。

以往的研究多使用的是官方统计数据来分析流动人口犯罪的现状和特点,并得出"流动人口犯罪率高,成为城市犯罪的主要群体"的研究结论。这些研究可能存在以下一些问题:一是公安机关提供的数据中不包括贪污、受贿、渎职等由检察机关自主立案侦查的案件,国家安全机关立案侦查案件及公民自诉案件,具有一定的片面性,且存在"犯罪黑数";二是流动人口与本地居民两个群体在人口学特征上存在较大的差异,流动人口的主体是 15～39 周岁的男性,男性青壮年群体本身就是犯罪率较高的群体,而本地居民是一个大体均衡的社会群体,简单地将流动人口犯罪率与本地居民犯罪率进行比较,既不科学也不合理;三是司法实践中,司法机关对流动人口犯罪人往往执行了较重的强制措施,造成流动人口犯罪批捕率远远高于本地居民,而适用取保候审或监视居住的比例远远低于本地居民,官方统计数据显示流动人口犯罪数高或许只是刑事司法偏见的结果。因此,需要谨慎对待上述研究结论。

## 中国户籍制度变迁

新中国户籍制度是国家对其公民实施的以户为单位的户籍人口管理政策。户籍表明了自然人在本地生活的合法性。长期以来,我国人口管理方针的制定与实施均建基于此项制度。中国户籍制度的特点是,根据地域和家庭成员关系将户籍属性划分为农业户口和非农业户口。这种做法在新中国成立初期曾起到积极作用,但随着城乡交流的日益广泛,该制度已引起愈来愈广泛的争议与指责。

相关户籍制度的政策条例变迁如下:

1950 年 8 月 12 日,公安系统在内部颁发了《特种人口管理暂行办法(草案)》,正式开始了对重点人口的管理工作,这是新中国户籍制度开始的起点。

1951 年 7 月 16 日,公安部制定并颁布了《城市户口管理暂行条例》,这是新中国成立后最早的一个户籍法规,从而基本统一了全国城市的户口登记制度。

1953 年,在第一次全国人口普查的基础上,大部分农村建立起了户口登记制度。

1954 年,中国颁布实施第一部宪法,其中规定公民有"迁徙和居住的自由"。

1955 年 6 月,国务院发布《关于建立经常户口登记制度的指示》,规定全国城市、集镇、乡村都要建立户口登记制度,开始统一全国城乡的户口登记工作。

1956 年、1957 年不到两年的时间,国家连续颁发 4 个限制和控制农民盲目流入城市的文件。

1958 年 1 月,以《中华人民共和国户口登记条例》为标志,中国政府开始对人口自由流动实行严格限制和政府管制。第一次明确将城乡居民区分为"农业户口"和"非农业户口"两种不同户籍。在事实上废弃了 1954 年宪法关于迁徙自由的规定。

1975 年,宪法正式取消了有关迁徙自由的规定,此后一直没有恢复。

1984 年 10 月,国务院发《关于农民进入集镇落户问题的通知》允许农民自理口粮进集镇落户。

1985 年 7 月,公安部又颁布了《关于城镇人口管理的暂行规定》,"农转非"内部指标定在每年万分之二。同时,作为人口管理现代化基础的居民身份证制度也在同样的背景下由全国人大常委会于 1985 年 9 月宣布实施。社会主义市场经济的逐步确立终于使户籍制度作出了相应的初级改革。

1997 年 6 月,国务院批转了公安部《小城镇户籍管理制度改革试点方案和关于完善农村户籍管理制度的意见》，明确规定：从农村到小城镇务工或者兴办第二、三产业的人员，小城镇的机关、团体、企业和事业单位聘用的管理人员、专业技术人员，在小城镇购买了商品房或者有合法自建房的居民，以及其共同居住的直系亲属，可以办理城镇常住户口。

1998 年 7 月，国务院批转了公安部《关于解决当前户口管理工作中几个突出问题的意见》，解决了新生婴儿随父落户、夫妻分居、老人投靠子女以及在城市投资、兴办实业、购买商品房的公民及随其共同居住的直系亲属，凡在城市有合法固定的住房、合法稳定的职业或者生活来源，已居住一定年限并符合当地政府有关规定的，可准予在该城市落户等几个群众反映强烈的问题。

2001 年 3 月 30 日，国务院批转了公安部《关于推进小城镇户籍管理制度改革的意见》，对办理小城镇常住户口的人员，不再实行计划指标管理。

2011 年，国务院办公厅发布关于积极稳妥推进户籍管理制度改革的通知，明确了户籍制度管理权归属中央，改变了地方主导户籍改革的格局。

2017 年国务院下发文件《国务院关于进一步推进户籍制度改革的意见》，要求全面放开建制镇和小城市落户限制，有序放开中等城市落户限制，合理确定大城市落户条件，同时严格控制特大城市人口规模，以此拉开了户籍制度走向开放的序幕。

1992 年的一首《走四方》（李海鹰作词、作曲，韩磊演唱）也许反映了许多漂泊外乡的流动人口之声：

走四方，路迢迢水长长，迷迷茫茫，一村又一庄

看斜阳，落下去又回来，地不老天不荒，岁月长又长

一路走一路望，一路黄昏依然，一个人走在荒野上，默默地向远方，

不知道走到哪里，有我的梦想

一路摇一路唱，一路茫茫山岗，许多人走过这地方，止不住回头望，

梦想刻在远方，一路走一路望故乡

## 流动人口的日常管理

（一）暂住证制度与管理

尽管官方和城市公共话语在对流动人口形象的塑造当中扮演了重要的角色，但是日常形式的管理控制权力对落实流动人口作为被监管对象而言则是如鲠在喉、流年似水。

对流动管理的调整，第一步是早在 20 世纪 80 年代中期开始的一些城市实

施的强制登记——一种新的、准法律式的分类体系，用来对外来人口进行登记并将他们标示为一种群体，叫做"暂住人口""外来人口"或"流动人口"。

1985年公安部印发《公安部关于城镇暂住人口管理的暂行规定》的通知，(1)对城镇暂住人口进行登记管理，是促进城乡经济发展，保障人民群众合法利益的需要，也是维护社会治安秩序的一项重要措施。各地公安机关一定要按照《公安部关于城镇暂住人口管理的暂行规定》(以下简称《暂行规定》)的要求，广泛深入地做好宣传工作，教育群众自觉遵守暂住人口登记制度，切实做好暂住人口管理工作。(2)加强对城镇暂住人口的登记、管理，重点是掌握控制违法犯罪人员，因《暂行规定》要登报公布，这类内容不便写入。各地要通过这项工作，注意发现违法犯罪人员和可疑情况，对符合列为重点人口条件的，要按照已有规定，及时列入重点人口管理。

从90年代开始，在全国范围内，如果外地人想在城市里逗留超过一个月的时间，他们必须到当地派出所申请暂住证。暂住证 (Temporary Residence Permit) 这个词据说为深圳首创，是深圳移民文化的一个标志性符号，它让初到深圳的外来人口拥有了暂时居住的权利和一个身份，这个词语本身蕴涵着生活的不安定性。中国"打工文化艺术博物馆"的第一件展品就是暂住证。后来暂住证制度在中国流传开来，暂住证是特定时期的人口管理方式，目前中国不少地区已取消暂住证，由居住证代替。目前仍推行暂住证制度的城市有北京、上海(临时居住证)等城市，被誉为"外来打工者永远的痛"。

1995年6月，第一份完整的国家条例《暂住证申领办法》由公安部出台。条例要求离开常住户口所在地、拟在暂住地居住一个月以上年满16周岁的人员，在申报暂住户口登记的同时，应当申领暂住证。

《深圳经济特区暂住人员户口管理条例》(1996年)第二条内容如下：本条例所称暂住人员，是指没有特区常住户口，持有效证件进入特区，并在特区居留的中华人民共和国境内的公民。在特区居留七日以上的暂住人员应当申报暂住户口登记，居留两个月以上的暂住人员应当申办暂住证。具有蓝印户口的暂住人员的户口管理适用深圳市人民政府的有关规定。第三条则规定：深圳市公安局是暂住人员户口管理的主管机关，市公安局的派出机关负责辖区内暂住人员户口管理的日常工作。市政府劳动、人事、城管、工商等行政管理部门应当配合市公安局做好暂住人员户口管理工作。

《厦门市暂住人口登记管理规定》(1994年)则规定：公安机关主管暂住人口登记管理。居(村)民委员会应协助公安机关做好暂住人口登记管理工作。暂住人口的登记实行"谁雇用谁负责,谁留宿谁负责"的原则,接纳暂住人员的单位和个人应接受公安机关的指导、检查和督促。凡无本市常住户口的人员(以下简称外来人员),拟在本市内暂住三日以上的,应在到达暂住地后三日内向所在地公安派出所申报暂住登记。

2003 年,《行政许可法》颁布后,暂住证制度的强制性失去了法律依托甚至发生抵触,暂住证成为社会学及法律学专家联合"声讨"的对象,当年少数城市开始取消暂住证制度。2005 年,部分取消"暂住证"的城市因外来人员犯罪率反弹而恢复该制度,有些则将"暂住证"换了个说法,"居住证"应运而生,成为各界人士热议的话题。

2006 年河南 10 名律师上书中央称暂住证制度严重违法,这 10 名律师的代表、河南点石律师事务所的樊鸿烈律师认为:用社会学的观点,公民只要离开自己的家乡,就会被当地居民称作"外地人";而社会的进步和经济的发展,从某种意义上来看,应该是全民参与的过程。全民参与经济建设,必然带来人口迁徙、流动人口管理等各种问题,这是社会的客观规律。政府不应该用行政的手段干预社会的客观规律,出台限制国民正常流动的措施。在法律层面上,10 名律师认为,2004 年 7 月 1 日实施的《行政许可法》没有赋予国务院各部委(如公安部、财政部等)和省级政府设立行政许可的权利,所以原来由其发布的行政规章不应该继续执行。尽管省级政府可以设立为期一年的临时许可,但是一年后他们必须报请同级人大批准、形成法规后公布。然而到现在为止,全国没有一个省级政府通过有关暂住证的行政法规。樊鸿烈律师坚持认为:针对外地人群办理,并且不办暂住证就不允许在本地居住,这样的规定是典型的行政许可行为;任何一名中华人民共和国的公民,在自己的国度里还需要办理"暂住证",这不符合最基本的法律精神。

(二)居住证制度与管理

居住证制度是指公安部门通过联合其他政府部门,采取现代化信息技术,依托基层社区党委政府,建立起来的一个全方位的流动人口管理和服务体系。居住证制度是我国创新流动人口管理和服务制度而实施的一项人口登记独特的管理模式。居住证制度最早出现在北京、上海和广东等发达地区。2011 年国务院《关于积极稳妥推进户籍管理制度改革的通知》中指出要公安部和其他有关部门研究逐步实行暂住人口居住证制度,通过程序审批后再实施。随后,公安部牵头制定了《居住证管理办法(征求意见稿)》,对居住证的申领发放、权利待遇、法律责任、组织领导和保障等问题作出了具体规定。国家发改委《国家新型城镇化规划（2014—2020 年）》也提出,要在我国以居住证为载体全面推行流动人口居住证制度,建立健全有效的基本公共服务提供机制。我国近几年针对流动人口提出的居住证制度,其实国外很早就有了类似的体系制度,如美国的"社会安全号"制度就是一项管理美国国内国民和移民的一项综合制度。

流动人口离开原住地,到其他地区居住半年以上,并且有合法的稳定工作、合法的稳定居所或在当地学校连续就读的,根据《居住证暂行条例》的规定可以申领居住证(如图 3-4)。居住证,是认定证件持有人居住、就业状态的一个载体。《居住证暂行条例》还规定县级以上人民政府应当建立健全为居住证持有人提供基本公共服务和便利的机制。县级以上政府部门,如公安局、教育局、民政局和人力资源社会保障局等应当切实履行职责,全力做好居住证持有人的管理服务工作,保障其合法权益。例如上海市通过居住证授权方案允许在本地有一定居住年限的持有上海市居住证的子女享有在当地参加中考的资格。

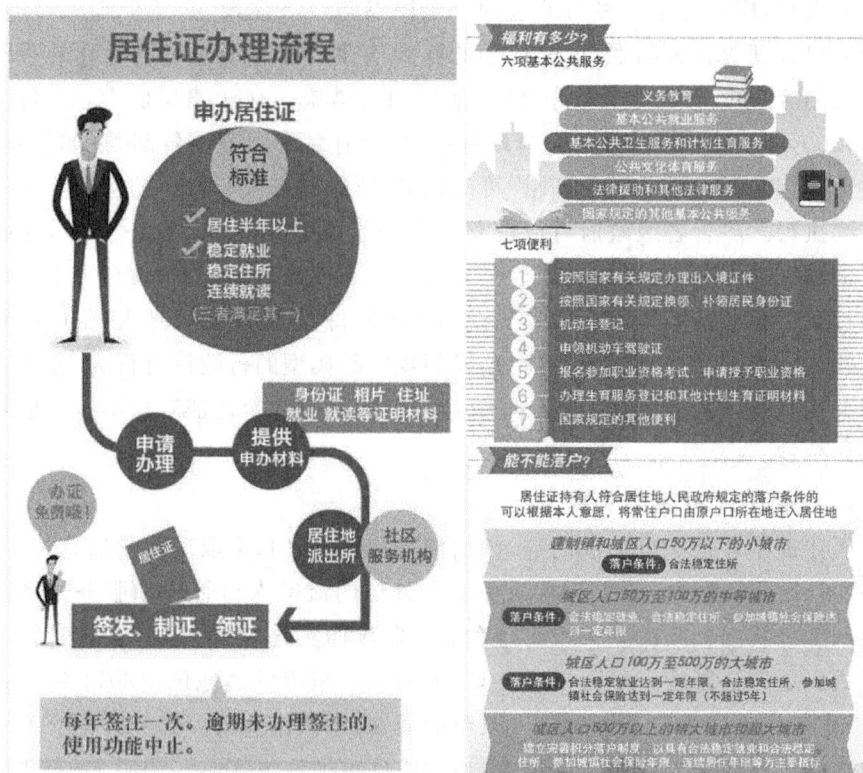

图 3-4　居住证制度

居住证管理指的是我国各级政府部门利用居住证制度对辖区内的流动人口做好登记、管理和服务工作,使流动人口享受到居住证制度带来基本公共服务和便利,保障其合法权益。推行居住证是维护社会公平正义、构建和谐社会,实现基本公共服务均等化、加强和创新社会治理的重要举措。居住证管理本质上是以公共服务推进公共管理,这既是政府对流动人口管理态度上的理性转变,也传递了一种可贵的公共善治理念。

《浙江省流动人口居住登记条例》(2016年)部分内容如下:

**第一条**　为了规范流动人口居住登记,推进基本公共服务和便利覆盖全部常住人口,保障公民合法权益,维护社会秩序,促进经济社会协调发展,根据国务院《居住证暂行条例》和有关法律、行政法规,结合本省实际,制定本条例。

**第二条**　本省行政区域内流动人口的居住登记、居住证管理以及居住证持有人享受基本公共服务和便利,适用本条例。本条例所称流动人口,是指离开常住户口所在县(市)、设区市的市区,在本省行政区域内居住的人员。

**第三条**　县级以上人民政府应当加强对流动人口居住登记和服务管理工作的领导,将流动人口居住登记和服务管理工作纳入国民经济和社会发展规划,建立健全为居住证持有人提供基本公共服务和便利的机制,并将所需经费纳入财政预算。乡镇人民政府、街道办事处应当按照规定做好流动人口居住登记和服务管理的相关工作。

**第四条**　县级以上人民政府公安机关负责流动人口的居住登记和居住证管理工作。公安机关按照有关规定建立的流动人口服务管理队伍,协助开展流动人口信息采集等工作。公安机关可以委托县级以上人民政府承担流动人口服务管理工作的机构,从事流动人口居住登记,居住证的申领受理、发放、签注等工作。

政府要求流动人口遵守登记制度的努力时常遭到抵制,很多外来人不愿意去申请暂住证和居住证,因为他们认为那既费时又花钱,而且没有什么实质性利益。一般居住证办理需要先登记(外来流动人口居住登记),后办理(居住登记满6个月后申领居住证)。以宁波市为例,居住证办理材料包括居民身份证(正反面复印件)、本人相片(一寸近期免冠彩色相片一张)以及三种材料之一(有合法稳定就业,有合法稳定住所,连续就读学生、未成年)。

有合法稳定就业:

● 有效劳动合同、社保证明(连续一年以上,不含补缴和单独参加工伤保险)、就业登记(以具体办理情况为准,有些地方不需要);且当前劳动合同、就业

登记、社会保险参保为同一用人单位（国家机关工作人员仅需提供近一年连续缴纳社会保险证明）

● 营业执照、社保证明（连续一年以上，不含补缴和单独参加工伤保险）；

● 农村土地承包合同、或林权转让合同、或水域（滩涂）渔业养殖证、或海域使用权证（以上合同之一即可，证件须实际承包或持证满一年及以上）。

有合法稳定住所：

● 居住于本人或其直系亲属、同户近亲属拥有所有权的居住房屋的，提供房产证及户口本（户口本也可用结婚证、出生医学证明、或由原籍地公安派出所出具的亲属关系证明代替）；

● 集体宿舍的，提供由工作单位出具的集体宿舍居住证明文件、规划许可文件复印件（加盖单位公章）或房产证复印件（加盖单位公章）；

● 出租房，提供房屋租赁合同和房东房产证、土地证或有效房产证明。

连续就读学生、未成年：

● 在本市就读的，提供在本市全日制小学、中学、中高等职业学校、技工院校或普通高等学校的学籍证明或学生证，并就读满一年及以上；

● 未满 16 周岁的流动人口在本市连续居住半年以上，且其法定监护人已在本市取得《浙江省居住证》的，由其法定监护人持本人户口本或其他法定监护证明文件申领《浙江省居住证》。

当然持有居住证也有相应作用，在浙江省，居住地应当按规定为《浙江省居住证》持有人（以下简称持证人）提供下列基本公共服务：义务教育；基本公共就业服务；基本公共卫生服务和计划生育服务；公共文化体育服务；法律援助和其他法律服务；国家和省、市人民政府规定的其他基本公共服务。居住地或市级有关部门应当按规定为持证人提供下列便利：办理出入境证件；换领、补领居民身份证；机动车登记；申领机动车驾驶证；报名参加职业资格考试、申请授予职业资格；办理生育服务登记和其他计划生育证明材料；国家和省、市人民政府规定的其他便利。

除了登记和居住证管理外，日常的例行巡查和联合突击检查也是各地针对出租房的流动人口的通行做法。

2013 年 11 月北京开展房屋违法出租问题治理工作集中整治，由首都综治办负责日常协调、推进和督导检查，主责部门包括市住建委、市公安局、市工商局、市规划委、市城管执法局等，属地区县和街乡镇参与地区统筹与协调。其中，流动人口和出租房屋基本信息调查摸底随即展开，属地流管和公安等部门将对所有在京居住、务工、经商、上学等流动人口的底数全面摸清，确保全市流动人口的登记率不低于 95％,出租房屋登记核查工作确保不留死角。

2014 年 11 月 21 日,广州市政府官网公布了《关于进一步加强来穗人员居住登记工作的通告》。该《通告》称,非本市来穗人员应当自到达居住地之日起 3 个工作日内,持本人居民身份证或其他有效身份证明,向所在街道(镇)或者社区(村)来穗人员服务管理机构申报居住登记或者居住变更登记。此规定发出后立即引发争议。这一通告所能够招致的争议,想必广州市政府自身也不会感到意外。对于大多数人而言,这种普遍式地指向外来人口的登记报告制度,更会令人有不知今夕何夕之感。毕竟,在迁徙自由从观念到实践,都已有实质进展的当下,如此以户籍为界限而行的登记,难免引发公众的警惕与疑惑。该登记报告制度,不仅牵涉到外来人口,还包括房东、用人单位、房屋中介机构等,涉及面之广,一旦实施影响之大,牵涉群体之多,本当严格恪守依法出台的原则,但从现在来看,其中所规定的"3 日内必须登记",其法律依据显然存疑。

如此针对外来人口的高强度登记,其实施如何保障,更是存在很大的不确定性。据统计,截至 2013 年年底,广州登记在册流动人口就达 686.7 万人,实际居住流动人口更高达 837 万人左右。如此体量的流动人口规模,要想做到全部的、即时性登记,本就难以想象。一个简单的疑问是:即便是入穗进行了登记,难道离开之后又要主动取消登记? 由此增加的管理成本,不容小视。

更难以想象的是,随着迁徙自由的权利观念愈发深入人心,该制度在执行过程中,又会遭遇怎样的阻力? 如果引发冲突,会否造成新的社会矛盾? 而将数以百万的外来人口流动信息逐一登记,由此增加的信息管理安全,又该如何保障? 这些显然都需要提前纳入政策制定的考量范围之内。如果说如此针对外来人口的即时性登记,已凸显对外来人口的区别对待之意。那么,即明确申明"旅游观光等是不需要登记",则又给人另一层面的歧视之感。必须看到,作为特大城市的广州,底层的外来务工人群占据了流动人口总量的大部分,此一登记明显对于这部分人群具有很强的针对性,虽名为缓解外来人口的管理压力,但实质上很可能构成对于底层外来人口的排外之实,使得管理沦为实际上的管制,不仅与城市应有的包容性背道而驰,也是对于外来人口服务之责的间接推卸,缺乏必要的温度与担当。

流动人口和城市固定居民之间明显的差异之一,就是政府对私人空间和公共场合行为的干预程度。多年前,由于流动人口被认为是一个高犯罪率群体,因此警察经常入户查夜以摸清他们的行动。一般的查夜都是突然袭击,这加重了流动人口低人一等的感觉。流动人口自动成为这种没有搜查证的入户巡查的对象。但城市居民的私人家庭空间几乎不会受到政府的这类侵扰。

　　近年来，这种针对外来人口的盘查有所规范，突击检查一般主要针对"黄赌毒"高发场所。在外来人口比较集中的沿海省份，为了让他们在当地安心工作生活，政府甚至加大住房、就业、医疗等方面的管理与服务。

　　依据2017年8月17日南通网讯，即日起至年底，江苏南通市将开展出租房屋安全隐患集中整治，全力消除一批隐患，整治一批问题，坚决防止该市出租房屋发生有影响的公共安全案件。南通市出租房、群租房面广量大，存在登记备案制度落实、违法违规行为监管和群租房安全隐患整改不够到位等问题，治理任务比较繁重。该市将由市综治办牵头，联合住建、房管、公安、工商、司法等部门共同成立工作专班，围绕"执法管理基础工作明显加强，租赁市场秩序明显规范，群众安全感和满意度明显提升，综合治理能力明显增强"的总目标，抓紧抓实集中整治各项措施，做到全覆盖、无盲区、零疏漏。集中整治期间，该市各地将对所有出租房屋、群租（厂）房开展调查摸底，逐一采集信息，逐一建档建册，重点是对棚住屋、10人以上的群租房、可能居住人员的桥梁洞体、"三合一"租赁场所，以及其他不符合工程建设标准或违章搭建的出租房，确保全面见底。下个月，该市将组织开展专项督导，对因出租房屋安全隐患排查不彻底、整改不到位，而引发重大安全案事件的，将依照有关规定，对相关单位和人员严肃问责。

　　根据2018年7月13日浙江发布，浙江省现有登记在册流动人口2600多万，住房是流动人口最为关心的问题之一。据统计，当前全省70%以上的流动人口居住在出租房屋内，但出租房屋安全条件参差不齐。今后浙江省将全面推广台州的"旅馆式"管理做法，设置集租房审核、合同签订、信息采集等基本功能于一体的"旅馆前台"，制定消防安全等准入门槛，从源头上消除各类安全隐患。对于一套商品房内或者单幢建筑内同时设置10个以上（含）出租床位的居住出租房屋，建立严格的刚性管理制度，明确安全管理责任人。对于新兴的网约房，浙江省将秉持包容审慎的监管原则，推动互联网和居住出租房屋的融合发展。

## 外来人口控制政策有效吗？

　　党的十八届三中全会通过的《中共中央关于全面深化改革若干重大问题的决定》提出，推进农业转移人口市民化，逐步把符合条件的农业转移人口转为城镇居民。创新人口管理，加快户籍制度改革，全面放开建制镇和小城市落户限制，有序放开中等城市落户限制，合理确定大城市落户条件，严格控制特大城市人口规模。此后，"严格控制特大城市人口规模"成为北京、上海、广州等一线城市外来人口管理政策的指导思想。

超大城市的人口极限到底在哪里？是政府的规划和干预可以决定的，还是应该由市场来作出选择？地方政府划定的人口控制红线其实很武断。按照"十三五"规划，北京、上海、深圳分别将 2020 年的常住人口规模设定在 2300 万、2500 万和 1100 万。实际上，这样一种主观性很强、无视城市发展规律的政策目标总是一再被市场轻松打破。譬如，2005 年通过的《北京城市总体规划》提出，到 2020 年，北京市总人口规模要控制在 1800 万人左右，可实际情况却大大超过预期，2015 年北京市不得不将人口控制红线调整为 2300 万。也就是说，政府所划定的红线不是基于科学的预测和前瞻，而是现实的人口数字倒逼出来的结果。政府守不住原来的红线，就倒退几步，画一条新的红线，过几年再倒退几步。

当前地方政府控制外来人口的办法不外乎"三板斧"：

一是"拆违"。大量的农民工栖身于租金低廉的违法建筑内，这些违法建筑大多位于城乡接合部，基层政府最初对此睁一只眼闭一只眼，因为租金收入是当地农民的重要收入来源，但随着土地资源的日益稀缺，加上对外来人口管理增长的限制趋于严格，基层政府开始加大拆违的力度，但是，"拆违"并没有将外来人口驱离城市，只是将他们从近郊赶往远郊，因为市场需求并没有消失，"拆违"只是增加了外来人口的通勤成本。

二是整治群租。由于农民工的收入较低，而大城市的房租高昂，他们往往会选择多人合租一套住房，尤其是在中心城区上班的服务业从业人员。2014 年 5 月，上海市政府出台《关于修改〈上海市居住房屋租赁管理办法〉的决定》，明确规定出租居住房屋，每个房间的居住人数不得超过 2 人（有法定赡养、抚养、扶养义务关系的除外），且居住使用人的人均居住面积不得低于 5 平方米。该《决定》还进一步加大了对违反"群租"规定行为的处罚力度。但执行的成本极高，政府很难对数量巨大且分散的出租房进行有效监管，况且"群租"是中低收入外来务工者解决住房问题的主要途径。由于租房市场规模巨大且分散，治理群租的信息成本极高，加之损害部分本地居民（房东）的利益，所以很难得到有效执行。

三是提高农民工子女的入学门槛。城市的教育资源通常紧张，农民工子女的入学条件也越来越苛刻。"五证"缺一不可，在居住地报名登记时，由其父母或父母一方持 1 年及以上有效的居住证件、务工证明，凭上述证件、证明以及同住适龄儿童、少年的居住证件，预防接种卡、入学告知书办理入学手续，由区县教育行政部门统筹安排就读。"五证"要求农民工子女家庭在上海有稳定的工作、稳定的住处，而实际上这些家庭在城市内部仍然具有较大的流动性，且多属于非正规就业,住所更是经常变换。

在中国一线城市中,北京是控制外来人口增长的先行者,其控制措施也最为系统,大致包括"以业控人""以房管人"和"以证控人"。一是"以业控人"。北京将对小百货、小食杂店等17类业态提升审批准入,约涉及30万户商业主体、100万名流动人口。此外,各区县对于在违法建筑内从事经营活动的,要严格审查,以避免办理"违法的营业执照"。二是"以房管人"。即"村庄社区化管理",在村庄引入城市社区建设理念,借鉴城市社区管理经验,对行政村、自然村实行社区化管理。三是"以证管人"。居住证原本是一部分城市在不改变户籍制度的前提下,借鉴发达国家"绿卡"制度进行的增量改革。但是,在"以证管人"的思路下,居住证制度的出发点不是为了推动基本公共服务的均等化,而是为了强化对外来人口的管理和限制。"以业控人、以房管人、以证管人",三管齐下,北京的外来人口增长真的被管住了吗?严苛的外来人口管理也许赶走了一部分外来务工者,但并未达到政策制定者的预期目标。

以户籍制度为基础的资源分配体系本质上是一种制度性歧视。所谓制度性歧视,其特征有三:一是以公共权力部门为主体,个体或族群的歧视,如果没有得到正式制度的支持(譬如种族隔离制度),那么,这种歧视就不能称之为制度性歧视;二是涉及再分配或公共资源的占有,制度性歧视往往有着比较严重的社会后果,会深刻影响特定个体或群体的生活机遇,使其在社会分层中处于不利位置或难以实现向上的社会流动;三是以法律、制度或政策作为依据,制度性歧视通常是合法的(Legal),但又是缺乏正当性的(Legitimacy)。

中国现行的户籍制度对劳动力的流转产生了巨大的限制,这一方面减缓了城市化的进程,另一方面也使得城市化过程中对外来务工者造成大规模的公共服务歧视。歧视的恶果可能还被低估。除了显性的制约城市发展、造成待遇不公外,还制约了内需,造成社会矛盾,这对长期经济增长也是一种损害。如果不进一步改革户籍制度,不仅无助于启动内需,而且可能会激化社会矛盾。正因为户籍制度存在种种弊端,对户籍制度进行改革的呼声一直很高。最近十余年,各地都在陆续出台所谓的"户籍新政",但总体上都是对户籍制度的微调而非实质性的改革。

城市化的本质就是人力资本、就业机会和公共资源的重新匹配,这种重新匹配是空间意义上的,是城市与乡村之间的资源重组。由于工业和服务业集中于城市,城市必然需要更加丰富和密集的人力资本,城市在吸引更多劳动力的同时必须为其提供一定的公共资源。就业机会由市场提供,公共资源由政府提供。在理想状态下,就业机会和公共资源对人力资本的拉动作用应该是一致的。严苟的外来人口管理政策造就了这样一个怪现象:市场经济鼓励人口流动,公共服务体系却在惩罚人口流动。

## 【后案例】人民日报新论:社区治理如何"不见外""不排外"

曹海军,2017 年 10 月 10 日 来源:人民网—人民日报

社区是社会治理的基本单元,社区治理水平与每个居民的切身利益息息相关。从某种程度上说,完善城乡社区治理关乎治理能力现代化、关乎改革发展获得感。

社区治理是一项系统性工程,线多面广。尤其是,流动人口给治理带来了新挑战。到 2016 年末,中国流动人口已达 2.45 亿之多,"我们社区外来务工人员很多,治理起来非常困难"成了不少社区工作者的心声。如何将流动人口真正吸纳进常住地的社区? 怎样提高流动人口的社区参与度? 这些问题直接摆在了治理者的面前。

把流动人口变成"自己人",让非户籍常住人口参与到社区治理中,才能增强流动人口的社区认同感,促进社区融合。今年 6 月,中共中央、国务院出台了《关于加强和完善城乡社区治理的意见》,就提出要注重发挥基层群众性自治组织基础作用,增强基层群众性自治组织开展社区协商、服务社区居民的能力,增强社区居民参与能力。实际上,该《意见》为流动人口有序参与居住地社区的治理,拓展了渠道,也有助于实现"进得来,住得下,留得住,治理好"的目标。

实践经验为治理提供了参考。我们在深圳罗湖区发现,流动人口参与社区治理,可以通过基层选举"变客为主"。今年,罗湖区首次在符合条件的社区试点选举 1~2 名非户籍委员,有 58 个社区参与试点,共产生 69 名非户籍"两委"委员。这也是继允许流动人口参与县乡人大代表选举、居委会选举之后,罗湖区基层民主实践和治理实践的一次突破。其实对社区来讲,流动人口并非难以融入的"外来人",他们具备一定的协商能力、对话能力,参与社区建设、提供社区服务,也有必要享受社区权利,这对社区建设和流动人口群体均大有裨益。

如何既让流动人口"不见外",又让本地居民"不排外"? 如何既激发流动人口的积极性,又提高本地居民的接纳度? 建立社区协调机制十分关键。以选举非户籍委员为例,需要制定严格的标准,根据社区类型调整非户籍委员的名额。例如,依照实际情况将社区分成三类,即没有集体经济的纯社区、已实行"政经分开"的村改居社区和"政经分开"但集体经济利益已固化的村改居社区,不同社区的居民结构、人员类型、规模网络等差距不小,如果不尊重实情和居民意愿,就会增加非户籍居民参与社区自治的阻力。

社区治理不仅要面对流动社会的挑战,还要从现实着眼解决问题、补上短板。比如,社区治理的组织体系和法律体系不健全、居民的社区参与度普遍不高、政府的行政性包揽过多、市场主体缺乏有效参与机制、社区治理的协商机制不畅等,都在一定程度上影响着城乡社区治理的水平和质量。只有坚持问题导向、创新导向,才能解决老问题、发现新问题,形成社区治理的合力。

治理不只是一套规则条例,也不只是一种活动,更是一个过程。"基层是一切工作的落脚点,社会治理的重心必须落实到城乡、社区"。社区的"善治"是国家稳定、社会和谐、人民幸福的重要基础,从实情出发、因地制宜、突出特色,社区就能在齐心共建中成为"无人是客"的幸福家园。

作者为东北大学文法学院教授、城乡社区建设研究院副院长)
《人民日报》(2017 年 10 月 10 日 05 版)

# 第四章　外来女性的城市财富梦

足浴技师——小美

　　小美是来自四川绵阳的姑娘,年纪不大,20岁出头,可她已经结婚并有一个2岁的宝宝。她来广州1年多,和她妈妈、表姐、哥哥住一起,一家刚好租了三室一厅的房子,房租2600元/月。妈妈在小区附近的华润万家做收银员,哥哥在附近的一家美容美发厅做理发师,她和表姐一起在一家足浴店工作,有时上早班(12:00—24:00),有时上晚班(14:00—2:00)。妈妈一个月4500元收入,哥哥一个月5000元,她和表姐的月收入都在12000元以上,生意好的月份在15000元以上。小美的老公在四川老家照顾家里的小店。她们一年回老家3～4趟,有时她老公和婆婆会把宝宝带过来玩几天,那几天是小美最开心的几天,一家人可以团聚。但为了工作,小美还是得跑到广州这么远的地方去打工。

　　小美刚来的时候,还什么都不会,全是她表姐私下教她。还好,刚入足浴店前三个月工资是保底的6000元/月,三个月后就按照服务客人多少来提成了。小美在店里工号是99号,每服务一个客人(90分钟)就有收入40～80元(看服务项目的收入)。在服务客人时,她也会向客人推荐价格更贵的服务项目,如推拿、精油开背等,或者鼓动客人充值办会员卡,她也能从中获得奖励。有一次她的客人通过美团网购买服务,并发图片评论,还给她带来了许多新顾客,那些人专门来店里点99号技师。

　　小美表示做这行真的不容易,要赚得多主要靠业务提成,不仅按摩技术要求高,而且嘴巴要甜会说话,才能令客户开心消费才行,工作超过10个小时,遇上节假日一天要接待超过20名客户,手都酸得不行,甚至累到连端起水杯的力气都没有,有时候还会遇到一些刁难的客户就更糟心了,有一次因为不小心用指甲划伤了客户,结果遭到投诉被扣了 300 元。

　　在改革开放的过程中,大量农村剩余劳动力进入城市,人口从低效率产业向高效率产业、从低工资就业岗位向更高工资就业岗位转移,在微观上增进了抚养家庭的能力,在宏观上促进了社会财富的积累。

　　从产业配置的角度来看,人口从农业向制造业和服务业的转移有利于产业结构的优化,促进产业结构升级,从而有利于释放人口红利。1978 年第一、二、三产业人均创造产值比例为 1:7:5,而从业人员的比例为 5:1:1。2017 年年末,全国农民工总量达 2.9 亿人,其中外出农民工 1.7 亿人。许多农民工在城市从事第二和第三产业。2016 年,第一、二、三产业人均创造产值比例约为 1:5:4,从业人员的比例为 1:1:1.6,从业人员结构比 1978 年有明显改善,极大提高了整个社会的劳动生产率。

　　从资源区域配置的角度看,人口从劳动密集型产业为主的地区向资本和技术密集型产业为主的地区流动有利于区域产业协同发展,从而促进经济增长。人口从中西部向东部地区流动,能够充分发挥资本密集型或者技术密集型产业对于劳动密集型产业的比较优势,从而促进经济发展。最近几年,我国劳动力,尤其是农民工有从东部沿海地区向中西部地区回流的现象,劳动密集型产业和资源密集型产业向中西部地区转移,劳动力伴随产业流动的过程也将会再次优化人力资本在区域间的配置,从而提高劳动生产力。

　　规模庞大的外来人口无不是追求幸福、怀揣梦想的"逐梦人",同时也在一定程度上造就了中国一个个的城市群、都市圈。美国最具影响力的智库"布鲁金斯学会"发布的《2018 全球大都市监测报告》采用牛津经济研究院数据,以人均 GDP 和就业增长率为指标,评估了过去几年全球 300 个大都市的总体表现。从数据来看,中国大城市的表现在所有国家乃至地区中最为瞩目,发展势头十分强劲。其中,成都的表现尤为亮眼,以人均 GDP 增长率 7.2% 和就业增长率 5.9% 的成绩,全球排名第三位,在中国所有上榜城市中排名第一位。报告显示,大都市对全球经济总量、就业和人口吸纳的贡献率已呈现出"不成比例"的压倒性优势。这 300 个主要大型城市的经济总量占全球经济的近一半。布鲁金斯学会的研究员们将这些资源高度集中的城市,称为"次国家级动力",用以形容这些大都市在塑造全球经济和社会形态过程中发挥的独特力量。值得关注的是,早在 2012 年布鲁金斯学会也曾选取全球 300 个典型大都市进行研究分析,当时中国上榜的城市只有 48 个。而在 2018 年发布的报告中,这个数字增加到 103 个,超过北美和西欧的总和,体现出强大实力。

　　城乡之间和地区之间的收入差距是流动人口外出就业的根本原因,赚钱是每一位流动人口离家的最主要驱动力。在我们的调查中,赚更多钱、乘年轻快速赚钱几乎是绝大多数外来女性到城市的最大梦想。这也正是我国流动人口中的女性比重有所上升,但总体数量低于男性的原因,只有 20～29 岁的年龄组的女性流动人口多于男性,其他各年龄组均为男性多于女性。

## 伴随着城镇化的人口大流动

　　20 世纪 80 年代以来,我国流动人口规模的变动过程大致可以分为三个时期:第一个时期是 80 年代初期至 90 年代初期,随着《关于农民进入集镇落户问题的通知》的发布,国家放宽了对农村人口进入中小城镇就业生活的限制,促进了农村人口的乡城转移,我国流动人口规模从 1982 年的 657 万人增加至 1990 年的 2135 万人,年均增长约 7%。第二个阶段是 1990—2010 年,流动人口规模以更快的速度增长,从 1990 年的 2135 万人增加至 2010 年的 22143 万人,年均增长约 12%。第三个阶段是 2010 年以来至今,这段时期相对缓和,2010—2015 年的流动人口增长速度明显下降,年均增长约 2%。

　　人口迁移的国际规律是从低收入地区到高收入地区,从城市化到大都市圈化。全球人口迁移呈现两大特点:一是在跨国层面,人口从中等、低收入国家向高收入国家迁移。即从东亚、南亚、拉美、非洲、中东欧向北美、西欧、中东石油富国、澳大利亚等迁移。二是在城乡层面,随着全球城市化进入中后期,不同规模城市人口增长将从过去的齐增变为分化,人口从乡村和中小城市向一二线大都市圈迁移,而中小城市人口增长停滞,甚至净迁出。

　　中国人口大迁移体现的是从乡村到城镇、从城市化到大都市圈化。跨省人口迁移上,从改革开放前的向东北集聚,到改革开放后的"孔雀东南飞",再到 2010 年以来部分回流中西部,2015 年以后粤浙人口再集聚。2014 年开始,东北三省人口先后陷入负增长。从分线城市看,人口流动整体放缓,但向一二线城市和大都市圈集聚更为明显,中西部核心城市崛起。在全域层面,一线、二线城市人口持续流入,三线城市人口略微流出,四线城市人口显著持续流出但近年有所回流。但与一般三四线城市明显不同,发达城市群的三四线城市人口仍稍有流入。2018 年,一线、二线、三线、四线城市经济-人口比值分别为 2.3、1.6、1.0、0.6。从重点城市看,近年深圳、广州、杭州常住人口大幅增长,长沙、西安、成都、郑州、武汉、重庆等中西部核心城市日益崛起,北京、上海、天津、苏州、无锡等东部城市人口增长明显放缓。

各城市群省际流动人口主要来源地包括两类:一是河南、安徽和四川等劳动力大省。在沿海三大城市群,上述省份均是主要的流动人口来源地;其次就是周边省份,比如湖南与珠三角,安徽与长三角等。

从受教育程度来看,高素质流动人口占比最高的是京津冀城市群,其次为成渝城市群,其后是长三角、长江中游和珠三角。

从城市群流动人口的发展趋势来看,长期居留的流动人口上升,以珠三角、长三角、京津冀、长江中游和成渝城市群为代表的五大城市群仍将是未来流动人口的主要聚集地。

从城市群流动人口的发展趋势来看,长期居留的流动人口上升,意味着流动人口转变为常住人口增多。近年来各城市群的县内流动人口比重均有所下降,农村人口城镇化基本结束,省内县际流动人口和省际流动人口比重有所上升。未来一段时间,随着城市群地区经济发展要素的进一步集聚,长距离流动人口的比重可能会进一步增加。可以判断省内人口向核心城市集聚,省内人口同时也向外省的大城市集聚,大城市化的脚步在加快。

在2019年中,全国各大城市人口流动量较大,其中常住流动人口中,北上广深依旧是位居前排,其中以上海最为突出,为972.69万人,排名第一,广州967.33万人排名第二,深圳818.11万人排名第三,之后依次是北京、苏州、天津、杭州、成都、宁波、东莞占据名单的前十名(如图4-1)。

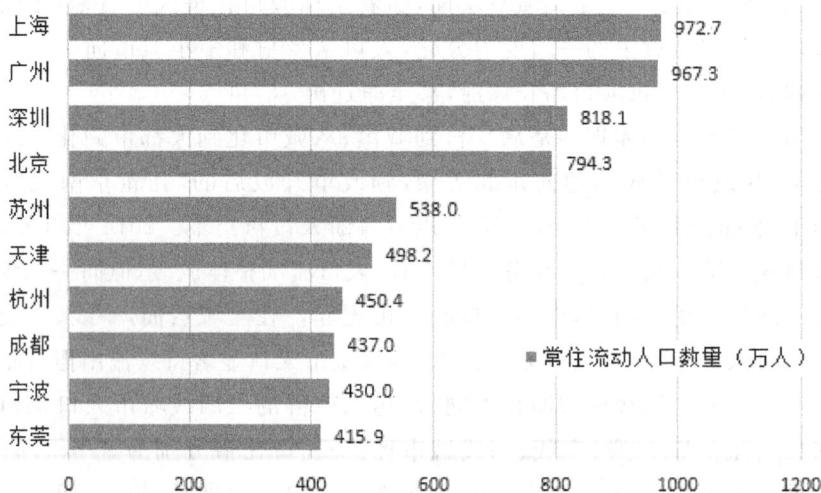

图4-1　2019年我国流动人口最多的10个城市

由国家卫生健康委流动人口服务中心等发布《流动人口社会融合蓝皮书：中国城市流动人口社会融合评估报告 No. 1》(2018)指出，流动人口大多流入了就业机会较多和公共服务较好的大城市。根据蓝皮书以及各个城市统计年鉴公布的数据，目前流动人口总量最大的几个城市，都是经济最为发达的地区，比如上海、广州、深圳、北京。

蓝皮书提供的数据显示，常住流动人口较多的城市，也有不少新一线和二线城市。比如苏州、天津、杭州、成都、宁波、东莞的外来常住流动人口有 400 万～600 万。佛山、郑州、金华、温州、武汉、嘉兴、厦门、昆明、济南、南京、长沙也分别有 200 万～400 万的外来流动人口。

为什么这些地方外来人口多？原因是就业机会多。流动人口更愿意集中到住房、环境、交通压力比较大的大城市，是因为大城市具有丰富的经济与社会资源，无论就业机会和发展空间，还是教育、医疗、交通、文化等，都具有中小城市无法比拟的优势。

分省份看，外来流动人口占比最高的主要是广东、浙江的城市，前 10 名城市中广东有 4 个（广州、深圳、珠海、中山），浙江有 4 个（金华、宁波、嘉兴、杭州），江苏有 1 个（苏州），福建有 1 个（厦门），均为东南沿海发达城市。而这些外来流动人口比例大的城市未必经济总量就大，比如珠海、厦门、金华、嘉兴、中山的经济总量只有 2000 亿～5000 亿元的水平。而宁波在 2018 年经济总量也才过 1 万亿元，杭州也只有 1.3 万亿元左右，但是宁波、杭州分别有 400 万以上流动人口，占全部常住人口的 50%，可见其对外来人口的吸引力。这是人们用脚投票的结果，这些城市社会融合的程度肯定是高的，否则不应当有这么强的吸引力。

2015 年以来，有媒体多次报道指出，东三省人口危机越发严重。多年的人口净流出以及明显的老龄化，让东三省面临"后继无人"的尴尬。然而事实上面临同样窘境的不仅是东北三省，全国近半数省份面临失去活力的威胁。依照全国第六次人口普查得到的数据，在全国 31 个省级行政区中，人口净流入地区有 14 个，净流出地区相对较多有 17 个，人口流失数量超过 200 万的省份则有 10 个之多。人口流失数量最多的是安徽省。数据显示，安徽省有 962.3 万人在其他省生活或工作，占到全国跨省流动人口的 11.2%，而从外省来到安徽的人仅有 71.7 万人，净流失人口高达 890 万，排名全国第一。紧随其后的四川、湖南、江西、湖北等省在成为人口输出大省的同时，人口流入又严重匮乏，是中国人口流失最严重的几个省份（如图 4-2）。

人口流失、生育率低
多省面临后继无人

網易新聞
news·163·com

DATA BLOG 数读

数据来源：北京大学人口研究所，第六次人口普查
备注：图中三列数据均采用不同量级坐标轴，详见具体数值。

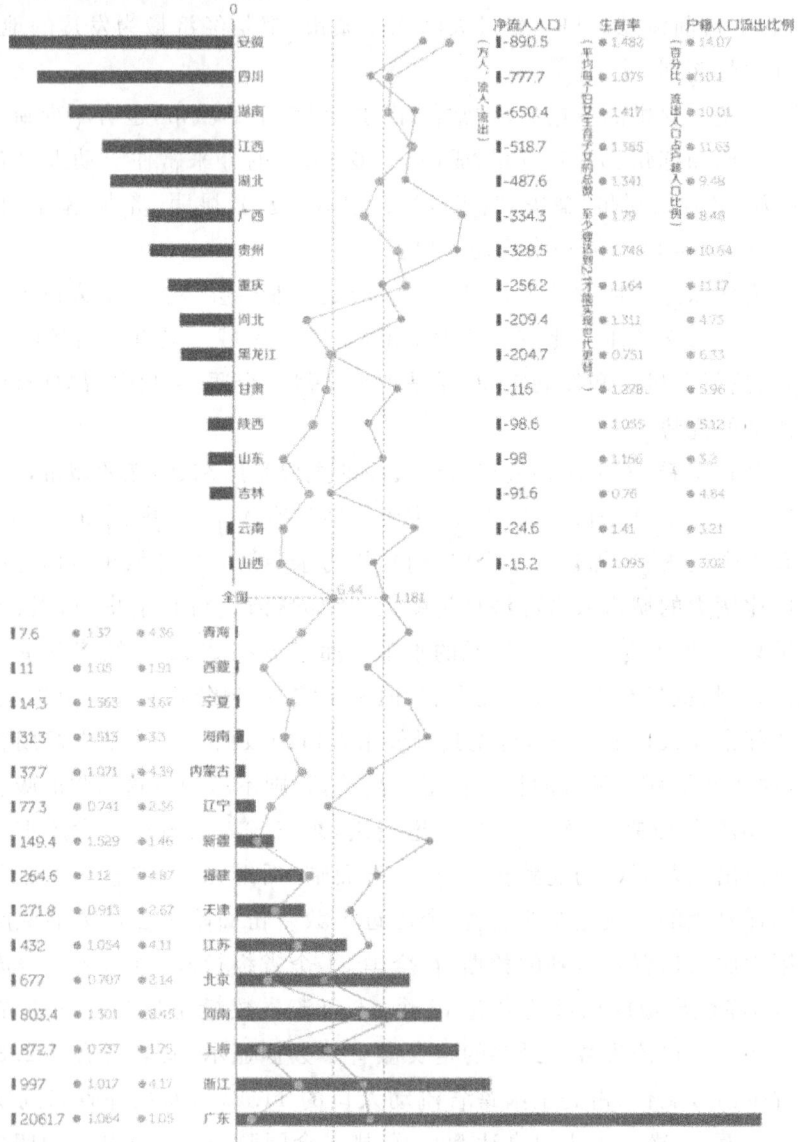

| | 净流入人口 | 生育率 | 户籍人口流出比例 |
|---|---|---|---|
| | （万人，流入/流出） | （平均每个妇女生育子女的总数/至少要达到2.1才能实现世代更替） | （百分比/流出人口占总人口比例） |
| 安徽 | -890.5 | 1.482 | 14.07 |
| 四川 | -777.7 | 1.073 | 10.1 |
| 湖南 | -650.4 | 1.417 | 10.81 |
| 江西 | -518.7 | 1.365 | 11.63 |
| 湖北 | -487.6 | 1.341 | 9.48 |
| 广西 | -334.3 | 1.79 | 8.48 |
| 贵州 | -328.5 | 1.748 | 10.64 |
| 重庆 | -256.2 | 1.164 | 11.17 |
| 河北 | -209.4 | 1.311 | 4.75 |
| 黑龙江 | -204.7 | 0.751 | 6.33 |
| 甘肃 | -116 | 1.278 | 5.96 |
| 陕西 | -98.6 | 1.035 | 5.12 |
| 山东 | -98 | 1.159 | 3.2 |
| 吉林 | -91.6 | 0.76 | 4.84 |
| 云南 | -24.6 | 1.41 | 3.21 |
| 山西 | -15.2 | 1.095 | 3.02 |
| 全国 | 0.44 | 1.181 | |
| 青海 | 7.6 | 1.32 | 4.36 |
| 西藏 | 11 | 1.05 | 1.91 |
| 宁夏 | 14.3 | 1.563 | 3.67 |
| 海南 | 31.3 | 1.515 | 3.3 |
| 内蒙古 | 37.7 | 1.071 | 4.39 |
| 辽宁 | 77.3 | 0.741 | 2.36 |
| 新疆 | 149.4 | 1.529 | 1.46 |
| 福建 | 264.6 | 1.12 | 4.87 |
| 天津 | 271.8 | 0.913 | 2.67 |
| 江苏 | 432 | 1.054 | 4.11 |
| 北京 | 677 | 0.707 | 2.14 |
| 河南 | 803.4 | 1.301 | 8.45 |
| 上海 | 872.7 | 0.737 | 1.75 |
| 浙江 | 997 | 1.017 | 4.17 |
| 广东 | 2061.7 | 1.064 | 1.05 |

图 4-2　全国人口流入流出省市区对比图（2015）

　　许多地区在面临人口大量流出的同时,低生育率问题更是令当地的人口形势雪上加霜。中国的整体生育率本身就已远远低于能够保证世代更替的2.1的最低生育率。低生育率也就意味着新生代人数不足,人口结构将趋向老化,人口规模也会萎缩。在中国人口呈净流出趋势的省份中没有一个达到2.1的基本生育率,甚至还有多个省份低于全国平均水平。2019年,四川、重庆、黑龙江、陕西、山东、吉林、山西的生育率均低于全国平均水平。

　　此外流动人口多为青壮年,对于那些有大量年轻人口流出的省份来说,老年人口抚养比(老年人口与劳动年龄人口之比)在上升。例如,人口流出大省(直辖市)四川和重庆的老年抚养比最高,且增长极快。2005年1%人口抽样调查显示,两地老年人口抚养比已经为全国最高,分别达到了16.24%和16.04%;到2010年第六次人口普查的数据则奔到了24.43%和26.56%。另一个劳务输出大省安徽,其老年抚养比也达到了22.33%。湖南、湖北、广西、贵州、山东等劳务输出大省,老年抚养比也高于全国平均水平。这些省份在人口迁移大潮和低生育率的夹击之下不仅人口会渐渐凋零,也将率先成为老人省。

　　人口的迁移本没有什么错,趋利避害固然是人的本性,没有什么理由能够阻止人们用脚来投票。而人口快速并大规模地向东部少数地区集中的现象,本质上体现的则是地区间资源配置失衡,同时也使由于低生育率必将带来的老龄化问题在这些地区提前爆发。劳务输出大省的人口危机其实就是空巢村现象的放大版。

　　一座城市的流动人口来源地,往往就是其经济和人口腹地。根据国家卫健委发布的《中国流动人口发展报告2018》,找到长三角主要城市的流动人口来源地,制表如4-1。上海流动人口的第一来源地既不是苏州和无锡,也不是嘉兴和湖州,而是远得多的盐城。这在一定程度上说明,越靠近上海的地区,其本土经

表 4-1　长三角城市群主要城市区域内流动人口主要来源地

| 主要流入的城市 | 第一来源地 | | 第二来源地 | | 第三来源地 | | 第四来源地 | | 第五来源地 | | 合计 |
| | 城市 | | 比例 | | 城市 | | 比例 | | 城市 | | |
| 上海 | 盐城 | 13.73 | 南通 | 11.49 | 合肥 | 9.46 | 芜湖 | 7.83 | 泰州 | 7.51 | 50.02 |
| 南京 | 马鞍山 | 15.87 | 亳州 | 10.23 | 盐城 | 9.60 | 南通 | 7.70 | 安庆 | 7.30 | 50.70 |
| 苏州 | 盐城 | 29.84 | 亳州 | 11.11 | 南通 | 7.46 | 泰州 | 7.46 | 合肥 | 6.72 | 62.59 |
| 杭州 | 杭州 | 15.59 | 金华 | 11.05 | 亳州 | 9.72 | 绍兴 | 8.83 | 安庆 | 8.53 | 53.72 |
| 宁波 | 台州 | 32.48 | 亳州 | 22.36 | 绍兴 | 6.11 | 金华 | 4.35 | 宁波 | 4.26 | 69.56 |
| 合肥 | 合肥 | 74.19 | 安庆 | 7.82 | 芜湖 | 4.23 | 亳州 | 3.64 | 铜陵 | 2.84 | 92.72 |

济越好，人口的流动欲望也就越低。上海的流动人口全部来自沪北，也就是长三角北翼，而南翼的浙江，没有一个城市在列，显示上海和北翼的联系更为紧密，"亲北疏南"的格局明显。

江苏城市流动人口的主要来源地没有浙江，浙江流动人口的主要来源地也没有江苏。再细看长三角 6 个核心城市的来源地，都能看到安徽城市，说明安徽人的跨省流动性远超江浙沪。无论是上海、南京还是苏州，看流动人口的来源地，安徽人的存在感都很强，显示安徽和长三角的联系度非常高，如果说湖南是珠三角外省人的第一来源地，那安徽应该是长三角外省人的第一来源地。一般来说，一个地区人口的流动欲望和当地的经济发展水平和就业收入成反比，看 6 个核心城市的主要来源地，没有一个是发达城市。

## 流动人口的就业特征

人口从农村到城市的大规模流动已经成为中国过去 30 年乃至未来几十年不可忽视的一个社会现象。这一现象与西方发达国家曾经发生过的城镇化与工业化历程非常相似，但是由于中国独特的户籍管理制度和庞大的人口规模又呈现出与众不同的景象。中国流动人口的主体是农民工，他们向城市特别是向大城市的聚集，是为了寻求更好的职业和发展机会、获得更高的收入和生活质量。从本质上来讲，以就业为引导的人口流动既表现为人们从一个地区向另一个地区的区位移动，也表现为人们从一种职业向另一种职业、从一个阶层向另一个阶层的社会流动。从社会阶层的角度来看，按照所从事的职业，人口可以被划分为包括单位负责人和中高层管理人员在内的、对他人和资源拥有支配权力的权力优势阶层、拥有相对的工作自主性的一般管理人员/办事人员阶层、专业技术人员阶层、工人/农民阶层和自雇佣者 5 个阶层（李路路，2002）。

现有部分研究发现，与本地人主要通过正规机构介绍获得工作机会不同，流动人口最常依靠的是同乡、亲朋等原有社会网络的非正式就业渠道（翟振武等，2007）；就业单位以个体和私营为主；大部分处于非正规就业状态；就业面狭窄，多分布在第二、三产业中技术含量低、劳动强度大的相关职业（韦小丽等，2008）。流动人口的就业首先具有强烈的地缘性特征。无论是口耳相传也好，还是同乡之间的"传帮带"也好，流动人口沿着地缘、业缘关系流动并就业，一方面能够有效减少或者避免迁移的风险；另一方面有助于尽快就业，降低进入城市的成本。这也初步解释了为什么流动人口外出工作具有"扎堆"性。图 4-3 为 2017 年春节宁波外来人口流入主要来源地。

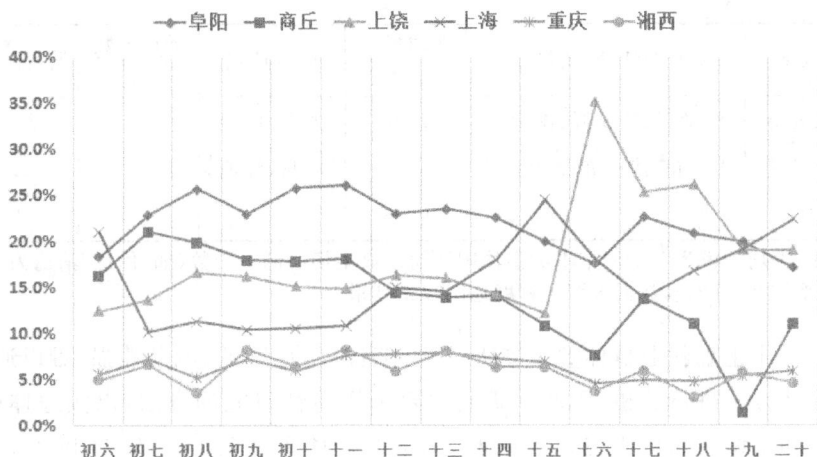

图 4-3　2017 年正月流入宁波的人口来源

　　由于缺少官方相关统计数据，非正规就业者调查样本获得通常需要人为设定和处理，比如胡凤霞、姚先国（2011）依据劳动力与企业是否签订了正式劳动合同，以及企业是否为其提供社会保险和养老保险来判断是否为非正规就业。梁增贤、谢春红（2016）则认为旅游非正规就业主要包括服务于游客的非正规部门就业者以及旅游正规部门的非标准就业（如临时工、季节工和非合同工等）。2013 年 7 月修改的劳动合同法施行后，规模企业中无劳动合同的雇工基本消除，以是否签订劳动合同、是否为正规部门来判断正规与非正规就业失去现实基础。根据 Hart（1973）不注册、不受政府监管、不纳税的"三不特性"则是非正规就业最初始的判断，也是休闲行业非正规就业者比较切合实际的描述。参考郭为等（2012）提出的"食、住、行、游、购、娱"6 大类别，并结合前文休闲活动分类，对上海、广州、深圳、杭州和宁波五城市的休闲行业非正规就业者进行归类（表4-2）。

表 4-2　休闲活动类型及受访情况

| 休闲类型 | 典型活动（场景） | 平均规模/个 | 调查地点 | 受访人数/个 | 所占比例/％ |
| --- | --- | --- | --- | --- | --- |
| 休息、消遣 | 足浴、美容、茶馆、演艺 | 3570 | 杭州、宁波 | 118 | 22.87 |
| 娱乐、享乐 | KTV、舞厅、娱乐会所 | 1067 | 深圳、宁波 | 203 | 39.34 |
| 社交、爱好 | 棋牌、酒吧、餐馆、桌游 | 2502 | 上海、杭州 | 105 | 20.35 |

续表

| 休闲类型 | 典型活动(场景) | 平均规模/个 | 调查地点 | 受访人数/个 | 所占比例/% |
|---|---|---|---|---|---|
| 运动、健身 | 健身房、广场舞、夜行团 | 1592 | 上海、广州 | 54 | 10.47 |
| 提升、发展 | 艺术馆、博物馆、老年大学 | 405 | 广州、深圳 | 36 | 6.98 |
| 总计 | | 9136 | | 516 | 100 |

注:平均规模为 5 个城市本类型休闲活动最典型场所的平均数(如:休息/消遣为足浴,5个城市平均 3570 家),数据来源于百度地图搜索结果。

由于非正规就业群体数量庞大、类型多样、信任度低、流动性强,难以通过一般的统计方法进行分析,因此本研究主要采用质性研究的方法,以实地体验、观察记录和半结构访谈为主。调查于 2016 年 1 月 8 日至 1 月 24 日和 2016 年 8 月 5 日至 8 月 28 日,分两个阶段,第一阶段先利用社会网络(微信好友)直接联系 23 名访谈员进行预调查,主要以调查者体验、观察的经历为主,了解休闲非正规就业者的类别、数量、寻职方式、工作时间、空间分布、可能收入和行为规律,初步掌握他们的就业特征,并选取少量直接关键人物开展个人深度访谈。第二阶段则以线上线下相结合、实地体验与半结构访谈相结合,根据估计的每种非正规业务群体的总体规模,按一定比例抽取样本,在具体选择个体受访者中则采用便利抽样和滚雪球抽样的方式。每次访谈时间为 60~90 分钟(通常的一个休闲项目服务时间内),部分关键人物进行两次访谈,并记录访谈内容。本研究在第二阶段共直接访谈 129 名就业者,在近 2 年的时间里收集完整的样本(含直接访谈对象提供的密切接触的间接样本)516 名。

## 休闲行业非正规就业者特征

根据直接访谈和间接样本记录,对上海、广州、深圳、杭州、宁波 5 个城市516 名休闲行业非正规就业者进行特征分析(见表 4-3)。

表 4-3  受访对象特征一览表

| 变量 | 频率/人 | 百分比/% | 变量 | 频率/人 | 百分比/% |
|---|---|---|---|---|---|
| 性别 | | | 从业动机 | | |
| 男 | 126 | 24.4% | 维持生计 | 86 | 16.7 |
| 女 | 390 | 75.6% | 增加收入 | 158 | 30.6 |
| 年龄 | | | 追求自由 | 133 | 25.8 |

续表

| 变量 | 频率/人 | 百分比/% | 变量 | 频率/人 | 百分比/% |
|---|---|---|---|---|---|
| 20 岁及以下 | 91 | 17.6% | 发展自我 | 97 | 18.8 |
| 21～25 岁 | 145 | 28.1% | 跟随他人 | 42 | 8.1 |
| 26～30 岁 | 129 | 25.0% | 每天工作时间 | | |
| 31～35 岁 | 85 | 16.5% | 4 小时以下 | 138 | 26.7 |
| 36～40 岁 | 31 | 6.0% | 4～7 小时 | 112 | 21.7 |
| 41～50 岁 | 20 | 3.9% | 7～10 小时 | 123 | 23.8 |
| 50 岁及以上 | 15 | 2.9% | 10 小时及以上 | 143 | 27.7 |
| 学历 | | | 月平均收入 | | |
| 小学及以下 | 96 | 18.6% | 4000 元以下 | 68 | 13.2 |
| 初中 | 185 | 35.9% | 4000～5999 元 | 103 | 20.0 |
| 高中或中专 | 143 | 27.7% | 6000～7999 元 | 94 | 18.2 |
| 大专 | 71 | 13.8% | 8000～9999 元 | 85 | 16.5 |
| 本科及以上 | 21 | 4.1% | 10000～14999 元 | 117 | 22.7 |
| 入行时间 | | | 15000 元及以上 | 49 | 9.5 |
| 1 年及以下 | 56 | 10.9% | 3～5 年后工作打算 | | |
| 1～3 年 | 207 | 40.1% | 维持现状 | 201 | 38.95 |
| 4～6 年 | 145 | 28.1% | 另谋职业 | 87 | 16.86 |
| 7～9 年 | 76 | 14.7% | 正规化就业 | 45 | 8.72 |
| 10 年及以上 | 32 | 6.2% | 投资创业 | 126 | 24.42 |
| | | | 回归家庭 | 57 | 11.05% |

（1）就业者背景各异，以低学历的年轻女性为主

休闲行业非正规就业者来源多样，有职业学校毕业生直接进入的、有制造企业流水线工人转入的、有个体户经营不佳转行的、有农村辍学者跟随他人进来的、也有仅在晚上出来兼职的、更有普通白领（保险销售员、商场柜员、行政文秘、酒店经理等）以及部分离退休人员。根据 516 名受访者统计可知，初中及以下学历高达 54.5%。在性别上，女性占大多数，约占 75.6%，性别比例与大多数旅游非正规就业群体结构刚好相反，这和那些研究调查样本的工作场所主要在户外

及远离城区有关。在年龄上,以年轻人为主,其中 21～25 岁的群体最多,占 28.1%,30 岁以下的共占 70.7%。

(2)就业者来源地广泛,形成亲缘或地缘组织

根据受访者调查,上海、广州、深圳、杭州、宁波五大城市的休闲行业非正规就业者主要来自国内几个人口输出大省的地级市,包括:安徽阜阳、安徽六安、河南商丘、河南信阳、湖南衡阳、湖南益阳、江西赣州、江西上饶、四川绵阳、广西玉林等地。由于就业者受教育程度普遍较低,也未受过职业技能培训,许多受访家庭收入拮据,缺乏创业启动资金,所以大部分人是通过亲戚、朋友或同乡介绍进入休闲业从事非正规就业,形成亲缘或地缘组织。如湖南益阳人多集中舞厅服务,四川绵阳人多集中在 KTV 歌厅服务,河南信阳许多在美发美容院和足浴店工作,安徽阜阳许多在外开出租车和代驾。这些亲缘、地缘组织通过各类社群(主要是微信群)进行人际推荐、工作介绍、群体拼居、活动社交、制造氛围,或联合抱团等方式进行权益维护。亲缘或地缘组织为新入职者提供了基本的技能培训和心理安抚。部分休闲行业的负面印象由于亲缘和地缘的大量存在变得相对不严重,甚至同一家族多人在同一场所工作,许多吃住在一起、彼此都知根知底。即便在他们老家,乡邻也都知道这个行业,负面压力几乎不存在。

(3)就业动机多元化,时间自由诉求凸显

根据调查,本节归纳出五种休闲非正规就业的动机:维持生计、增加收入、追求自由、发展自我、跟随他人。维持生计是最低要求,收入只要能抵消房租、饮食和少量日常开销即可。增加收入是大部分外来人口远离故乡的主要追求,占 30.6%,同时也要看到,收入已经不是非正规就业者追求的唯一主要动机。追求自由是相对年轻一代的新诉求,占 25.8%。追求时间自由、场所自由的自雇佣工作也是当前非正规就业的主要特征。发展自我是较为成熟的一种就业动机,涉及职业规划、人力资源开发和可持续发展,同时也说明非正规就业者有明确的职业主动选择,不能认定是缺乏技能、就业歧视带来的被迫进入某行业就业(所谓的"被迫进入"都是相对的,实际上任何人的工作,只要工作不是就业者最满意的,都存在某种程度的"被迫")。部分从正规就业转职过来的从业者看中的就是休闲非正规就业的自由时间和高收入(相对于正规就业收入)。

(4)非正规就业群体在收入、时间上开始分异

从调查和数据看,非正规就业者不是一个同质的对象,即便在相同的休闲活动类型中,从业者的薪资收入、工作时间、就业方式和价值取向等多方面都体现出显著的分异和离散。如图 4-4 中的工作时间,其区间跨越从日均 3 小时到 14

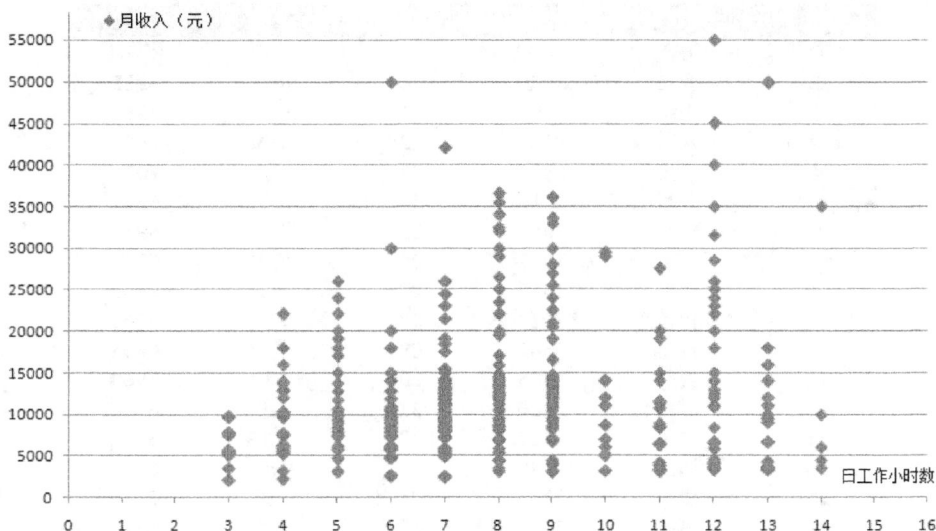

图 4-4　休闲行业非正规就业者收入-劳动强度分布

小时,月收入上从 2000 元到 55000 元不等。从图 4-4 分布初步判断,工作时间在 8～9 小时/日,以及 12 小时/日,其月平均收入均出现了明显的分异。516 名受访者日工作时间平均为 8.31 小时(标准差为 2.74),月平均收入为 10623.39元(标准差为 7943.97)。相比较,根据五个城市人力资源和社会保障局数据,2016 年上海、广州、深圳、杭州和宁波的月平均工资分别为 6504 元、7425 元、7480 元、5097 元、5112 元。可见,休闲行业的收入优势是比较明显的,相对应,工作时间也比较长。需要特别说明的是,休闲行业非正规就业中,很多岗位(如餐饮、足浴、美容美发)是免费提供用餐的,部分还提供居住,这些并不完全统计到个人收入中。

作为对比,我们先来看看城市整体薪酬情况。2018 年 7 月 4 日,智联招聘公布了《2018 年夏季中国雇主需求与白领人才供给报告》(数据如图 4-5),报告中显示,全国 37 个主要城市的平均招聘薪酬为 7832 元,环比上升 2.7%,同比涨幅为 6.2%。虽然夏季已经过了求职跳槽的高峰期,但从公布的各个城市平均薪酬水平来看,都略有上升。其中,北京的平均薪酬水平依然保持第一名,为10531 元,是唯一过万元的城市,上海 9796 元排在第二,深圳、杭州和广州的排名稳定分列三、四、五位。

对比一下高校毕业生的薪酬情况,中国薪酬网(www.xinchou.cn)公布了

| 2018年夏季求职期平均薪酬城市分布 | | | | | |
|---|---|---|---|---|---|
| 排名 | 城市 | 平均薪酬 | 排名 | 城市 | 平均薪酬 |
| 1 | 北京 | 10531 | 20 | 福州 | 7215 |
| 2 | 上海 | 9796 | 21 | 长沙 | 7131 |
| 3 | 深圳 | 9309 | 22 | 南昌 | 7068 |
| 4 | 杭州 | 8585 | 23 | 济南 | 7014 |
| 5 | 广州 | 8019 | 24 | 合肥 | 6963 |
| 6 | 宁波 | 7964 | 25 | 郑州 | 6929 |
| 7 | 东莞 | 7917 | 26 | 无锡 | 6928 |
| 8 | 南京 | 7660 | 27 | 青岛 | 6842 |
| 9 | 乌鲁木齐 | 7612 | 28 | 天津 | 6765 |
| 10 | 佛山 | 7542 | 29 | 兰州 | 6605 |
| 11 | 厦门 | 7535 | 30 | 大连 | 6566 |
| 12 | 苏州 | 7486 | 31 | 西安 | 6475 |
| 13 | 重庆 | 7429 | 32 | 石家庄 | 6460 |
| 14 | 海口 | 7349 | 33 | 烟台 | 6413 |
| 15 | 贵阳 | 7335 | 34 | 太原 | 6234 |
| 16 | 武汉 | 7263 | 35 | 长春 | 6210 |
| 17 | 成都 | 7261 | 36 | 哈尔滨 | 6083 |
| 18 | 南宁 | 7249 | 37 | 沈阳 | 6024 |
| 19 | 昆明 | 7233 | | | |

图 4-5　主要城市求职平均薪酬

一份 2018 年中国大学毕业生薪酬排行榜 Top200,这个榜单对近百所高校,计算出各高校毕业生的薪酬情况(如图 4-6)。原 985、211 高校毕业生薪酬水平大幅度领先于普通高校;清华大学 2017 届毕业生平均薪酬最高,达到 9065 元。从专业上看,理学和工学类专业薪酬水平较高;农学、法学和管理学较低,大多数专业平均薪酬不到 3000 元。

(5)职业规划理性客观、回归正规就业量小因多

很多的非正规就业研究者把如何正规化、规范化非正规就业作为一个核心问题加以分析,事实上,绝大多数进入非正规就业行业的从业人员也是基于自身的资源禀赋进行的自选择,基本不存在被迫或诱骗。从 3~5 年后工作打算看,维持非正规就业的占 38.95%,正规化就业的仅占 8.72%。相比之下,投资创业的占 24.42%,回归家庭的占 11.05%,这也是当前休闲行业非正规就业者退出的理性选择,其中投资创业的大多数人提到回老家投资开个店铺(包括小超市、水果店、美甲店、花店、宠物店、小餐馆等)。这可以看作是从一种低层次非正规就业进化到另外一种高层次非正规就业(自雇佣式创业)。45 位选择正规化就业的受访者给出的原因是多样的,比如不想忍受过长的工作时间(足浴通常工作

| 首年薪酬排名 | 学校名称 | 类型 | 所在地 | 是否985院校 | 是否211院校 | 平均月薪2017届 | 平均月薪2015届 | 平均月薪2013届 |
|---|---|---|---|---|---|---|---|---|
| 1 | 清华大学 | 理工 | 北京 | √ | √ | 9065 | 10969 | 12614 |
| 2 | 北京大学 | 综合 | 北京 | √ | √ | 9042 | 11212 | 13790 |
| 3 | 北京外国语大学 | 语言 | 北京 | | √ | 9020 | 10464 | 12242 |
| 4 | 上海交通大学 | 综合 | 上海 | √ | √ | 9010 | 10542 | 12861 |
| 5 | 对外经济贸易大学 | 财经 | 北京 | | √ | 8998 | 10617 | 12316 |
| 6 | 外交学院 | 语言 | 北京 | | | 8956 | 11016 | 12669 |
| 7 | 复旦大学 | 综合 | 上海 | √ | √ | 8842 | 11052 | 13594 |
| 8 | 浙江大学 | 综合 | 浙江 | √ | √ | 8810 | 10308 | 12369 |
| 9 | 同济大学 | 理工 | 上海 | √ | √ | 8784 | 10893 | 13616 |
| 10 | 中央财经大学 | 财经 | 北京 | | √ | 8771 | 10086 | 11902 |
| 11 | 上海外国语大学 | 语言 | 上海 | | √ | 8746 | 10758 | 12587 |
| 12 | 中国人民大学 | 综合 | 北京 | √ | √ | 8737 | 10659 | 12258 |
| 13 | 上海财经大学 | 财经 | 上海 | | √ | 8705 | 10184 | 11814 |
| 14 | 国际关系学院 | 政法 | 北京 | | | 8669 | 10836 | 12786 |
| 15 | 华南理工大学 | 理工 | 广东 | √ | √ | 8660 | 10132 | 12563 |
| 16 | 北京航空航天大学 | 理工 | 北京 | √ | √ | 8629 | 10096 | 11813 |
| 17 | 中国科学技术大学 | 理工 | 安徽 | √ | √ | 8620 | 10258 | 11899 |
| 18 | 中山大学 | 综合 | 广东 | √ | √ | 8620 | 10086 | 12607 |
| 19 | 北京邮电大学 | 理工 | 北京 | | √ | 8534 | 10497 | 12281 |
| 20 | 上海对外经贸大学 | 财经 | 上海 | | | 8500 | 10370 | 12755 |

图 4-6　2018 年中国大学毕业生薪酬排行榜 Top20

时间在 12 个小时以上),不想背负太久的负面舆论压力,不想漂泊在外太久、不想承受太大的收入不稳定的压力(大部分休闲行业高收入者都靠个人绩效),或者希望有一个体面的工作身份去相亲等。

(6)工作—家庭平衡是已婚已育人群考虑的重要因素

女性如何平衡工作与家庭的关系一直是劳动经济学关注的话题。"每个上班的女人都需要一位持家的妻子"曾是上世纪末的一句流行语,其中暗含的含义是"工作—家庭"冲突是当代职业女性难以回避的难题,是女性发展面临的困境。大量来自不同时期不同地区的研究都得出了养育子女对女性劳动参与有显著负面影响的结论。显然,女性在面临生养及照顾子女时,退出劳动力市场并不是唯一的选择。女性可以通过减少工作时间、选择工作时间更加灵活的岗位或转向便于兼顾家庭和工作的岗位来平衡工作—家庭关系。工作时间更加灵活的就业安排是许多女性在生养子女时的最优决策,所以,完善的灵活就业市场对促进女性就业和激励生育同样重要,政府需要进一步推行科学合理的灵活就业(非正规就业)制度,为女性选择灵活就业提供和创造机会,还要同时保障好灵活就业人员的合法权益。

根据智联招聘《2018女性职场现状调查报告》,平均而言,女性投入家庭的时间比男性高15％,而投入工作的时间比男性少9％。在步入婚姻后,女性相较男性而言,工作时间并未改变,但是投入家庭的时间却在不断增加。35.9％的女性将上下班方便作为选择工作的首要考虑因素,无形中放弃了更大范围的工作机会选择(如图4-7)。女性对通勤因素的重视既是出于时间成本的考虑,更是方便顾及家庭的权衡。22％的女性整体收入低于男性22％,更低的薪酬凸显了性别职业选择的分化,更是女性在正规就业中进阶管理层的不足。

另根据2018年美国统计局关于世界各国劳动参与率的数据报告,中国的劳动参与率是76％,只有24％的人没有参与工作,这24％里边包括老人、孩子和学生。中国男性占80％以上都参与劳动,这并不稀奇。其他国家男性参与率也挺高,如巴西、菲律宾、印度的男性劳动参与率都是80％以上。中国只有女性和这些国家差别最大,全球女性参与率是48.5％,发达国家是52.6％,中国女性劳动参与率近70％,世界第一。其中,25～55岁的中国女性参与率甚至高达90％。

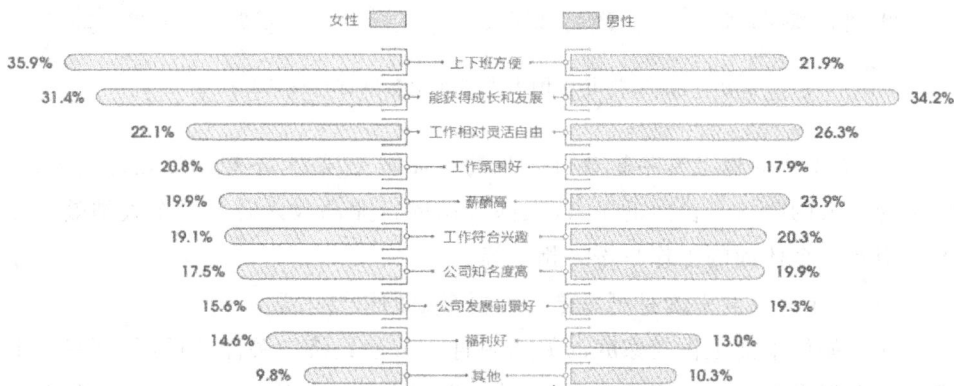

| 因素 | 女性 | 男性 |
|---|---|---|
| 上下班方便 | 35.9% | 21.9% |
| 能获得成长和发展 | 31.4% | 34.2% |
| 工作相对灵活自由 | 22.1% | 26.3% |
| 工作氛围好 | 20.8% | 17.9% |
| 薪酬高 | 19.9% | 23.9% |
| 工作符合兴趣 | 19.1% | 20.3% |
| 公司知名度高 | 17.5% | 19.9% |
| 公司发展前景好 | 15.6% | 19.3% |
| 福利好 | 14.6% | 13.0% |
| 其他 | 9.8% | 10.3% |

图 4-7    选择工作考虑的因素比较

根据经济合作与发展组织的统计表明:中国男性家务参与率世界倒数第四,仅好于日本、韩国、印度。一个家庭中,无偿的家务劳动主要由妻子(65％)和老人(23％)承担。也就是说,女性在不断努力、更多参加社会生产的同时,被传统所分配的家务劳动负荷也无人接手。

正视女性在职场上面临的主观和客观困境的同时,我们也要看到,女性在职场仍然取得了长足进步。调查显示,女性对家庭经济的贡献已经达到35%,同时女性的收入除了更多地参与到了提高生活品质和家庭长远发展里,对个人学习进修的投入也多于男性。这一"慷慨"投入,让女性对未来职业规划中表现出比男性更积极的职业状态:不断提升,获得个人价值的增值、独当一面,接受更多工作挑战、拥有更加清晰的职业发展路径。

## 休闲非正规就业者的职业路径

通过服务体验、现场观察、访谈记录和个案分析,对516位受访从业人员的职业发展路径进行解析,以工作时间和薪资收入两个主要非正规就业考虑因素作为衡量指标归纳出四种基本的职业发展路径:工作时间长薪资收入低、工作时间长薪资收入高、工作时间短薪资收入低、工作时间短薪资收入高,分析过程包括个人背景、就业动机、入职形式、工作类型、就业所得与出路。

(1)工作时间长、薪资收入低

休闲行业中工作时间长(日工作时间在8小时以上)、薪资收入低(月收入在8000元以下)的非正规就业者,主要分为两类,一类为刚入行无就业经验者,包括刚跨出校门的学生、初次离家外出的乡镇青年等。他们希望离开家乡到城市增长见识、累计经验、寻求发展机会,追求自主自立的生活。他们要么通过跟随家人、亲戚、同乡或朋友进入这个行业,要么因为门槛低、上手快、有一定的"传、帮、带"式的基础培训选择"过去试一试"(图4-8)。

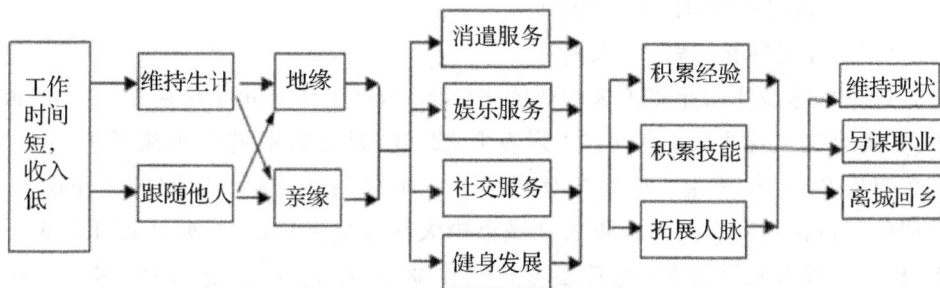

图 4-8  工作时间长、薪资收入低的从业者的职业发展路径

他们通常以学徒工的身份,首先注重对工作经验和技能的积累,其次关心人脉的拓展。由于依靠亲缘或地缘的协助,相对降低了从业的风险,工作比较稳定。对于新进入的年轻人,他们普遍"伺机而动",试探自己是否适应这个行业的工作。对于年纪比较大,服务意识和能力又不强的群体,多数是伴随家人在城市

随便打工，随时准备离城回乡。从当前工作和发展潜力来看，他们处于城市休闲行业就业的边缘。从受访者案例来看，他们普遍居住在工作场所附近，出行方式主要是步行、公交或电瓶车。初入职者如果不适应工作岗位，另谋职业也会首先选择休闲行业内其他种类的非正规就业。

依据国家人口计生委《中国流动人口发展报告 2012》报告，流动人口的工作时间普遍较长，平均每周工作 54.6 小时，远超过劳动法规定的每周 40 小时的工作时间。

国家统计局《2018 年全国时间利用调查公报》显示，2018 年平均每天，睡觉休息用时 9 小时 19 分钟，比 2008 年增加 17 分钟；个人卫生护理活动用时 50 分钟，比 2008 年减少 2 分钟；餐饮活动用时 1 小时 44 分钟，比 2008 年增加 4 分钟。10 年间，居民的有酬劳动时间（包括就业工作和家庭生产经营活动）有所减少。2018 年，居民一天有酬劳动用时 4 小时 24 分钟，比 2008 年减少 4 分钟。有酬劳动时间减少的原因是家庭生产经营活动时间大幅减少，居民投入到就业工作中的时间明显增多，由 2008 年的 2 小时 29 分钟增加到 2 小时 57 分钟，增加了 28 分钟。男性就业者每天工作时间为 7 小时 52 分钟，女性 7 小时 24 分钟，比 2008 年分别增加 1 小时 26 分钟和 1 小时 20 分钟。月入 2000～5000 元中等收入群体工作最拼，每天工作时间最长。调查显示，中等收入群体就业工作时间最长，高收入群体家庭生产经营活动用时最长。2018 年，中等收入群体就业工作时间为 7 小时 51 分钟，比"低收入"群体多 34 分钟，比"较高收入"群体多 9 分钟，比"高收入"群体多 27 分钟。

（2）工作时间长、薪资收入高

这一群体是休闲业非正规就业的主流部分，日工作时间通常在 12 个小时以上，如美容美发行业从上午 9:00 到晚上 22:00，足浴行业的晚班从下午 14:00 到午夜后 2:00，棋牌室一般服务时间在 10:00—23:00。超长时间的工作投入，换回的是极富吸引力的薪资收入。城市中大部分足浴店的技师，入职工作前三个月，因为没有累计客户，通常不考核工作绩效，保底收入（起薪）大多为 6000 元/月，三个月后采用绩效工作，平均在 8000 元/月以上。他们多以亲戚或老乡为组织基础，多人拼居在一起，各自从事适宜的工作。多数跟同乡、朋友一起形成共同工作群体，相互扶持、相互照应。由于收入相对较高，工作时有绩效考核，这一群体非常注重技能、人脉和资金的积累，准备为持续工作和未来职业打下基础。从这一就业群体退出的原因多种多样，如果年龄不大，通常是为了组建家庭或回归家庭，也有部分退出者是为了寻找一个工作时间相对较短的工作（见

图4-9）。

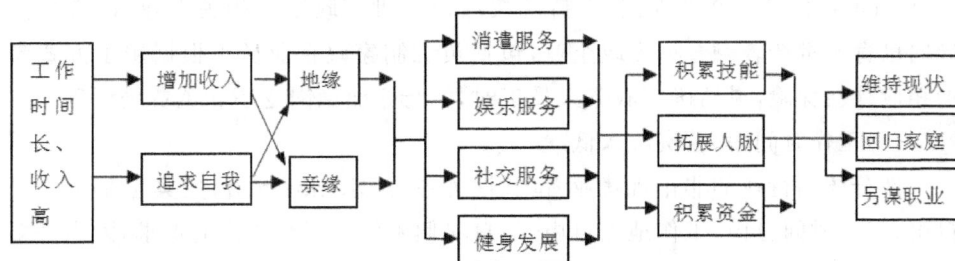

图 4-9　工作时间长、薪资收入高的从业者的职业发展路径

　　根据 58 同城到家精选服务标准数据显示,家务保姆服务价格在 4500～8500 元/月;月嫂服务价格在 8000～16000 元/月;育儿嫂服务价格在 5000～8000 元/月。钟点工服务平均定价在 31～50 元/小时;催乳师服务平均定价在 200～600 元/次;做饭阿姨服务平均定价 2500～4500 元/月。在北京、上海一线城市,目前月嫂的收入会随着她们拿到的证书的增加而增长,行业专业化水平和薪酬都在增加,2015 年月嫂月薪是 1 万元左右,2019 年已涨到月薪 2 万元出头了,而且月嫂还很抢手,还得提前预约时间(如图 4-10)。

图 4-10　高端家政服务供不应求

　　2019 年 6 月 26 日,国务院办公厅印发《关于促进家政服务业提质扩容的意见》。该《意见》指出,家政服务业作为新兴产业,对促进就业、精准脱贫、保障民

生具有重要作用。为促进家政服务业提质扩容,实现高质量发展,该《意见》提出10方面重点任务。文件提到,支持院校增设一批家政服务相关专业,以市场为导向培育一批产教融合型家政企业,包括员工制家政企业员工根据用工方式参加相应社会保险,灵活确定服务人员工时,实行企业稳岗返还和免费培训等。

（3）工作时间短、薪资收入低

部分休闲行业的非正规就业者（女性为主）追求相对自由（尤其是是否上班自由、工作时间自由、工作地点自由）的自雇佣工作甚于对收入的追求,因为许多女性同时还要兼顾家庭的照料。城市休闲业,尤其是传统的餐饮行业、新兴的文创闲情行业由于需要服务的时间比较集中或相对较短,非常适合兼职工作者。他们多以家庭为组织形式,集体居住,相互照料。这其中,以中老年妇女为多,他们的自雇佣工作,是为了补贴家庭开支,维持最低的服务工作状态,投入时间有限（如图4-11）。

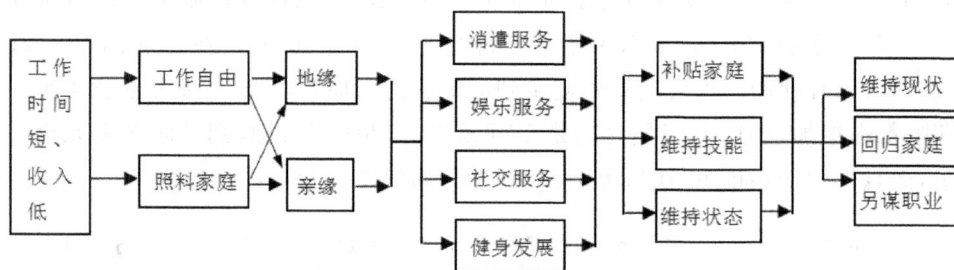

图4-11　工作时间短、薪资收入低的从业者的职业发展路径

比如街头小摊,由于投入成本比较少,没有雇工,没有门店租金,经营时间和地点都很灵活,吸引很多城镇外来人员加入。什么臭豆腐、鲜花、烧饼、烤番薯、棒棒糖等,在一些城镇成为街头巷尾的一道独特风景。一团白面,辅以猪肉、梅干菜等佐料,经过烧饼桶烤制几分钟即可售卖。在浙江一带的缙云烧饼,没有烦冗的制作工序,没有花哨的包装。但这看似简单而不起眼的地方小吃,却蕴含着大能量。浙江在线2019年10月4日报道,缙云县农业农村局局长胡涌杰告诉记者,截至2018年,缙云烧饼示范店带动当地1.5万余人就业,产值达到18亿元以上,同时还带动梅干菜、烧饼桶等关联产业齐发展（如图4-12）。

（4）工作时间短、薪资收入高

这一群体属于相对"神秘"的非正规就业群体,也是休闲行业负面舆论的主要来源。他们通常有极好的个人天生特征（如:形象好）,又普遍年轻,价值观上

图 4-12　街头零工

比较开放,有些甚至是放弃原有较好的正规工作(如大公司的白领)。他们从事休闲非正规就业的目的很明确,要么快速增加收入,要么追求自由和自我发展,积累足够的资金和人脉后自主创业或回归正规就业(用于"洗白身份"),具体职业路径见图 4-13。这一群体在收入上有极大的比较优势,大城市的高档 KTV普遍日薪在 1000 元以上,工作时间通常在晚上 20:30 到次日 1:30。只不过由于世俗的偏见和部分同行的不法行为导致这一行业带有较重的社会负面印象。这一相对高收入的非正规就业群体通过资金、技能和人脉的累计,希望进行投资创业从而进化到更高层次的非正规就业或回归家庭结婚育儿享受劳动所得,有部分高收入的非正规就业者考虑回归正规就业,原因如前文所述。

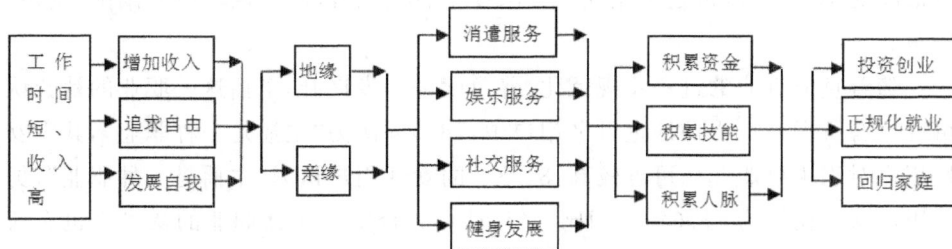

图 4-13　工作时间短、薪资收入高的从业者的职业发展路径

2016 年一份美国得克萨斯大学经济学教授的研究成果显示,女性越漂亮得到的年薪越多,并且可以有更加稳定的经济社会生活,女性之间存在着"美貌差别"。研究显示,他将女性的外貌美丽程度分为从 1 至 5 共五个级别进行评价后,对每个级别的女性的收入和职业进行追踪调查。结果表明,以美貌指数为 3 的女性为基准,美貌指数在 4 和 5 的女性比起普通女性来说收入要高 8% 以上,而美貌指数在 1 或 2 的女性则比平均值低 4%。该教授表示,如果长得漂亮,无论男性还是女性,都会对她们产生好印象,会对找工作等评价产生积极的影响,并且可以有相对安定的社会生活。并且,根据研究组追踪受调查者的职业后发现,一般相貌美丽的女性一般从事模特、秘书等一些专门性强的职位,而相貌平平的女性则大多从事店员、清扫等非专业性的工作。

2016 年已经过去 4 年,而人们总是习惯性地把 2016 年称作——"直播元年",那一年随着智能手机,4G 网络的普及,诞生了数千家直播平台,诞生了近 3.5 亿直播用户。移动直播随之普及,直播成为众多网民休闲娱乐、获取知识的一个重要途径。而在这一过程中,也有大量年轻人看到了直播带来的职业机遇,投身直播行业,从事了与直播相关的工作,如主播、公会运营等职业。

根据移动社交平台陌陌发布的《2019 主播职业报告》,通过对近万名移动网络用户,主播的抽样调查发现:33.6% 的 95 后每天看直播超 2 小时;近 8 成用户会为直播付费,24.1% 的职业主播月收入过万;11.8% 的 95 后主播为父母买房。

主播群体的年龄呈明显年轻化趋势。2019 年,受访主播中,有 33.4% 为职业主播,2018 年这一比例为 31%,2017 年仅为 27.6%。95 后主播中近半数为职业主播,职业主播占比为 49%,90 后主播中职业主播占比为 38.3%。2018 年 95 后职业主播占比为 45.6%,90 后职业主播占比 36%。从事主播这一职业的人群也具有明显的区域特征,北方职业主播远多于南方职业主播。职业主播占比最高的 10 个省区市是黑龙江、吉林、辽宁、重庆、甘肃、广西、天津、湖南、贵州、广东。

随着直播行业的进一步规范化,普及度进一步提升,主播这一职业的社会认可度也有所提升。受访的近万名用户中,78.5% 认为"主播是一种职业",其中女性用户对于主播职业认可度较高,81.8% 的女性用户认为"主播是一种职业",男性用户这一比例为 77.6%。同比上年,社会大众对于主播职业的认可度也有所提升,2018 年,认为"主播是一种职业"的用户占比为 73.4%。其中年纪越轻,收入越高,对于主播职业的认可度越高,84.5% 的 95 后认为"主播是一种职业",85 后、90 后均超过 8 成认为"主播是一种职业"。76.3% 5000 元月收入以下用户认为"主播是一种职业",月收入 5001～10000 元用户这一数据比例为 79.5％,月收入 10001～20000 元为 81.1％,82.4％月收入 20000 元以上用户认为"主播是一种职业"。

由于工作强度大、压力大,年纪较轻,受访主播中 69.5％为单身状态,79％的职业主播单身。主播表示,选择做主播最主要的三大原因为:时间自由;直播行业有发展前景;展现自我才华。而通过做主播获得最大的三大收获为:扩大社交圈;增长自信,实现自我成长;获得认同,实现自我价值。

尽管主播群体整体年纪较轻,但这一群体对于家庭却表现出了远超越同龄人的极强责任感。对于通过直播做的最有成就感的事情,8.8％受访主播表示通过直播积累收入为父母买房,其中 90 后、95 后家庭责任感更强,11.6％ 90 后主播表示为父母买房是从事直播职业完成的最有成就感的事情,95 后"为父母买房"的比例则为 11.8％。

根据淘宝公司公布的最新一期"淘布斯"排行榜显示,在淘宝上聚集了 160 万内容创业者,为平台卖家创造的价值达千亿元,很多主播也都从这里赚到了第一桶金,其收入来源主要是来自所推广店铺的佣金抽取。32 岁女主播薇娅(viya)2017 年以年收入 3000 万元、推动成交 7 亿元的成绩位列榜首,2018 年下半年薇娅做出了单场 1.5 亿元的销售。2019 年李佳琪横空出世,成为最出名的带货网红,他有着"口红一哥"的称号,在 2018 年双十一这一天,李佳琪跟马云在淘宝同步直播卖口红,李佳琪创造了 5 分钟就卖掉了 1.5 万支口红,5 个半小时带货 353 万元的成绩,创造了直播界的神话。而"淘布斯"前十的榜单,女性比例依旧占到了 9 成。2017 年底,淘宝内容生态形成包括:有好货、淘宝头条、微淘、必买清单在内的一系列内容矩阵,并为商家提供了短视频、直播、图文等内容形态的生产和分发工具。

2017 年腾讯研究院联合龙珠直播平台对全国 4500 多位主播进行问卷调查,显示"百播大战"下,直播行业"低门槛、低风险、回报高、名气高"等流传的特点,吸引着越来越多的人成为主播。据公开数据估计,映客、斗鱼、YY、龙珠等几大头部主播平台上,累计参与的主播规模已超过 350 万人。我国职业主播直播的内容主要包括体育、电竞、综艺、旅游、教育、美食、美妆、购物等,按照收入来划分,职业主播可以分为直播打赏类主播、直播电商类主播两大类。直播打赏类主播收入来源主要是签约费、粉丝打赏等,直播电商类主播收入来源主要是带货分成、自主电商销售等。2019 年上半年,我国主要直播平台中,产生收入的有效主播累计总收入达到 55 亿元以上,较 2018 年同期增长 19％,呈现快速增长态势,表明我国职业主播行业发展势头强劲。

随着主播这一群体规模的日益扩大,这一新兴网络职业的争议和纠纷也开始凸显。首先,是职业伦理性较弱。《中国法学大辞典·劳动法学卷》归纳出了职业的五大特点:经济性、连续/稳定性、社会性、伦理性和技术性。可以看到,当前主播的行业规范尚未形成体系,职业伦理性较弱。未来随着监管逐步规范化,这一特征有望得到满足。其次,是新型用工关系的争议。由于主播与组织签约大部分形成工作关系,并非传统意义上的劳动关系,因此属于新兴"自雇型"劳动者范畴。与分享经济的其他领域类似,对于这种新兴的用工关系还存在争议,平台责任界定模糊,主播的社会保障还处于灰色地带。未来如何既能保护新型用工关系下的主播权益,又能促进以新型用工关系为特征的直播等分享经济新业态健康发展,是仍有待探索的议题。

人民对美好生活的向往,就是我党的奋斗目标,也是我们的努力方向。个体参与休闲活动的一个重要动机就是享受天伦之乐,国人拥有强烈的工作责任感,有时会认为休闲是一种罪恶,因此休闲行业的就业经常带有负面印象。随着国人的经济收入提高、社会的不断进步和包容,人们自然会判断什么是有趣的和值得去追求的。在休闲行业的非正规就业者一直以来被认为从事灰色的、不体面的、不健康工作,会逐渐改善并得到认可,这也是一个社会进步的标志。

我们不应仅看到部分休闲行业非正规就业对社会就业环境带来的某些负面影响,没必要另设"灵活就业"名称来规避不体面的感受,也不需自作多情、替人喊冤式的认为非正规就业者迫于壁垒和歧视而挤入非正规就业,而应该看到它对低层次劳动者职业发展更多的是正面效应。城市休闲行业非正规就业应该是一个把农村低层次劳动力融合进高层次城市就业者和创业者的良好场景,应该通过规范化就业场所、积极创造舆论环境、有效引导和培育等方式,促进非正规就业者走向健康和可持续发展,为城市休闲行业发展、为国人日常休闲的改善提供人力和资源支撑。

### 【后案例】报告:全国外籍模特近万人,平均18岁日薪过万

人民网北,2018年8月15日电(记者 董菁)日前发布的国内首份外籍模特现状的调查报告显示,全国共有外籍模特约1万人,平均年龄18岁,日薪过万。报告由阿里内贸平台1688发布,数据来自对跨境货源市场10万供应商和近百万来自速卖通、亚马逊、wish等平台的跨境买家进行的抽样调查。

多数外籍模特为兼职,平均年龄18岁。调查显示,在近万名外籍模特队伍

中,3000人属于手持工作签证、签约经纪公司的职业模特,剩余7000人则主要是留学生、在华外国人等兼职业余模特。专业模特所持的工作签证90天,通常如同候鸟一般短暂中国停留后回国。尤其是在每年7—9月份,大批外模来到中国,这个时间段正是双十一、圣诞季和"黑五"电商备货摄影的高峰期。

调查显示,俄罗斯、乌克兰东欧等国家是国内外籍模特的主力,拉美地区、混血模特比例近两年显著提升。这些外籍模特年龄在16~20岁之间,平均年龄则为18岁。而这个数字在3年前还是20岁。消费主力人群的年轻化,使得商家在网拍模特风格选择上更加年轻化。时薪高达3000元,干满3个月可回国买房。调查显示,女性外籍模特的市场最大,男模十分稀缺,男女比例达到1:5。1/3的模特每天都有订单,1/3干一天休一天,剩下的很少有订单。五官、身材、气质、镜头感、年龄、肤色和国籍等都会影响模特身价。

图4-14　淘宝模特(淘女郎)主播

　　报告称,外籍模特都是按小时计费,时薪高达 1000～3000 元,一天工作 8 小时左右,日薪轻松破万。不少模特 3 个月回国就足以买套房。

　　杭州最受外籍模特欢迎,或与跨境电商有关。外籍模特通常在哪些城市出没? 调查显示,外籍模特已经不只在北上广飘,杭州成为外籍模特最集中的城市,厦门、重庆、成都、西安、天津、福州等都榜上有名。

　　近三五年来,杭州、深圳、厦门等地外模需求快速增长,市场也从过去展会需求转换为电商网拍为主。值得一提的是,外籍模特集中的地域与当地跨境电商的发展程度强相关。

# 第五章　外来女性的城市融入梦

## 【前案例】欢迎你！新广州人

2018-02-01 来源：南方都市报（深圳）

（南都讯，记者王道斌　实习生陈乐佳　通讯员来穗宣）经历了公示、最终名单公布，2017 年广州市积分入户工作终于进入到入户信息卡发放阶段。记者从广州市来穗人员服务管理局获悉，2 月 1 日起，2017 年广州市积分制入户人员信息卡开始发放，同步发放的还有《准予迁入证明》。本次积分入户确定了 6001 位入户人员名单，加上申请随迁的 9669 人，共有 15670 人通过积分制入户广州。

据悉，本次积分制入户借助"互联网＋"提升服务效能，通过网络数据信息对接建立积分制入户联合审核机制，1.5 万名入户人员可以迅速完成落户任务，在明年 5 月义务教育阶段学籍派放前，其中的适龄孩子可正常申请到广州的学籍。

获准入户资格的申请人本人携带身份证及"受理回执"或"收件回执"，于 2018 年 2 月 1 日至 2 月 7 日，前往原提交积分制入户申请受理窗口领取《广州市入户人员信息卡》及《准予迁入证明》。此外，获准入户资格的申请人回原户口所在地迁出户口后，登录广州金盾网（网址为：www.gzjd.gov.cn）点击"户政智能咨询引导平台"，或"广州公安"微信公众号点击"办事大厅"，进入户政业务智能咨询预约，预约"入户登记"事项。预约成功后，按照预约时间携带相关材料到拟入户地所在区公安分局办证中心办理相关入户手续即可（未开通预约服务的，请到现场取号办理）。

备注：2011 年 7 月 20 日，在广州市委九届十一次全会上，该市市长万庆良，建议用"新广州人"取代原有"农民工""打工仔""外来人员"等称呼，促使"新广州人"更好地融入广州、扎根广州。

社会融合研究源于欧美移民的社会排斥问题。2003年欧盟《社会融合联合报告》将社会融合定义为：确保具有风险和受到社会排斥的群体能够获得必要的机会和资源，使其全面参与经济、社会和文化生活，享受正常的生活和在他们居住的社会享受正常的社会福利，减少不同群体间的隔阂，不同身份背景能享受到平等、正常的权利和福利。社会融合主要用于解释移民在流入地社会面临的社会孤立与排斥的归因问题，围绕这个主题形成了人力资本归因论、社会资本归因论和制度归因论三种理论，其中，制度归因理论倾向于强调制度和政策对移民社会融入的限制作用。在我国，社会融合被广泛应用于分析包括农民工在内的城市流动人口的生存与发展问题。对于解释移民在流入地社会面临的社会孤立归因问题，我国学者尤其强调制度视角的分析，认为社会融合是指社会中某一特定人群，与社会主流群体公平公正地、同等地获取和享有经济、政治、公共服务等公共资源和社会福利的动态过程或状态，强调影响流动人口社会融合的诸要素都与制度有直接或间接的关联。大部分学者认为我国独特的社会体制结构、相关的制度安排以及具体的制度实践是决定包括农民工在内的流动人口城市融入的根本性因素。因此，户籍、教育和社保等制度的完善以及制度质量的提升对农民工社会融合有高度显著的正向影响。

我国流动人口社会融合是一个伴随着城镇化、工业化、信息化、农业现代化进程的一个不可逆转的趋势。流动人口的城市排斥与城市市民权利利益的不平等，是当前社会发展的突出矛盾，是推进新型城镇化需要破解的重大问题。习近平总书记指出，流动人口应当"享有民主政治权利"，使"优者有其荣"，让"外来务工人员在物质生活水平有所提高的同时，民主政治的参与程度和应有的社会政治地位也在不断提高"。"要加快推进户籍制度改革，完善城乡劳动者平等就业制度，逐步让农业转移人口在城镇进得来、住得下、融得进、能就业、可创业，维护好农民工合法权益，保障城乡劳动者平等就业权利"。

流动人口城市融入的过程和结果在很大程度上反映了他们所处的生存环境，也体现了他们在与流入地融合的过程中是否收到了公平的待遇，而更重要的是流动人口的城市融入情况对城市和谐稳定、经济发展有着至关重要的影响。但是由于城乡二元的社会经济结构、户籍制度壁垒、社会保障的差异以及流入地的排斥等问题，造成流动人口融入流入地的巨大阻碍，存在着诸多问题，这些问题也引起了国内学者的广泛关注，很多学者尝试使用不同的研究方法构建不同的测量标准对流动人口的城市融入情况进行研究。

在国际上，"人口迁移"这个概念常常被普遍的使用，但是"流动人口"这个说法则并未出现。可以说,流动人口是在我国特殊的国情和户籍制度下产生的一个特定概念。国内的学术界因为研究角度和研究对象的不同,对于流动人口的定义也没有形成统一的界定,主要有以下一些观点:段成荣(1999)认为:"人口流动是指人们超过一定时间长度、跨过一定空间范围,没有相应户口变动的空间位移过程。发生这种人口流动过程的人口即为流动人口。"这种观点考虑了人口在时间和空间上的特点,而且也强调了户口未发生改变这一特征,是一种被普遍认同的观点。何增科(2009)认为,流动人口"主要是指那些离开户籍所在地,在另一地区滞留、居住、从事各种活动的人口,其中绝大多数是从农村转移出来进城务工的富余劳动力"。他主要是从我国农村剩余劳动力进城务工的角度来对流动人口进行界定。翟振武(2006)则将时间和要素进一步具体化,将"流动人口"界定为"居住在本乡、镇、街道半年以上,户口在外乡、镇、街道,或在本乡、镇、街道居住不满半年,但离开户口所在地半年以上的人口,除去户口在本市区其他乡镇、街道的那部分人口"。而在关于区分"人口流动"和"人口迁移"两个概念的问题上,魏津生(1999)的分析较为详尽,他将迁移定义为:"发生在国内不同省区市或县(市、市辖区)之间的各类改变户口登记常住地的人口移动。"人口流动则是指"在不改变其户口登记常住地的条件下,到该常驻地所在的乡镇、街道范围以外的城市的现住地暂住的人口"。简单来讲,人口流动和迁移的区别在于人口在移动过程中户籍是否也随之而变动。

## 人口迁移的推-拉理论

推拉理论的根源是莱文斯坦(E. G. Ravenstein)于 1885 年所发表的《人口迁移之规律》(The Laws of Migration)中所提出的人口迁移的七条规律:

- 第一,人口迁移一般是短距离的且朝工商业发达的城市;
- 第二,流动人口先迁到城镇周边地带再向城镇内部迁居;
- 第三,全国各地的流动基本均遵循农村人口向城市集中的规律;
- 第四,每一次大的人口迁移也带来了作为补偿的反流向迁移;
- 第五,一般来说长距离的流动均是向大城市的流动;
- 第六,城市居民一般比农村居民流动率要低得多;
- 第七,女性流动率一般高于男性。

在莱文斯坦的基础上,巴格内(D. J. Bagne,1969)继而提炼概括出人口学上重要的宏观理论——推拉理论(Push and Pull Theory)。他认为,人口流动的目的是改善生活条件,流入地的那些有利于改善生活条件的因素就成为拉力,而流出地的不利的生活条件就是推力。人口流动就由这两股力量前拉后推所决定。理论的有二个假设前提:一是迁移行为是一种理性行为,迁移者作出迁移决定是为了追求物质利益的最大化。二是迁移者是在对迁出地与迁入地的成本收益进行比较的前提下作出的迁移决策。迁出地的推力主要指不利于在农村生活、生产的恶劣条件,包括耕地减少、存在剩余劳动力又无就业机会、基础设施条件差导致的生活水平低、收入水平低。这里所提到的将居民从居住地"推"到迁入地的因素只包括迁出地恶劣的生活、生产条件而不包括迁入地的好的条件的吸引。吸引迁出地居民到迁入地的拉力主要包括更高的收入水平、更多的就业机会、更好的生活条件、更加丰富多彩的城市生活等。当迁入地的拉力大于迁出地的推力时,迁移行为就会发生。

美国学者埃弗雷特·李(Everett S. Lee,1917—2007)是人口迁移动因理论的集大成者,他在 1966 年发表了《移民人口学之理论》(*A Theory of Migration*),在其中提出了更为系统的推拉理论。埃弗雷特·李给"移民"作的定义是:从一个地域跨越边境到达另一个地域的行为。对于"移民"这项活动,无论其距离长或短、其征途难或易,每项移民活动绝对具备的则是来源地、目的地以及其间的一系列障碍。若对各种因素与前三项相对应,则可分为与来源地相关的因素、与目的地相关的因素、中间障碍以及个人因素。埃弗雷特·李梳理出了完整的推-拉理论。他提出,无论在迁出地还是在迁入地都存在三种因素,即拉力、推力和中间障碍。第一,迁出地对迁移的人口同时存在着推力和拉力。迁出地的推力主要有自然资源匮乏、交通不便、收入水平低等;迁出地的拉力主要有熟悉的社会关系、安定的生活。第二,迁入地对迁移的人口也同时存在着推力和拉力。迁入地的拉力主要有更便捷的生活条件、更多的就业机会、更好的教育资源、医疗资源等,迁入地的推力主要是对陌生环境的不熟悉需要适应过程,不稳定的生活地点等。第三,在迁出地与迁入地之间存在着中间障碍,他所提到的中间障碍主要是指迁出地的交通状况、迁移费用等。

从我国情况来看,影响人口迁移的原因较为复杂,其中涉及区域环境、经济因素、社会文化等多元角度,国内也有很多文献对此作出解释。根据我们掌握的数据整理,我们认为国内人口迁徙与"推拉理论"中的部分规律相当符合,可以将人口迁移的"拉力"简要归结为以下三点,即经济因素、距离因素以及资源吸引力,其中经济因素是最关键的核心。总体上,中国省际间人口迁移流受到迁出地的推力作用弱于迁入地的拉力作用,大量调查表明中国人口迁移更大程度上是对迁入地的"向往"和"美好预期",进而追求福利的提高,而非对迁出地的"过度抱怨"。"世界很大,我想去看看"一定程度上也是人口迁移的真实写照。具体包括迁入地的就业机会、工资收入、发达经济地区带来的便利性等都是吸引落后地区人口迁移的原因,而迁出地"故乡"推动人口迁移的动力则不如迁入地的吸引力强,也就是说,待在"故土"生活会清贫一些,但是还不至于过不下去。况且随着西部大开发、东北振兴战略、乡村振兴战略的推进,"故土"的就业环境、生存环境也明显发生了改善,与东部、南部的大城市之间的差距在缩小。2015 年中国主要人口流入与流出省区市见图 5-1、图 5-2。

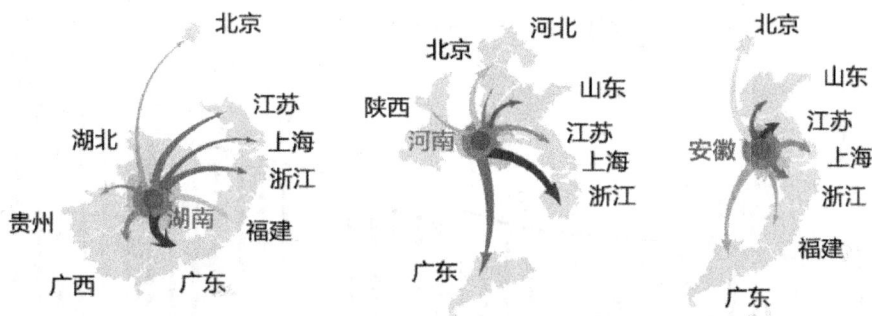

图 5-1　2015 年中国流出人口前三位省市(流向数据来源于百度和腾讯大数据)

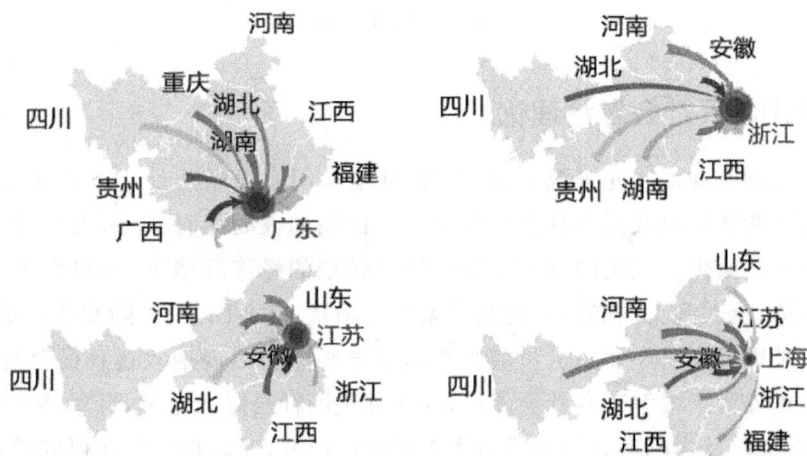

图 5-2　2015 年中国流入人口前四位省市(流向数据来源于百度和腾讯大数据)

随着区域间人口的大规模流动,2011 年,中国城镇化率达到 51.27%,城镇人口总量首次超过农村人口,但该统计口径下的城镇人口包括大量户籍在农村、居住在城市的农民工。近几年,从各个地区实际发展情况来看,人口跨地区流动更加活跃,城镇化进程差异凸显,经济规模和收入梯队已然形成。2018 年中国城镇人口达到 8.3 亿人,常住人口城镇化率达到 59.6%,进入城镇化中期。40 年来全国城镇人口翻了两番多,自 1996 年以来城镇人口增量长期高于总人口增量,而非城镇人口则一直保持负增长。城镇化率提升 10 个百分点所用的时间从过去的 15 年缩短至 7~8 年,城镇化进程不断加速(如图 5-3)。

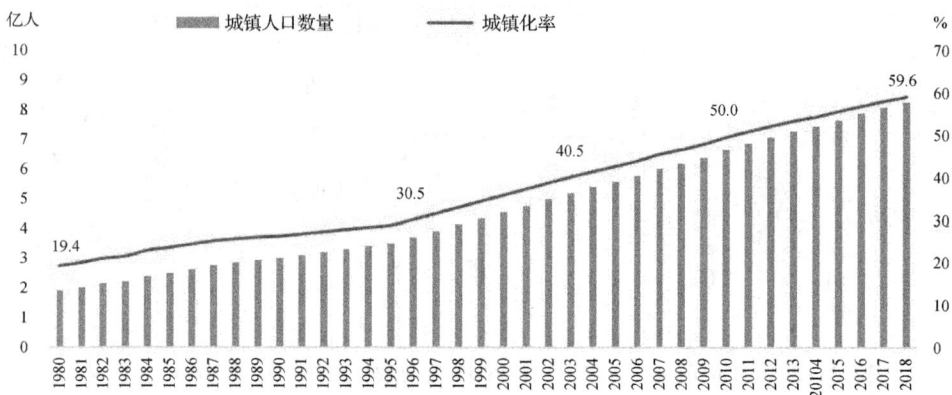

图 5-3　中国城镇化率

## 美国移民社会融合理论

社会融合理论起先来源于美国,19 世纪末期的美国正处于工业化、城镇化的飞速转变期间以及西方社会出现大量移民潮的大时代背景下,美国的社会融合理论就此诞生。在美国社会正处于快速转型的经济环境下,移民作为一个特殊的群体,流入到美国必然会遇到一系列的困扰:就业困难、人际交往困难、居住困难以及因不同民族、文化、价值观念的差异必然会出现融入过程的种种障碍。美国学术界为了缓解现有社会矛盾,加快移民的社会融入过程,针对移民的融入现状、特征以及影响融入因素进行了多层次的研究,所取得的学术研究成果传递到政府决策和执行层面,形成学术与政策的相互衔接和影响,为美国的移民社会融合理论成形提供了至关重要的条件。美国的社会融合理论研究过程中,产生的流派众多,其中三种影响较大的派系分别是:"同化论""多元文化论"和"区隔融合论"。

(1)经典融合理论(同化论)

融合论(Assimilation)作为社会科学领域的一个理论范式,最早可追溯到20世纪初美国芝加哥大学的社会学派。Park(1928)、Park 和 Burgess(1921)将融合定义为"个体或群体互相渗透(Interpenetration)、相互融合(Fusion)的过程,在这个过程中,通过共享历史和经验,相互获得对方的记忆、情感、态度,最终整合于一个共同的文化生活之中"。他们将融合过程和内容系统地区分为四种主要的互动:经济竞争、政治冲突、社会调节、文化融合。

Park 等学者将移民如何实现融合划分为两种途径、经历四个阶段。这两种途径就是:新移民适应非美国主流文化;另外则是移民与主流层面人群二者进行交流和沟通,这不仅是新的移民转化,同时也是主流社会容纳他们的过程。移民融合的过程则必须要经历四个阶段:接触、冲突、适应、融合。到20世纪中期,密尔顿·戈登(Milton Gordon)(1964)在 Park 等早期学者对融合论研究的基础上,进一步完善了移民社会融合思想体系,把融合的过程划为七个方面,即文化和行为的同化、社会结构的相互深入或融合、族群间通婚、族群意识或身份认同的融合、意识中族群偏见的消失、族群间歧视行为的消除以及公共事务的融合。这七个阶段比较全面而细致地概括了族群间的不同层次的关系,涉及文化、行为、经济、社会、政治、身份等维度。在社会融合研究领域,"七阶段论"具有里程碑式的意义,也为此后的研究提供了指导。戈登的移民融合论是从少数族裔与主流社会融合的视角进行阶段划分的,他认为之所以能够实现融合是由于主流社会与移民共同努力的结果,它涵盖了融合的内涵,也透漏出融合的部分原因。戈登还将美国社会的族群关系的发展分为三个阶段:盎格鲁一统阶段、大熔炉阶段和文化多元主义阶段。

美国移民按时间线的来源及数量,如图 5-4 所示。很明显,有两波。第一波的高峰1909年,主要由欧洲人组成的。第一波后有段时间几乎没有移民,因为那时美国国会通过了严格限制移民的政策(也就是美国总统特朗普想重复实行的限制)。第二波是1960年代到2009年,主要由墨西哥人、中美洲人、南美洲人组成的。2009年移民潮所下降的原因不是限制政策,而是经济危机。经济危机后,美国对墨西哥及南美各国等地方的人的吸引力降低了很多。

但是,自20世纪60年代以来,由于族群差异的持续存在、移民后代融合模式的多样性,经典的融合理论对新移民与移民后代的融合过程显得不再那么具有解释力,并因此遭到了激烈的学术批评。与此同时,美国作为"文化大熔炉"社会的理念也一再受到挑战。批评者认为,经典融合理论暗含着对少数族群在文

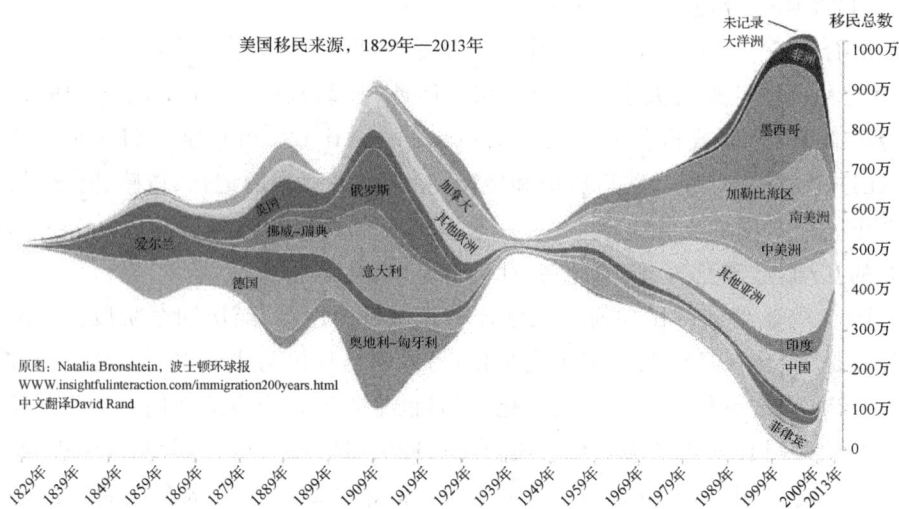

图 5-4　美国移民来源(1829—2013)

化与族群认同上的强加。而且,经典融合理论不考虑移民不同的族群文化、成长经历和社会经济背景的差异,而一概认为"整合到主流社会"是所有移民的最终归宿。这种绝对化、必然性的预测与现实生活并不完全吻合。在这样的背景下,各种替代理论日渐兴起。

(2)多元文化论

与认为移民终将放弃自己的传统文化以适应主流社会的融合论不同,多元文化论(Pluralism or Multiculturalism)用来形容多民族、多文化、多语言的社会。该理论源于 20 世纪四五十年代的美国,并逐渐在美国、加拿大、澳大利亚等以英语移民及其后裔构成主体民族的国家广泛传播。"多元文化"理论是在批评经典融合理论中"熔炉论"观点的基础上产生的。多元文化主义的经典论述来自于哈里斯·卡伦(Kallen H. M.)。卡伦在 1915 年的《国家》杂志发表《民主和熔炉》(Democracy Versus The Melting-Pot),此后又在《美国的文化与民主》中进一步予以论述。卡伦认为,主流的所谓"美国化"或者盎格鲁-撒克逊化一统模式乃至大熔炉理论,并不完全符合社会现实。每一个移民族群,都具有保持其自身文化传统、生活习惯、宗教态度、公共制度等倾向。卡伦提出:作为一个联邦国家,美国不应该只是疆域和行政上的统一,而且应该是多样性文化的融合;尊重族群文化差异、保持文化多样性,会更有利于美国的国家巩固。因此,要倡导"统一体中的多样性"。

多元文化论是与同化论对立的,它强调不同种族、不同群体以及群体之间文化、语言的多样性,实现移民融合不是以牺牲某一种族文化为代价,并认为:美国文化就像拼凑的"马赛克"由不同部分构成,每个成分都有自己的作用。多元文化论强调在大社会融合背景下,不同族群或群体之间应享有保持差距的权利,但因那时美国实行移民熔炉政策,这种论点当时并没有得到认可。直到随着后期文化多元主义运动的兴起,多元文化论才逐渐被多数国家和种族所普遍认同,逐渐形成成熟的思想理论基础。文化多元论的出现并不是巧合,而是随着社会多元化、经济全球化以及人口流动的频繁化多因素综合作用的背景下,在美国这个移民国家中出现,以关注包括国际移民在内的弱势群体为主旨思想的民主主义文化思潮。该理论强调融入是群体与群体间的交互作用、交流与沟通,最终实现融入主流社会,强调每个个体拥有权利的均等性。总而言之,融合论强调弱势群体通过被动式的逐渐放弃自己原持有的行为和价值观念,接受主流社会这个大熔炉社会对自身价值观念的重新塑造;而多元文化论强调不同种群、不同阶层之间的相互适应性,重视文化的多样性、参与者权利的平等性。这两种理论流派对后期移民社会融合研究视角和测量维度的选取具有里程碑式的指导意义。

(3)区隔融合论

20世纪60年代以后,学术界在经验研究中发现:不同移民群体的融合状态与融合水平并不是一致的,而是存在差异的;而且,根据移民的不同族群和阶级地位,社会融合过程是有区隔的。"区隔融理论"正是在这一背景下诞生的,旨在对经典融合理论的单一融合模式进行修正和拓展,从而有效解释变化了的社会现实。

区隔融合论(Segmented Assimilation)的特点在于对不同移民群体的自身特征、文化背景、结构位置等差异性的充分重视。这一理论认为,制度因素确实可能是移民融合的重要动因,但人力资本和社会资本也往往也在其中扮演重要作用。移民的人力资本(比如教育、技能等)会影响到他们的融合经历与融合模式。此外,迁入地的公共政策和社会成员表现出来的社会态度,对融合的过程及结果也会产生重要的影响。而且,移民融合的模式还广泛存在着代际差异。由于移民后代的生活经历与社会环境不同,其经济社会融合的过程与结果和上一代相比会出现许多不同的特征。因此,经典融合理论在解释移民后代融合过程方面缺乏理论效度。在这样的背景下,一些学者提出,移民后代的基本融合模式是"区隔性融合",即只是在某些方面融合到迁入地的主流社会中。

区隔融合论指出,当代移民融合的结果是多样化的,大致可分为三种:

第一种是"融合于主流社会"。这类似于经典融合理论的观点,主要人群是受过良好教育的移民及其后代。第二种是"融合于城市贫困文化"。一些移民人力资本偏低,在劳动力市场缺乏竞争力,经济收入与生活机会受到限制,因此无法融入主流社会中,而只能委身于贫困亚社会。第三种是"选择性融合"。还有一些移民群体一方面全力实现其社会经济地位的向上流动,另一方面却并不希望全方位融入迁入地社会,而是选择在某些方面继续保留族群印记(尤其是对文化传统的保留),并且也获得了较好的融合状态。此外,区隔融合论还特别关注的是"向下融合"的潜在问题以及富有弹性的族群文化对这些潜在问题的预防。一方面,族群和阶层隔离可能会导致移民失业及其子女辍学等问题,从而阻断他们向上流动的渠道。另一方面,有的移民群体会通过保持极强的族群认同、向移民提供网络和社区资源、坚守向上流动的宗旨,从而为移民及其后代提供经济和社会机会。这一理论为当代移民及其后代如何融入迁入地社会以及融合过程所带来的不同后果提供了支撑。

## 国内的流动人口理论框架

类似的,在国内,流动人口的社会经济特征及思维观念、流入地的宏观背景、社会政策与经济制度、流入地居民对待外来人口的态度和行为等多方面因素决定了流动人口在进入城镇地区后,面临着一系列的挑战。挑战与适应的过程也就是融入的过程。融入是一个综合性、系统性、富有挑战性的概念,具有多个维度或多重意义。考虑到国际移民社会融合的研究思路和理论,兼顾国内流动人口社会融入的研究成果及我国流动人口面临的特殊社会问题,一些学者对流动人口的社会融合提出了多种假说。

其一,再社会化说(田凯,1995)。该理论强调三个层面的社会融合:经济、社会、心理或文化。它认为,流动人口适应城市生活的过程实际上是再社会化的过程,必须具备三个基本条件:相对稳定的职业、像样的经济收入及社会地位。这些条件使流动人口与当地人的接触、交往、参与流入地的社会生活成为可能,并促进他们接受新的、与当地人相同的价值观。

其二,新二元关系说(马西恒,2001)。新移民与城市社区的"二元关系"从相互隔离、排斥和对立转向一种理性、兼容、合作的"新二元关系"。其间需要经历"二元社区""敦睦他者"和"同质认同"三个阶段。"敦睦他者"是介于隔离与认同之间的中间环节,也是新移民与城市社会融合的关键阶段。

其三,融合递进说(张文宏、雷开春,2008;朱力,2002)。学者大都主张,流动人口在流入地的社会融合包括多个层面:经济融合、社会融合和心理或文化融合等,且各层面之间存在递进关系。然而,具体到谁先谁后问题时,学者的看法却极不一致,递进的方向甚至刚好相反。

其四,四维度互动说(杨菊华,2009)。认为融入至少包含四个维度:经济整合(Economic Integration)、文化接纳(Cultural Acceptance)、行为适应(Behavioral Adaptation or Adjustment)、身份认同(Identity of the Mainstream Society)。它们之间既存在一定的递进关系,也相互交融,互为依存。这四个维度构成复杂的融入体系(如图5-5),从四个维度分布排列的先后顺序可以看出,经济整合、文化接纳、行为适应和身份认同之间存在一定的递进关系:流动者在流入地的社会融入始于经济整合,经过文化接纳、行为适应、最后达到身份认同的境界。然而,这四类融入并非仅有简单的线性关系。它们同时开始,但进程却未必同步。其间的双向箭头表明,它们之间的依存关系和互动关系更值得关注。

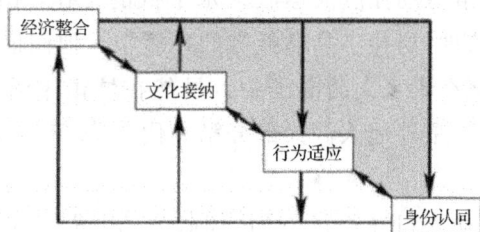

图 5-5　中国乡—城流动人口在流入地社会融入的理论模式

注:粗细不同的线段将社会融入的四个元素联系起来。其中,粗线段表示相对较强的关系,细线段表示相对较弱的关系。概而言之,对角线右上方的关系强于对角线左下方的关系。

构建融入的理论框架并不意味着所有流动人口都能实现融入的愿望、达到融入的目的。上述社会融入框架只是一种普适模式,因流动人口的背景和经历而略有不同。对部分人群来说,在经历了初期的隔离、文化震荡后,流动人口可能透过工作环境、学校、社区认识并逐渐接受主流社会的文化和价值观,同时改变和调适自己,配合主流社会的生活方式,并在其中的某(几)个维度实现融入;另一部分人可能拥有先天的优势(如:包容开放的心态、很强的语言能力、良好的教育程度、优秀的职业技能等),他们能在较短时间成功融入流入地的主流社会,并有能力同时保存自己的文化传统;还有一部分人可能到最后也未能融入到流入地的主流社会中,他们可能始终停留于某个阶段,一直过着隔离的生活。

表 5-1　流动人口的五种融入模式

| | 经济整合 | | 文化接纳 | | 行为适应 | | 身份认同 | |
|---|---|---|---|---|---|---|---|---|
| | 高 | 低 | 高 | 低 | 高 | 低 | 高 | 低 |
| 隔离型 | | ✓ | | ✓ | | ✓ | | ✓ |
| 多元型 | ✓ | | | ✓ | | ✓ | | ✓ |
| 融入型 | ✓ | | ✓ | | ✓ | | ✓ | |
| 选择型 | ✓ | | ✓ | | ✓ | | | ✓ |
| 融合型 | ✓ | | ✓ | | | | ✓ | |

　　参照流动人口在经济、文化、行为、身份等方面的适应程度,流动人口在流入地的社会融入结果有五种模式:隔离型、多元型、融入型、选择型、融合型。

　　(1)隔离型。流动人口在经济整合、文化接纳、行为适应、身份认同等方面皆显现较低的取向,基本未能融入当地社会中,成为一种边缘人。比如,他们缺乏公平的就业机会、从事劳动强度大但收入水平低的工作、无缘基本的社会保障、得不到应有的职业培训、居住于品质低劣的环境中。他们依旧讲着家乡的方言,日常生活仍主要围绕在家乡人的圈子中。虽然在城镇生活了多年,但却依旧被当作外地人、也自认为是外地人。大部分第一代乡-城流动人口可能自始至终都属于这一类型。

　　(2)多元型。流动人口在经济方面(如收入、消费)实现与流入地居民的整合,但在其他方面(语言、社交、饮食偏好)保持自己的特色与传统。多元文化论者赞成社会应具有文化多样性并应受到保护,如流入者的语言、生活方式等。多元社会的理想是互相认同、欣赏对方的文化特色,构成各自的多元社会。

　　(3)融入型。流动人口在经济、文化、行为、身份认同等四个方面基本成功地融入目的地的主流社会。它与隔离型恰恰相反,在社会融入的四个维度都显现出较高的取向。很少第一代乡-城流动人口能达到四个维度的全面融入。事实上,对许多第一代流动人口来说,他们流动的主要目的之一是为第二代创造更好的融入条件。

　　(4)选择型。流动人口在劳动就业、经济收入、社会福利等方面可能与当地人群并无明显二致,其行为举止也符合目的地的规范要求,但在文化方面却既接受流入地的文化,也保留自己的文化传统与特色,二者兼具,且在身份认同方面与自己的家乡更为亲近、保持着与流入地的心理距离。选择型融入属于区隔融合理论中的最高层次。

(5)融合型。流动人口整合到流入地的主流经济体系中,在其他方面与流入地人群相互接纳、相互渗透、彼此适应、共同生存,达到融合的境界。因此,他们既保留自己的文化,也接纳流入地的文化;既按照流入地的规范行事,也在人际交往等方面维系家乡人的圈子;既落地生根,也不忘本失根。在这个阶段,流动人口与本地人口有着积极的互动。他们相互容忍各自不同的生活方式、语言风俗;他们也相互竞争、发生冲突。这个层面的融合与"多元文化论"不同,它强调的是相互渗透与交融,且流动人口的传统与文化构成是主流社会文化体系和行为的来源之一,而多元型是相互欣赏、缺乏交融。

## 社会融入指标体系与测量

戈登(Milton Gordon,1964)在研究美国的族群融合问题时,所提出的社会融合是理解与描述个体与族群、不同的代际在融入主流社会过程中的最佳途径。他提出 7 个层面来综合测量移民的文化适应与社会融合:

● 文化或行为的同化(Acculturation)。事实上,文化同化并不仅仅是语言的问题,而且还包括情绪表达与个人的价值观。

● 社会结构的相互渗入或融合( Structural Assimilation)是指与本地小圈子之间的交往。如果结构融合了,那么同化自然就形成了。结构融合是融合进程成熟度的重要指标。

● 族群间通婚(Amalgamation)。

● 族群意识或身份认同的融合(Identification Assimilation)。

● 意识中族群偏见的消除(Absence of Prejudice)。

● 族群间经济、就业、教育等领域歧视行为的消除(Absence of Discrimination)。

● 公共事务的融合(Civic Assimilation)。

但对于戈登融合理论,批评者指出了其中的几个问题:文化融合方面,该理论是相对静止的,具有较强的同质性;结构同化方面,存在着适用层次问题,即适用于个体层次,还是群体层次。因为个体层次融合以后,群体之间的歧视或偏见仍然存在( Alba 和 Nee,1997);在结构同化方面,戈登是从两个种族的角度出发,但现在的美国社会却是多种族国家。因此,这种由二元民族现状产生的理论是否仍然适用于多元民族还不得而知。另外,职业与经济是社会经济融合的主要维度,却未被戈登所强调。

关于流动人口社会融合的测度问题,戈登最早提出移民融合的"结构一文化"融合模型,继而海克曼(Heckman)提出首先从经济方面入手以经济状况作为融合评估的核心指标,1990 年以后,学者们相继提出了移民融合的多维度指标。梁波等(2010)将西方社会融合理论综合为三类:以戈登为代表的"二维"模型(结构性和文化性)、杨格-塔斯(J. Junger-Tas)等人为代表的"三维"模型(结构性融入、社会-文化性融入、基于法律面前人人平等原则的政治-合法性融入)、恩泽格尔(H. Entzinger)等人为代表的"四维度"模型(社会经济融入、政治融入、文化融入、主体社会对移民的接纳或拒斥等)。其中,四维度模型如图 5-6 所示。

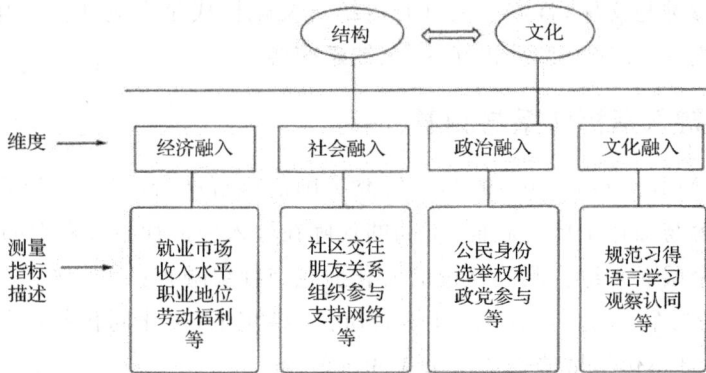

图 5-6　梁波等(2010)总结的"四维度"模型

风笑天(2004)从经济、心理、环境、生活 4 个维度,用 9 个指标测量了三峡移民在迁入地的融入状况。杨黎源(2007)认为,邻里关系、工友关系、困难互助、社区管理、风俗习惯、联姻结亲、安全感、定居选择等 8 个视角是分析流动人口社会融入的切入点。张文宏、雷开春(2008)借鉴国外移民研究的经验,结合中国的具体情况,采用探索性因子分析法,利用 14 个主观和客观指标考察了上海地区的城市新移民社会融合结构,包括本地语言掌握程度、熟悉本地风俗程度、接受本地价值观念的程度、职业稳定程度、亲属相伴人数、本地户籍状况、本地人身份认同程度、社会交往范围、社会心理距离、日常交往人数、社会满意度、职业满意度、住房满意度、添置房产意愿。王桂新等(2008)主张,流动人口在流入地的社会融合包括心理、身份、文化和经济等因素。他们进而从住房类型及住所生活设施分析农民工住房条件的市民化;从工作状态及职业类型分析经济生活的市民化;从农民工在上海的交往网络、子女的交往对象及单位的参与活动分析社会关系的市民化;从对流入地的感情等多个参数分析心理认同的市民化(见表 5-2)。

**表 5-2　社会融合的测量维度**

| 田凯（1995） | 相对稳定的职业、经济收入及社会地位、生活方式、社会交往、社会参与 |
|---|---|
| 朱力（2002） | 经济、社会和心理或文化层面 |
| 风笑天（2004） | 经济、心理、环境、生活等 4 个维度（杨菊华的总结）<br>家庭经济、日常生活、与当地居民的关系、生产劳动、社区认同等 5 个维度（张文宏等的总结） |
| 张继焦（2004） | 对城市生活的感觉、经济生活、生活方式、社会交往、恋爱婚姻 |
| 杨黎源（2007） | 风俗习惯、婚姻关系、工友关系、邻里关系、困难互助、社区管理、定居选择及安全感等 8 个方面 |
| 童星、马西恒（2008） | "二元社区""敦睦他者"和"同质认同" |
| 张文宏等（2008） | 心理、文化、身份和经济 |
| 王桂新等（2008） | 心理、身份、文化和经济 |
| 杨菊华（2009,2010） | 经济、文化、行为、身份（提出了具体的测量指标） |

杨菊华（2010）给出的指标体系（如图 5-7 所示），社会融入指标体系由三级因素构成。第一层：4 个维度，即经济整合、行为适应、文化接纳、身份认同；第二层：16 个指标，分别属于每个维度；第三层：具体变量。其中，附属于各指标的变量反映了各自的潜在决定因素；同样，附属于各维度的指标反映了一个更高层次的潜在变量；这些维度最终反映出流动人口社会融入的总体状况。

（1）经济整合是指流动人口在流入地经济结构方面面临的挑战及在劳动就业、职业声望、工作条件、经济收入、社会福利、居住环境、教育培训等方面的融入情况，是个体经济地位的综合反映。这七个方面即经济整合的具体指标，每个指标由多个变量或属性构成。

（2）行为适应是流动者在流入地融入与否及融入程度的显性指标，是指流动者不仅理念上认同，而且行为上也按照流入地认可的规矩和习俗办事，实践着流入地认可的行为规范，言行举止向当地人靠拢。人际交往、生活习惯、婚育行为、人文举止、社区参与等都是衡量行为适应的可行指标。

（3）文化接纳是社会融入的隐性维度。成年乡-城流动者在流出前多已完成社会化过程；进入目的地后，他们面临再社会化过程。认可、接纳流入地的文化需要较长时间，且年龄越长，时间越长。文化接纳受制于经济整合和行为适应程度，反过来又加速或阻碍流动者在流入地的经济融入和行为适应过程。当然，经

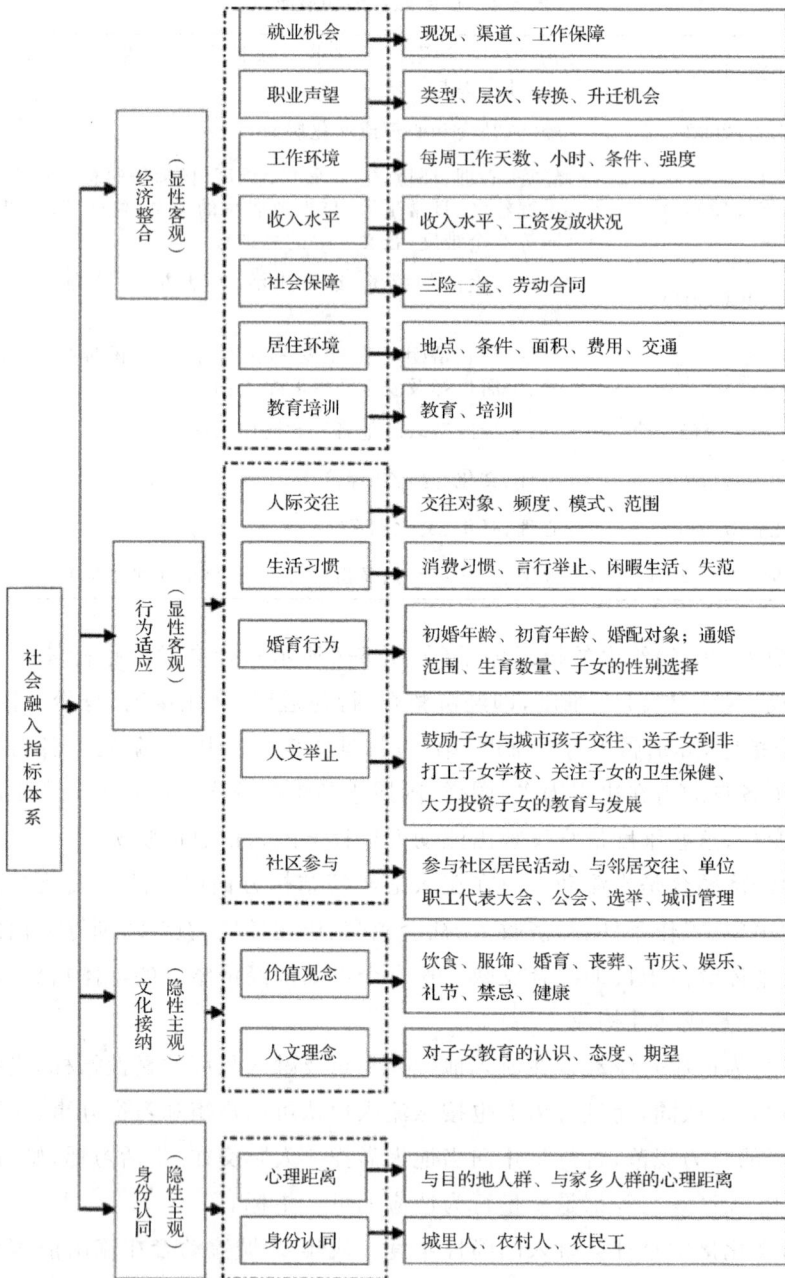

| | | |
|---|---|---|
| **社会融入指标体系** | **（显性客观）经济整合** | 就业机会 → 现况、渠道、工作保障 |
| | | 职业声望 → 类型、层次、转换、升迁机会 |
| | | 工作环境 → 每周工作天数、小时、条件、强度 |
| | | 收入水平 → 收入水平、工资发放状况 |
| | | 社会保障 → 三险一金、劳动合同 |
| | | 居住环境 → 地点、条件、面积、费用、交通 |
| | | 教育培训 → 教育、培训 |
| | **（显性客观）行为适应** | 人际交往 → 交往对象、频度、模式、范围 |
| | | 生活习惯 → 消费习惯、言行举止、闲暇生活、失范 |
| | | 婚育行为 → 初婚年龄、初育年龄、婚配对象；通婚范围、生育数量、子女的性别选择 |
| | | 人文举止 → 鼓励子女与城市孩子交往、送子女到非打工子女学校、关注子女的卫生保健、大力投资子女的教育与发展 |
| | | 社区参与 → 参与社区居民活动、与邻居交往、单位职工代表大会、公会、选举、城市管理 |
| | **（隐性主观）文化接纳** | 价值观念 → 饮食、服饰、婚育、丧葬、节庆、娱乐、礼节、禁忌、健康 |
| | | 人文理念 → 对子女教育的认识、态度、期望 |
| | **（隐性主观）身份认同** | 心理距离 → 与目的地人群、与家乡人群的心理距离 |
| | | 身份认同 → 城里人、农村人、农民工 |

图 5-7　社会融合指标体系（杨菊华）

济融入未必带来文化接纳,文化接纳与行为适应之间也存在时滞甚至背离现象,即文化上不接纳并不一定表明行为上不遵从,反之亦然。

(4)身份认同是指流动者与本地人及家乡人之间的心理距离、归属感及对自己是谁、从何处来、将去往何处的思考及认知,主要包括心理距离、身份认同等主观指标。其中,心理距离是指流动人口与目的地人群的距离感、对家乡的依恋程度,在排除客观因素后是否从心理上打算回到家乡。如果流动者对流入地产生了较深的感情,愿意与当地人交朋友,认为当地人对待自己就像对待其他城里人一样的友善和愿意提供帮助,认为自己的社会地位与当地人差不多,希望成为流入地居民,与家乡的联系越来越淡,对家乡的依恋越来越弱,则表明他们在心理上基本融入了流入地社会,反之亦然。

经济整合(融合)是流动人口立足流入地的前提和保障,是社会融合中最为基本的;身份认同(心理融合)是流动人口在城市社会融合的最高境界,是真正实现社会融合的标志;这四个维度间存在作用和反作用,但并不存在递进关系,各个维度可同时独立发展;经济融合可以推动行为与社会关系融合,进而促进文化融合,最后实现心理融合,而心理融合又会反过来促进经济融合、行为与社会关系融合和文化融合。

可见,社会融入涉及经济、行为、文化、身份或心理等多个维度,每个维度涵盖若干具体指标,每个指标又包含数个可以直接测量的变量。凡与价值观念、心理满意度、身份认同感有关的测量主要是主观指标,而与经济融入、行为适应有关的则多为客观指标。

杨菊华(2015)通过对2013年流动人口社会融合个人数据和社区数据的分析,得出:以经济整合、社会适应、文化习得和心理认同四个维度测量,发现流动人口的总体社会融入水平一般,且各维度的融入状况差别较大,制度约束和结构排斥使得经济和社会方面的融入进程严重滞后于文化和心理方面的融入,凸显融入的差异性;乡—城流动人口的融入水平不如城—城流动人口的融入水平,表现出融入的分层性;良好的社区服务与接纳环境可有效推进融入进程,凸显融入的社区依赖性;流入地和流出地以及流动人口和本地市民的联接影响流动人口的融入进程,凸显融入的互动性。推进融入既需要个人的努力,更需要消除歧视、排斥的制度障碍,以营造良好的制度环境和社区氛围。

周皓(2012)认为在构建测量指标体系时所用的概念与变量应有较高的效度和简约性,且要与理论相对应。社会融合包括经济融合、文化适应、社会适应、结构融合和身份认同这五个维度。

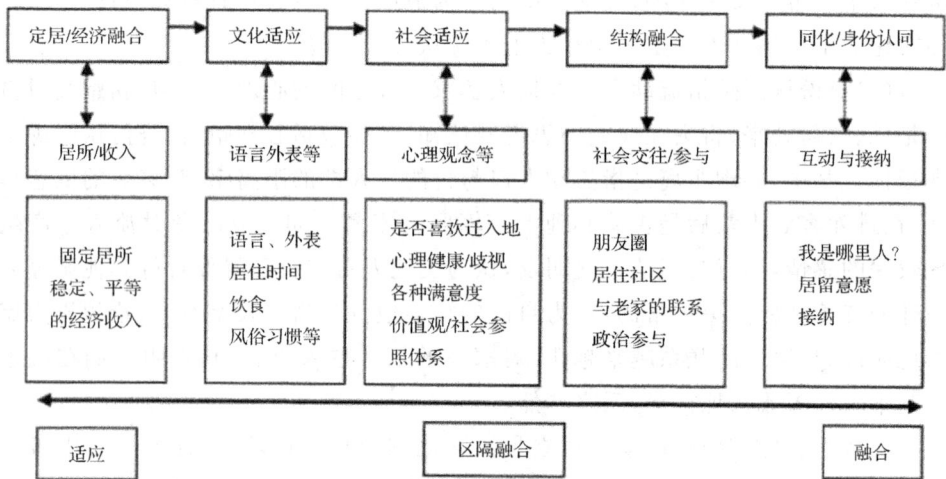

图 5-8 社会融合的测量指标体系(周皓,2012)

诸萍(2018)利用 2014 年动态检测数据对嘉兴市流动人口的社会融合进行测量后发现,就总体而言,嘉兴市流动人口社会融合程度较低,尤其是在文化维度和社会关系维度上,核心城区高于周边县市。分人群来看,男性、非农户口、在婚、受教育程度较高、年龄介于 31～40 岁的流动人口能更好地融入嘉兴本地的社会生活;嘉兴市流动人口社会融合障碍主要表现为社会保障水平偏低、就业质量较差、社会参与程度低下以及缺乏归属感和认同感。对比各维度的融合指数,经济融合指数最高,心理融合得分其次,社会关系融合指数更次之,文化融合的分值是最低的,这四个维度并不存在明显的递进关系。经济融合是流动人口融入社会最基本、同时也是最容易实现的融合状态。通过提升就业身份,提高收入水平,购买社会保险,改善住房条件,流动人口可以通过个人的拼搏在流入地实现同本地居民相同的生活水平,满足其最基本的生存需求。相比之下,社会关系的融合则复杂得多,而影响人群之间相处的更为根本、更深层次的因素,则是群体间的文化差异。通常情况下,心理融合被视为流动人口在城市社会融合的最高境界,较难以实现,相较于大城市、特大城市而言,中小城市由于其生活成本较低、生活压力较小,因而更能接纳流动人口。

依据党中央、国务院及相关部委出台的促进流动人口社会融合的相关文件,结合 2018 年中国城市流动人口社会融合评估数据库,肖子华、徐水源、刘金伟(2019)构建了包括政治融合、经济融合、公共服务融合和心理文化融合 4 个维度、15 个一级指标、34 个二级指标的评估指标体系,如表 5-3 所示。对全国 50 个人口主要流入地城市的社会融合状况进行了评估。获得以下主要结论:(1)总体融合状况。流动人口社会融合工作取得积极进展,但总体融合水平不高,不同类型的城市分化明显,流动人口社会融合不同维度之间差异显著,公共服务融合表现最好,经济融合和心理文化融合得分较低。(2)政治融合状况。东部地区特大城市流动人口政治融合难度大,制度性因素是流动人口获得市民身份、平等社会权利和政治参与的主要障碍。(3)经济融合状况。东、中、西部区域差距大,过高的房价、低水平的消费和劳动保护不足,使流动人口的经济融合还处于初级水平。(5)公共服务融合状况。总体水平较高,应重点关注流动人口随迁子女的学前教育和高中阶段教育,提高育龄妇女的孕优服务和就业人口的社会保障水平。

**表 5-3　城市流动人口社会融合评估指标体系**

| 维度 | 一级指标 | 二级指标 | 维度 | 一级指标 | 二级指标 |
|---|---|---|---|---|---|
| 政治融合(15%) | (1) 市民身份(3.75%) | (1) 户籍开放程度(1.875%)<br>(2) 年度外地人口落户的比例(1.875%) | 经济融合(30%) | (4) 就业权利(10%) | (9) 就业率(2.5%)<br>(10) 连续就业时间(2.5%)<br>(11) 职业结构(2.5%)<br>(12) 劳动合同签订比例(2.5%) |
| | (2) 制度保障(7.5%) | (3) 住房保障政策(1.875%)<br>(4) 公共卫生政策(1.875%)<br>(5) 异地就医政策(1.875%)<br>(6) 异地中考政策(1.875%) | | (5) 收入支出(10%) | (13) 收入水平(5%)<br>(14) 消费水平(5%)<br>(15) 房租收入比(5%) |
| | (3) 政治参与(3.75%) | (7) 参与选举(1.875%)<br>(8) 参与民主管理(1.875%) | | (6) 住房状况(10%) | (16) 参加住房公积金的比例(5%) |

| 维度 | 一级指标 | 二级指标 | 维度 | 一级指标 | 二级指标 |
|---|---|---|---|---|---|
| 公共服务融合(40%) | (7) 卫生计生(13.33%) | (17) 儿童计划免疫(3.33%)<br>(18) 孕产妇服务(3.33%)<br>(19) 免费孕优(3.33%)<br>(20) 计划生育技术服务(3.33%) | 心理文化融合(15%) | (10) 认同感(2.5%) | (29) 愿意成为本地居民的比例(2.5%) |
| | | | | (11) 归属感(2.5%) | (30) 主动融入当地社会的比例(2.5%) |
| | (8) 基础教育(13.33%) | (21) 随迁子女学前教育阶段在学比例(3.33%)<br>(22) 随迁子女义务教育阶段在学比例(3.33%)<br>(23) 随迁子女高中教育阶段在学比例(3.33%)<br>(24) 随迁子女义务教育阶段读公立学校的比例(3.33%) | | (12) 幸福感(2.5%) | (31) 个人主观幸福感(2.5%) |
| | | | | (13) 社区参与(2.5%) | (32) 社区参与度(2.5%) |
| | (9) 社会保险(13.33%) | (25) 失业保险(3.33%)<br>(26) 养老保险(3.33%)<br>(27) 医疗保险(3.33%)<br>(28) 工伤保险(3.33%) | | (14) 生活习俗(2.5%) | (33) 休闲活动(2.5%) |
| | | | | (15) 社会网络(2.5%) | (34) 交往圈子(2.5%) |

(6)心理文化融合状况。城市规模越大流动人口心理文化融合程度越好,东北地区具有比较优势,流动人口在流入地缺少归属感,认同感和幸福感比较低。(7)存在的问题。当前我国流动人口社会融合仍面临着制度性障碍、低水平就业、低社会保障以及流动人口的留城意愿与国家战略导向出现偏差等问题。

## 梦想缘何难成真

流动人口进城是为了更好的生活,享受更好的福利。但是,对于他们中的大多数人而言,这种朴素的期望在"理想向左现实向右"的情景下,在"理想很丰满,现实很骨感"的环境中,却难以实现。

具体而言,涨薪梦、安居梦、保障梦、子女求学梦以及最终的融入梦是萦绕在流动人口心头的五大梦想。但是多种研究表明,个体在逐梦过程中遭遇各种制度性、结构性和资源禀赋困厄。杨菊华在《中国流动人口的城市逐梦》(2018)一书中,谈到梦想缘何难成真时认为,涨薪(赚钱)梦渐行渐远,流动人口的收入较之本地人差距明显;安居梦群体差异凸显,乡-城流动人口处于极端劣势;保障梦缓慢前行,医疗、养老、实业保险比例一直在较低水平;子女求学梦亦近亦远,流动儿童的入园率比留守儿童高,但是之后未能完成义务教育的比例也融入梦超过留守儿童;最终在"融入于人"和"融入于地"方面呈梯次减弱。并发现,来自农村者,逐梦之旅更坎坷;省外来源的,逐梦旅程更遥远;居留时间较短者,逐梦之途更艰难;单人(相对于家庭流动)流动者,梦想之途更崎岖;年轻者,梦想旅程更漫长;受教育程度较低者,梦想成真更困难;雇主、自雇和家庭帮工与本地市民收入差距最小。

梦想缘何难成真?梦想人人皆有,但逐梦之旅却各不相同,影响逐梦进程的因素众多,包括内在和外在、历史和现实、先赋和后致、主观和客观等多方面原因,但追究其本质,这些要素皆源于户籍制度这个"母体"。质性资料和定量分析结果发现,户籍制度依旧是流动人口逐梦圆梦过程中最主要的障碍。户籍的一个属性,即户籍类型,带来"城乡之分";户籍制度的另一个属性,即户籍地点,形成"内外之别"。进而,这种"双二元属性"带来"双重排斥效应",即"农村人效应"和"外地人效应",由此带来城市内部的"新二元结构"决定了在流入地,农民与市民、本地人和外地人在生存权和发展权方面的巨大差距。见图5-9。

乡—城流动人口是空间形态上的外来人,没有本地城镇户籍,且受制于本身资源、资本不足的局限,处于极度劣势地位。尤其在非正规就业中,他们无法享受到正规的工资保障,与本地农村户籍人口相比,虽同为农民,但他们多了"外

【新京报评苏州百年名校内设"隔离门"："一校两制"羞辱了教育公平】苏州以外来务工人员子女为主的民办小学因校舍被腾退，800多名学生将被整体安置到附近的公办重点小学、百年名校勤惜小学念书。23日，勤惜小学校长及苏州市姑苏区文教委透露，虽然共用一个校园，但勤惜小学会用铁栅栏等加以"隔离"，对安置过来的800名学生进行"单独管理"。用一道隔离墙将一所学校隔成"两个世界"，是对教育公平的羞辱。只有推动公办义务教育资源趋于均衡，也为学区房热降温，政府部门在辖区内学校撤销或终止办学继而对部分学生进行安置时，才不会有太大的分流安置障碍，这类不正常的"一校两制"局面也才能消弭。@新京报　名校对安置　收起全文∧

图 5-9　外来务工人员子女与本地小学生之间设置"隔离门"

来"的标签；与城—城流动人口相比，虽同为流动人口，但他们没有非农的资本与优势，长久以来一直被贴着"外来乡下人"的标签。排斥性的制度环境令他们的生活缺乏尊严，歧视性的社会环境让他们感到压抑委屈，等待他们的是一个漂泊的当下与不确定的未来。他们是现居住地的"四缺"人员：缺资本、缺权力、缺关系、缺声望。基于户籍类型和户籍地点的双重身份歧视使得他们长期被排除在包括教育、就业、住房、医疗等城市公共福利体系之外，工作环境恶劣、生活负担沉重，不但自己难以实现向上流动，就连子女向上流动的渠道也越来越窄。

由此可见，虽然在某种程度上，户籍只是空壳，但附着于其上的教育体制成为贫困再生产的工具，劳动就业制度进一步维系着流入地市场的不平等机制，住房保障制度使得流动人口始终是"无巢之鸟"。社会保障制度将流动人口的保障水平维持在低位状况。在现有户籍及其附着制度的作用下，个体与家庭在逐梦过程中积极的努力和能动的作用均受到极大限制和削弱。因深受制度固化之苦，多数（乡—城）流动人口与现地主流群体的差距日益扩大；即便在现地生活良久,依旧难以逾越群体之间森严的壁垒,纵向社会流动空间受限、渠道受围,难以实现就业梦、收入梦、住房梦、保障梦、子女教育梦。

国家卫生健康委流动人口服务中心、中国社会科学院人口与劳动经济研究所、中国人口与发展研究中心、中国人民大学人口与发展研究中心四家单位联合研究的学术成果《中国城市流动人口社会融合评估报告(2018)》(以下简称《评估报告》)通过选择50个城市作为评估对象,从政治融合、经济融合、公共服务融合和心理文化融合四个维度进行研究。《评估报告》指出了我国流动人口面临的诸多问题。比如,我国部分城市面临的人口压力过大,对流动人口社会融合造成了负面影响,且阻碍流动人口在城市融合的制度性障碍仍然存在,城乡"二元"体制格局没有被打破。在流动人口的经济融合方面,《评估报告》指出,流动人口要面临高房价、低水平就业和消费不足三大困境。

值得注意的是,子女教育问题和社会保障问题成为决定流动人口返乡和留城两大制约因素。被评估城市流动人口子女中,有69.61%离开户籍地,跟随其父母居住在流入地城市,但仍然有2.38%的适龄儿童没有接受义务教育,在接受义务教育的流动人口中有20%没有在公立学校就读,流动儿童在流入地接受学前教育和高中阶段教育的比例只有73%和74.7%,跨省流动的高中生还面临着异地高考的问题,很多流动人口因为子女的教育问题被迫返乡,进城和融入城市的进程被打断。

被评估城市参加城镇职工或者城镇居民养老保险的比例只有23.84%,具有农村户籍的流动人口大部分参加了农村的"新农保",也就是说流动人口的养老体系还是以农村为基础的,"老无所依"成为流动人口无法安稳在城市生活的又一个障碍。

在结论上,《评估报告》强调,流动人口随迁子女的学前教育和高中阶段的教育、育龄妇女的孕优服务和就业人口的社会保障水平偏低。流动人口基本公共服务融合平均得分是57.29分,从城市规模来看,特大城市公共服务融合的得分要高于其他类型的城市,流动人口随迁子女教育服务均等化得分最高,是81.58分。基本公共卫生计生服务均等化得分其次,是69.92分,得分比较低或者进展比较缓慢的是流动人口的社会保障参与率,得分只有20.37分。

被评估城市流动人口随迁子女教育状况总体较好,特别是义务教育阶段在学率的平均值已经达到了97.62%,但是还有19%的义务教育阶段随迁子女没有在公立学校就读。随迁子女的学前教育阶段在学比例和高中教育阶段在学比例与义务教育阶段在学比例相比还有较大的差距,学前教育阶段在学比例是

73%,高中教育阶段在学比例是 74.7%。非义务教育阶段跟义务教育阶段相比还比较低。

值得一提的是,《评估报告》发现,流动人口留城意愿与国家战略导向出现偏差。按照国家新型城镇化战略规划,国家按照人口总量把城市分为五类七型,每种类型的城市入户条件不同,总的导向是鼓励农业转移人口到中小城镇落户,严格限制超大城市和特大城市人口规模。但是从实际情况来看,流动人口大多流入了就业机会比较多和公共服务比较好的大城市,流动人口的这种大城市偏好与中小城市优先的战略导向是存在矛盾的。流动人口最愿意融入的是大城市、特大城市,而我们新型城镇战略化是引导他们往中小城市去。从 50 个被评估城市来看,城市规模越大,流动人口落户意愿越强烈,在 10 个特大城市中,流动人口愿意入户的比例达到 39.45%,而其他的城市则为 34.72%,比例要低一些。

近几年出生人口的急剧减少,几乎已成为一个不可逆转的趋势。给中国发展带来巨大动力的劳动力人口数量红利正在逐步消失。除了人口出生数量下降之外,带来经济发展红利的流动人口群体也开启了"回流模式",且回流之潮不可阻挡。有专家表示,虽然中国的人口数量红利不再延续,但劳动力向非农行业转移的潜力巨大,至少有 2 亿人以上的结构性红利有待挖掘。流动人口中减少的人群将聚集在 45 岁以上人口,占 2017 年 2.45 亿流动人口数量的 22.8%。《评估报告》称,根据对返迁人口的调研发现,返迁人口以 40~50 岁、20~30 岁为主。超七成返迁人口不愿再外出。年龄较大的流动人口倾向于稳定的生活,如果无法在城市里安定下来,可能就会回到家乡。年龄较大的流动人口在普通劳动力市场上的竞争力减弱,如果不能得到合意的工资,就可能选择回乡工作。同时,年龄较大的流动人口身体健康状况恶化得比较快,这使得他们更可能选择返乡。

按照传统人口红利的计算方式,15~64 岁人口都计为劳动人口,45 岁之后劳动力回流农村,他们的劳动参与率将低于城市,这无疑是一个巨大损失。此外,由于不是举家迁移,家庭成员分处两地,也增加了流动人口的抚养负担;同时,留守农村的子女也不能得到更好的照料和教育,对未来社会的人力资本水平也将产生不利影响,阻碍人口红利的实现。在中国目前的经济资源和政治权力配置格局下,国家一直想把流动人口引向中小城市,限制特大城市人口,但这与流动人口的流向意愿恰恰相反,这个矛盾直接影响到了人口流动。中小城市经济对全国经济增长的贡献很低,就业机会和收入水平也比较低,因此很难吸引流动人口。在这种情况下,即使更多的人口流动到中小城市,也不会带来人口红利。能够产生人口红利的地域还是东部的大中型城市。同时,大城市当前的各类社会保障和公共服务政策的制定,较少将流动人口所需纳入考量,这种供求的错位已经成为人口流动的阻碍,弱化了人口红利。

梦想之光何以照亮现实?在经济快速发展的宏大画卷中,勾勒出(乡—城)流动人口等同获益的美好景象,摒弃"异乡客"的主客观认知,拂去生活中的困境给他们的梦想覆上的那层厚厚的帘幕,才能推动梦想照亮现实。杨菊华(2018)认为应该从以下几个方面推进:

一是要推倒制约流动人口实现梦想的制度、结构和理念这"三堵墙",实现资源共享、服务均等、互动沟通和文化交融"四大"目标,完成从"金字塔"到"嵌入拼图"的转变。流动人口梦想的实现至少需要经历三个阶段:与本地市民居于同一时空下相互并存但无交集的金字塔魔方;与本地人口相遇、依存但边界依旧清晰的"马赛克"阶段;与本地人彼此嵌入、相互依赖的"拼图"阶段。

二是要多主体共同发力,共助流动人口实现梦想。以政府为主导,做好顶层设计,深化户籍改革落实均等服务。以社会为依托,多方联动,提高服务供给效率。以社区为支点,形成合力,营造友好社会氛围和社交平台。以个体为核心,政府助力,提升流动人口圆梦实力,如提高正规人力资本,增强就业能力和逐梦能力。

三是因地制宜、因人而异,提升流动人口圆梦机会。突出重点人群,因人而异,推进流动人口整体圆梦水平,尤其是关注乡—城流动人口、关注 1990 年后(乡—城)流动人口、关注跨省(乡—城)流动人口等。

四是借鉴国外移民融合经验,加快推进移民逐梦旅程。

## 人口流动融合分析中的两类偏差

人口问题,关系到乡村振兴、精准扶贫、新型城镇化、大湾区及长江经济带等一系列国家与地区重大战略。人口流动,也因随着人口红利的逐渐消失,长期低生育率、老龄化加速等问题变得异常关键。2017 年 3 月后,席卷全国一线、二线50 多个城市的人才争夺"大战"更是把这一问题推向争论的焦点。

近 40 年来,人口机会窗口为经济社会发展创造了良好的人口基础,改革开放和人口流动又充分释放了人口机会的优势和潜能,使我国成功收获了人口红利,创造了中国经济奇迹。劳动力的转移是影响经济增长的基础性因素之一,转移的持续时间和转移后劳动力边际产出的变化,决定了地区经济可持续发展的时间和空间(李扬、殷剑峰,2005)。流动人口每增加 1‰会带来地区 GDP 增长

0.54%,而地区 GDP 每增长 1%也会促进地区内流动人口增加 0.52%(王智勇,2013)。当前人口流动出现了许多新的变化,国家卫健委发布的《中国流动人口发展报告 2018》称,流动人口规模进入调整期,2010—2015 年流动人口增长速度明显下降,2015—2017 年则出现逐年下降,流动人口中减少的人群将聚集在 45岁以上人口,超七成返迁人口不愿再外出。按照蔡昉(2001)提出的"劳动力迁移的两个过程"的观点,对于流动人口而言,"从迁出地转移出来"的"一次迁移"目标已经达成,"在迁入地定居下来"的"二次迁移"(永久迁移)过程则尚未完成。大规模流动还能否继续,是回流,摆动还是融入当地? 白南生、何宇鹏(2002)认为大规模的候鸟式的人口流动,是农村劳动力向城市转移的特殊方式。从历史进程来看,农村人口外出就业的意义远大于回流。王晓毅(2011)则认为移民在迁出地和迁入地之间的"摆动"为移民的选择和调适提供了可能。王秀芝、孙妍(2015)认为我国城镇化进程中的大量劳动力流动没有缩小收入差距,而造成这一"迁移谜题"的原因是附着在转移劳动力身上的人力资本量流出较多,应对外流的人力资本进行补偿。

当前我国人口发展正处在关键的转折期,在今后若干年,我国人口在数量、素质、结构、分布和流动等方面都将持续发生深刻改变。要准确分析和有效解决人口发展中的问题,必须首先避免两类偏差,一是基础数据偏差。人口统计,即便是 1%的人口抽样调查和人口普查都存在诸多数据甄别困难,尤其是针对面广量大的流动人口,在大数据技术有效利用之前,几乎不存在准确的常规办法。二是分析视角偏差。不同的分析视角存在本位主义,普遍存在过分夸大本部门问题的重要性,轻视其他利益相关者的诉求,导致调研的样本、采集的数据、处理的方法、提出的对策缺乏全面性和全局性。本书基于 2017—2018 年各类人口统计数据和全国流动人口卫生计生动态监测数据及其第三方机构相关大数据从流出地、流入地、流动人口自身三个角度对流动人口涉及的外出、就业、返乡、融合等核心问题进行梳理,从而为进一步深入研究新时代流动人口发展趋势奠定基础。

(1)人口流动分析中的数据偏差

人口统计是一件非常困难的事情,户籍人口的统计相对简单,流动人口基本上靠估算。现有的对流动人口的监测方法主要是政府统计部门、公安部门、计生委部门等实施的 10 年一次的全国人口普查、5 年一次的 1%人口抽样调查、千分之五人口变动抽样调查以及部分城市对流动人口的不定期专项调查。由于在时间、地点、人物三者的结合上无法满足时效性,以上方法也只能勾勒出"流动人口""常住人口"的基本轮廓。广东、北京、上海是人口统计最困难的地方,因为人口变动太过频繁,而且"北上广深"拥有巨量的、经常性的"访客人口",让统计变得更为复杂,存在偏差在所难免。一方面,频繁的人口流动本身给普查登记带来了难度,极易出现重登和漏登。另一方面,受部门利益驱动的影响,一些企业和单位故意少报外来人口,甚至拒绝调查,主要为了逃避监管部门针对临时用工不规范的管控。此外,随着社会利益群体日趋多元化,社会现象的各种矛盾错综复杂,调查户的就业情况、婚姻状况、生育及劳动收入等隐私不想被外人知道,这样外来人口就容易出现瞒报、漏报、误报、拒报等现象。

对于人口流出的地区,人口统计(尤其常住人口)也同样存在困难和偏差。一是传统观念难以改变,户口观念根深蒂固。改革开放以来,人户分离状况非常普遍,为准确反映人口实际分布,统计指标从单一的总人口调整区分为户籍人口和常住人口。但由于人们户籍观念根深蒂固,担心漏登户籍人口会剥夺其权益,而多登了外来人口会侵占原户籍人口利益,导致常住人口难以获得准确数字。二是习惯上我们把农业户口人员不加以区分地全部称为农民。这样会导致农业从业人数量庞大,二三产业从业人员相对偏少,也使得农业从业人员出现诸如教育程度虚高,年龄结构失真等问题。

随着大数据在智慧城市管理中的逐步应用,人口流动问题也可以利用大数据进行更为直观的分析和解读。其中的方法主要利用手机信令数据和地图平台的人口迁徙数据。手机信令(signaling)是手机用户与发射基站(微站)之间的通信数据,只要手机开机,接收到运营商(中国移动、中国联通、中国电信)的信号,就会产生信令数据,而数据字段中始终会带有时间和位置等信息。手机信令数据被动提供连续、动态的位置信息,是典型的"大数据"。地图平台迁徙数据主要有百度慧眼和腾讯位置大数据,迁徙数据是基于定位服务技术(LBS),通过手机用户的定位信息获得人口流动的轨迹。百度和腾讯公司的位置服务开放平台为数十万款手机应用程序(APP)提供定位服务,覆盖数亿手机用户,为人口分布、人群迁徙、职住分析提供了实测数据支撑。

根据腾讯地图、腾讯位置服务发布的《2019春节出行预测大数据报告》,春节"空城"指数最高的十大城市,分别是深圳、东莞、北京、上海、苏州、广州、杭州、郑州、成都、佛山。在这十大城市中,全部位列城市生产总值(GDP)排名前20位,除东莞外,全部属于"万亿俱乐部"成员。其中有四个城市位于"珠三角",有三个城市位于"长三角",另外还有"京津冀"区域的北京,中部区域的郑州,西部区域的成都。这种格局,与人口流动的大趋势相互契合,与中国的区域经济格局也相互照应。而根据高德地图发布《2019年春节出行报告》,从1月28日(小年)开始至2月4日(年三十),深圳、北京、上海、广州、东莞、成都、苏州、郑州、杭州、佛山十个城市人员流出最多,成为"春节空城"。周口、阜阳、商丘、茂名、徐州、南充、宿州、黄冈、信阳、南阳十个城市人员流入最多,成为"春节团圆地"。

对比国家卫健委发布的流动人口数据(《流动人口社会融合蓝皮书:中国城市流动人口社会融合评估报告No.1》,2019),常住流动人口数量超过400万的分别为上海、广州、深圳、北京、苏州、天津、杭州、成都、宁波、东莞。主要城市中,常住流动人口比例超过35%的有广州、深圳、厦门、宁波、苏州、杭州、东莞、佛山、上海、北京。两组城市与腾讯、高德大数据测算的"春节空城"也基本一致。另外根据国家卫健委发布的《中国流动人口发展报告2018》,中国三大城市群的人口流动各具特征。在省际人口流动方面,"京津冀"主要以河南、山东、黑龙江为主,主要是北部省份,其中河南、山东占比均高达17%以上。"珠三角"以湖南、广西、四川为主,主要是"泛珠三角"地区的南方省份,其中与广东相邻的湖南、广西两地占比高达20%以上。"长三角"以安徽、河南、江西为主,主要是与"长三角"相距不远的中部省份,仅安徽占比就超过30%,而河南再一次显示其劳动力输出大省地位。这与百度地图慧眼《2019年度中国城市活力研究报告》中主要城市人口吸引力排行以及春运全国热门迁徙城市(http://qianxi.baidu.com/)基本一致(如表5-4)。其中,热门迁出城市为除夕前7日平均数,与2019年城市吸引力前15位城市相比,只有1个城市不同,与热门迁出城市相比,吸引力城市前15位中有天津(第15名),没有宁波(第17名)。

表5-4　百度地图春节前热门迁徙城市与城市吸引力

| 序号 | 热门迁出城市 | 人口比例(%) | 2018年吸引力 | 2019年吸引力 |
|---|---|---|---|---|
| 1 | 深圳 | 4.301 | 10.102 | 10.109 |
| 2 | 广州 | 3.589 | 9.739 | 9.913 |
| 3 | 北京 | 3.563 | 8.821 | 8.816 |
| 4 | 东莞 | 3.349 | 7.775 | 8.083 |
| 5 | 上海 | 3.311 | 7.779 | 7.857 |
| 6 | 成都 | 2.774 | 6.140 | 6.474 |
| 7 | 苏州 | 2.470 | 6.557 | 6.284 |
| 8 | 佛山 | 2.046 | 5.012 | 5.286 |
| 9 | 杭州 | 1.893 | 4.927 | 5.384 |
| 10 | 郑州 | 1.779 | 4.878 | 4.878 |

续表

| 序号 | 热门迁出城市 | 人口比例（%） | 2018 年吸引力 | 2019 年吸引力 |
|---|---|---|---|---|
| 11 | 武汉 | 1.597 | 4.289 | 4.196 |
| 12 | 西安 | 1.590 | 4.174 | 4.182 |
| 13 | 长沙 | 1.480 | 3.791 | 4.002 |
| 14 | 宁波 | 1.266 | 3.430 | 3.510 |
| 15 | 重庆 | 1.237 | 4.927 | 5.623 |

以 2018 年杭州市统计局公布的《2018 年杭州统计年鉴》中有关人口数据作为传统统计方法获得的数据样本，比较百度地图慧眼与同济大学建筑与城市规划学院空间分析和决策支持实验室联合研究发布的《杭州常住人口究竟有多少？——基于时空大数据测算结果的比较与讨论》，可以看出两者的偏差，数据对比如表 5-5 所示。

表5-5 杭州市传统调查数据、百度慧眼时空大数据、手机信令数据所识别常住人口汇总

| 杭州市区县类型 | 杭州市区县名称 | 统计局发布2017年户籍人口（万人） | 统计局发布2017年常住人口（万人） | 百度推测2018年上（万人） | 手机信令识别2017年（万人） | 百度与统计比率 | 手机信令与统计比率 |
|---|---|---|---|---|---|---|---|
| 全市 | | 753.9 | 946.8 | 1269.2 | 1209.8 | 134% | 128% |
| 老城区 | 上城区 | 32.1 | 34.8 | 39.3 | 27.6 | 113% | 79% |
| 老城区 | 下城区 | 40.3 | 53.1 | 60.0 | 50.5 | 113% | 95% |
| 新城区 | 江干区 | 56.3 | 112.8 | 174.8 | 157.4 | 155% | 140% |
| 新城区 | 拱墅区 | 36.2 | 56.2 | 70.6 | 72.5 | 126% | 129% |
| 新城区 | 西湖区 | 71.3 | 86.0 | 119.0 | 108.0 | 138% | 126% |
| 城郊区 | 滨江区 | 24.3 | 35.1 | 59.4 | 53.1 | 169% | 151% |
| 城郊区 | 萧山区 | 129.6 | 165.5 | 251.5 | 244.8 | 152% | 148% |
| 城郊区 | 余杭区 | 104.0 | 147.6 | 260.7 | 260.2 | 177% | 176% |
| 周边区 | 富阳区 | 67.7 | 73.9 | 78.1 | 79.3 | 106% | 107% |
| 周边区 | 临安区 | 53.5 | 59.1 | 52.5 | 56.0 | 89% | 95% |
| 偏远区 | 桐庐县 | 41.5 | 42.9 | 42.3 | 39.2 | 99% | 91% |
| 偏远区 | 淳安县 | 46.1 | 35.3 | 25.0 | 23.6 | 71% | 67% |
| 偏远区 | 建德市 | 51.1 | 44.5 | 36.1 | 37.6 | 81% | 84% |

统计局数据获取方法是按照 2017 年 5‰人口变动情况抽样调查,杭州市抽中 158 个样本小区,以 2017 年 11 月 1 日零时为标准时点进行入户登记。根据抽样调查结果推算,2017 年末杭州市常住人口总数为 946.8 万人,比 2016 年末增加 28.0 万人(位列 2017 年主要城市常住人口增长排行榜第三,仅次于深圳的 62 万人和广州的 45 万人)。基于百度原始设备数扩样后的 2018 年杭州市常住人口规模推测值为 1269.2 万人。作为参照,按照浙江移动所提供的 2017 年 4 月整月的手机信令时空大数据进行杭州常住人口的测算,推算杭州市常住人口为 1209.8 万人。

特大城市发展的一般规律表明,中心城区的周边区(城郊区)是吸引外来就业人员的首要区域。这一圈层区域一般集中了城市主要的产业园区,是吸引外来务工人员的主要就业区域。同时,以外来务工人员为主的常住人口主要选择中心城区城郊区居住,这一圈层区域既保障了邻近就业岗位的短距离通勤需要,又具有相对中心城区较低房租、房价的住房选择优势。通过百度慧眼数据、手机信令数据、传统调查数据结果的横向比较,可以初步判断,基于百度地图慧眼大数据所识别的杭州常住人口与基于手机信令数据所识别的杭州常住人口在各区空间统计单元上呈现较为相似的特征。大数据识别的人口数普遍超出传统调查人口数,比率全在 125% 以上。这种识别率差异特征与杭州市区县的空间区位特征较为吻合,与杭州市的城市发展圈层结构一致。

同样,根据深圳统计局《深圳统计年鉴 2018》数据,2017 年末深圳全市共有常住人口 1252.83 万人(2016 年末为 1190.84 万人),其中常住户籍人口为 434.72 万人,常住非户籍人口 818.11 万人。而根据广东移动大数据创新中心 2017 年 12 月公布的《基于移动大数据的深圳市人口统计研究报告》,2017 年 11 月,每天生活在深圳的人数都超过 2500 万人,平均达到了 2567.2 万人。当然,这其中包括了每天在深圳停留"小于等于 3 小时"的"过客人口"94.2 万人,以及每天停留超过 3 小时,但每月在深圳停留不超过 23 天的"访客人口"288.4 万人。即便全部扣除以上两类人口,深圳日常住人口也在 2184.6 万人,这比统计局公布的人口数据多了 931.77 万。

(2) 分析视角偏差

第二类偏差来源于人口流动分析涉及诸多学科和不同的分析视角,导致提出的对策和建议差异很大甚至相互矛盾和制约。从百度学术查询到的主题为"人口流动"的文献共 11.8 万篇,其中 2010 年后约有 2.9 万篇。文献研究领域涉及最多的是社会学(1.3 万篇),其次为公共卫生与预防医学、应用经济学、民族学、农林经济管理、理论经济学、法学等。从中国知网可以查询到主题为"人口流动"的文献 25549 篇，相关主题主要有：人口流动、劳务输出、劳动力流动、农民工、城镇化、流动人口管理、财政管理、户籍制度、计划生育等。

根据经典的人口迁移推拉理论，人口流动的目的是为了改善生活条件，目的地（流入地）的那些有利于改善生活条件的因素就成为拉力，而原住地（流出地）的不利的生活条件就是推力，人口流动由这两股力量前拉后推所决定。E. S. Lee(1966)将影响人口流动的因素归纳成四种：迁出地的因素、迁入地的因素、中间障碍因素、流动人口自身因素。(1)迁出地与迁入地的推拉因素。在关于我国人口流动的探讨中，迁入地经济发展水平、收入及就业因素常常被看作人口迁移的最主要动力。强大的经济驱动力是促使农民工大规模外出的主要动力，城乡之间巨大的经济收入差异是人口向城市流动的最主要原因（李树茁，1994；顾朝林，1999；杨云彦，1999；李强，2003）。总体上，中国人口省际迁移流受迁出地推力作用弱于迁入地的拉力作用，表明人口迁移更多的是出于对迁入地的"美好预期"，而非对迁出地的"过度抱怨"（曾永明，2017）。(2)中间障碍因素。与国际相比，最主要的差异是中国的户籍因素，户籍制度是中国城乡人口流动最突出的制度障碍（李强，2003）。"农村流动人口"是一种社会标签，依据的是城乡分割制度把我国人口划分为城镇居民与农村居民（王春光，2001）。户籍制度以及附属的地方保护政策是流动人口社会融入的最大障碍（杨菊华，2012）。(3)流动人口自身因素。流动人口外出就业及收入与其自身人力资本有关，提高受教育年限对乡城流动人口中高收入及以上阶层的影响比较大（谭江蓉，2016）。个体特征、人力资本特征、经济特征共同影响流动人口在城市的长期居留意愿（杨雪、魏洪英，2017），随着新生代流动人口的出现，流动人口的永久迁移意愿决策已主要遵循经济理性与社会理性逻辑，而不再是生存理性逻辑（刘程，2018）。

不同的分析视角，尤其是"利为谁谋"决定了对策建议的立场。在推拉理论中至少涉及原住地、目的地、流动人口三方利益，如图 5-10 所示。

(1)对于原住地，青壮年劳动力人口净流出的省份，会产生诸多不利，如：人口负担增加，婚姻家庭不稳定，高端人才流失，产业难以培育，财税收入下滑，教育投资的财政外溢，没有足够的财力改善民生，发展缺乏后劲。当然也存在一定积极性，如：缓解就业压力，增加流动人口家庭收入，增加对外交流联系，提高家庭保障。如果回流，还会有人力资本的积累，甚至回乡带动投资创业。一般而言，持续人口流出对原住地存在较大伤害。基于原住地考虑的核心利益为鼓励人口流动，更希望成功后回流返乡或在本地区流动。

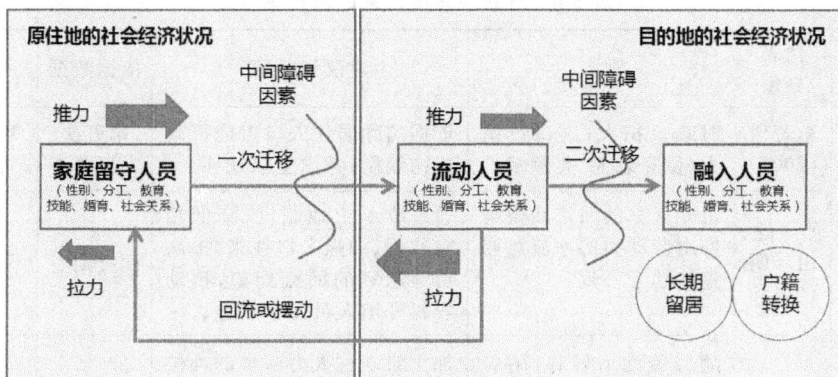

图 5-10 基于推拉理论的流动人口二次迁移

（2）对于目的地，大量人口的流入，弥补人才及劳动力短缺，改善营商环境，形成优势产业，增加社会投资和消费，增加财税收入，改善民生和福利，提升城市和都市圈影响力等。潜在的不利面主要在社会治安、城市管理及大城市病以及本地人部分的抱怨等。显然，人口流入的有利面是主要的，但是要实现长期留居，尤其是户籍转换是存在许多中间障碍因素的，特别是一二线大城市。一个核心的掣肘是以教育、医疗和养老为主的社会公共福利的短缺。基于目的地考虑的核心利益为鼓励人口流动，一般劳动力长期居住不必转换户籍和融合，吸引优秀人才融入本地。

（3）对于流动人员自身及家庭，迁移的根本目的是获得好的就业的收入，提升个人人力资本、过上舒适方便的生活、提高家庭及子女教育的保障。而忍受的痛苦主要有家庭的暂时分离、社会融合的困难。诸多调查研究表明，当前的流动人口对于融入本地，实现二次迁移，尤其是户籍转换的能力和意愿都是严重不足的。基于流动人口考虑的核心利益为鼓励人口流动，长期居住，基于个体差异和家庭理性选择可摆动流动，回乡创业，也可选择迁徙融入。

基于流出地（原住地）、流入地（目的地）和流动人口自身三方中的任何一方分析，所提出的建议和对策通常难以兼顾其他两方利益，甚至存在诸多的矛盾和冲突，如表5-6所示，其中的一致性为本方的建议和对策与本方的核心利益以及其他两方利益是否存在冲突。

表 5-6　分析视角所带来的对策偏差

| 分析视角 | 代表专家 | 观点 | 建议和对策 | 依据数据 | 一致性 |
|---|---|---|---|---|---|
| 原住地 | 李若建(2004) | 财政负担大；人口负担大、留守老人/儿童多。 | 依据实际居住人口考虑行政机构编制；考虑全家迁移。 | 第五次人口普查 | 部分冲突 |
| | 孙健、田明(2014) | 留守家庭的回流期望与外出劳动力的回流意愿整体趋于一致。 | 通过改革土地制度、降低相对贫困、加强人口往来，提高留守家庭的回流期望，拉动农村外出人员回乡就业。 | 调查问卷 | 不冲突 |
| | 王秀芝、孙妍(2015) | 随着劳动力转移，附着在劳动力身上的人力资本量流出较多及农村人力资本弱化是城镇化进程中"迁移谜题"产生的重要原因。 | 加大对农村人力资本的补偿性投资；鼓励社会资本流向农村，引导高素质人才服务农村建设。促进农村剩余劳动力就近就地就业，实现就近城镇化。 | 统计年鉴 | 冲突 |
| | 陈涛、陈池波(2017) | 存在农村人口流失和本地城镇化发展受阻"两败俱伤"被动局势。 | 发展县域经济，创造就业岗位，吸引本地就业；山区县城控制规模。 | 统计年鉴 | 冲突 |
| 目的地 | 王春光(2006) | 农村流动人口"半城市化"出现长期化趋向，对中国社会结构不利。 | 全面调整城乡关系、迈向城乡一体化的制度和系统重构与整合阶段。 | 个案调查 | 部分冲突 |
| | 陈丙欣、叶裕民(2013) | 人口迁移流动推动城市化。也造成了治安、住房、教育和落后地区"未富先老"等问题。 | 政府以基本公共服务均等化为突破口，应对"移民时期"带来的挑战。 | 第六次人口普查 | 部分冲突 |
| | 陈沁、宋铮(2013) | 农村人口的城市化将在缓解城市老龄化压力上起到重要作用 | 鼓励农村人口迁移到城市；放松计划生育，提高生育率；推迟退休年龄。 | 第五次、六次人口普查 | 部分冲突 |
| | 杨舸(2017) | 部分流动人口增加了城市相对贫困，反映在收入、消费、居住、教育、医疗等权益方面。流动人口应对风险的能力有限。 | 建立和完善城乡统一的社会保障体系；加快推进户籍制度及相关社会福利领域的改革；促进基本公共服务的常住人口全覆盖；提升建立普惠流动人口的老人和儿童福利制度。 | 统计年鉴 | 部分冲突 |

续表

| 分析视角 | 代表专家 | 观点 | 建议和对策 | 依据数据 | 一致性 |
|---|---|---|---|---|---|
| 流动人员 | 李强 (2003) | 经济驱动是农民工外出的主要动力；户籍制度是城乡流动的最突出制度障碍；生活目标、预期、生命周期已经使得流动群体分化。 | 年轻时候外出打工挣钱，年龄大了以后回家乡务农、务工或经商。不同的个体特征影响定居还是回流两种生存策略 | 调查问卷 | 不冲突 |
| | 翟振武、段成荣、毕秋灵 (2007) | 经济是吸引流动人口最主要原因；流动人口家庭化趋势明显。社会网络是就业主要途径。 | 城市流动人口管理和服务要积极适应家庭化趋势；要把流动人口纳入社会保障、城市规划体系和公共服务体系 | 人口调查 | 部分冲突 |
| | 杨菊华 (2009) | 社会融入是动态、渐进式、多维度、互动的；隔离是新移民难以避免的遭遇。 | 改善流动人口自身的人力资本和适应能力；制定有利于促进流动人口社会融入的公共政策。 | 无 | 部分冲突 |
| | 任远、乔楠 (2010) | 社会融合是一逐步同化和减少排斥的过程；流动人口个人和家庭状况、社区参与和社会资本以及城市的制度安排影响社会融合。 | 重视流动人口的自然性融合和干预性融合；鼓励流动人口的主动融合和促进双向融合；推动对流动人口的渐进性融合和多维度融合。 | 调查问卷 | 不冲突 |
| | 魏后凯，苏红键 (2013) | 农业转移人口规模大、市民化程度低、面临障碍多。 | 走中国特色新型城镇化道路，分层次、分类型、多途径推进农业转移人口市民化进程。 | 统计年鉴 | 部分冲突 |

从表 5-6 所列示的三方视角主要观点和对策建议看，普遍存在与己方核心利益以及其他两方利益的冲突，所使用的数据获取方法包括统计年鉴、人口普查、人口调查和调查问卷。调查问卷因为涉及更细节化的数据，提出相对微观个性化的对策而使得利益冲突大为减少。但是调查问卷的样本量普遍比较小，所得到的结论和提出的对策缺乏足够的说服力和推广价值。尤其是通过宏观数据的调查分析，得到的有些结论和提出的对策与微观个体真实意愿明显不符，也与其他利益相关体的核心利益相违背。基于原住地（流出地）视角分析，无论鼓励全家迁移还是就近就地就业都不是一个能够得到流动人口普遍认可的建议，这既不符合流动人口外出的收益原则也不符合城市生活的成本原则。基于目的地

（流入地）视角分析，提出的公共服务均等化或城乡保障一体化均会遇到供给能力不足的问题，尤其是优质教育与医疗。而基于流动人口自身视角分析，有些看似在替流动人口考虑的对策和建议与流动人口真实意图和基本利益并不吻合，比如一些城市融合建议，既夸大了现有城市隔离的程度也与外来人口长期居留利益相悖。大量已有调查表明，有关流动人口的诸多方面，如：流动目的、流动形式、寻职渠道、就业类型、收入状况、留居意愿以及社会融合等方面的状况已经发生了很大的分化，很难通过人口普查、人口调查或传统统计数据对此进行统一的分析。

人口是国家发展的基础性、全局性、长期性和战略性要素，但绝对不是经济社会发展的决定性。人口机会只是收获人口红利的前提条件，精准的经济社会决策才是收获人口红利的必要条件。当前人口发展的历史进程已经从以出生、死亡以及由其决定的自然变动为主导的阶段转向以人口流动迁移为主导的阶段。在人口发展战略研究、规划安排、政策制定中，一定要避免基础数据和对策视角的偏差，尽管运用时空大数据调查流动人口的方法仍需不断地进行算法优化与实际检验，但肯定是对传统人口调查动态跟踪局限性的一种有效弥补手段，相比关注大数据计算结果的绝对数，我们更应该关注大数据计算结果所反映的人口变化趋势。至少在对人口流动分析中，尤其在微观数据验证宏观问题，或宏观数据透视微观现象时，谨慎使用单一数据来源进行相关对策研究。在不同的视角分析上，要站在全局和战略高度来认识人口流动迁移问题，而且必须要有长远视角、系统优化观点，应坚决摒弃在人口流动迁移问题上的本位主义、地方保护、部门至上、短视化、碎片化等倾向。不能为解决某一问题而产生更多派生问题，避免推荐的对策对其他利益相关者带来明显的利益受损或冲突，甚至于己方的核心利益也不顾。只有建立在精准的基础数据上，采用系统整体优化的思路，尊重各方的理性选择和市场调节的力量提出的对策和建议才能真实反映我国人口流动迁移基本特征和趋势，才能在我国经济社会发展中发挥更大效用。

## 社会融合实践模式

进入 21 世纪，中国流动人口总量、流向、结构以及诉求发生深刻变化，党和国家高度重视流动人口社会融合问题，出台一系列促进流动人口社会融合的相关政策措施，针对流动人口社会融合示范试点的工作也取得一定成效。同时，一些地方政府实施重大体制性改革举措，都对中国流动人口融入城市社会生活具有重要推动作用。归纳起来包括以下几个方面。

(1)宏观层面:顶层设计

党的十八大以来,以习近平同志为核心的党中央高度重视流动人口社会融合问题。党的十八大报告,明确指出"加快改革户籍制度,有序推进农业转移人口市民化,努力实现城镇基本公共服务常住人口全覆盖"。党的十八届三中全会,明确指出"推进农业转移人口市民化,逐步把符合条件的农业转移人口转为城镇居民"。党的十八届五中全会,明确指出"推进以人为核心的新型城镇化。深化户籍制度改革,促进有能力在城镇稳定就业和生活的农业转移人口举家进城落户,并与城镇居民有同等权利和义务。实施居住证制度,努力实现基本公共服务常住人口全覆盖。健全财政转移支付同农业转移人口市民化挂钩机制,建立城镇建设用地增加规模同吸纳农业转移人口落户数量挂钩机制"。以上内容,凸出关键词是农业转移人口市民化、户籍制度改革、基本公共服务常住人口全覆盖。流动人口中的绝大部分是农业转移人口,因此,解决农业转移人口市民化问题,实际也是解决流动人口社会融合问题。为解决农民进城落户和流动人口融入城市社会,具有"四梁八柱"性质的流动人口社会融合"顶层设计"已经确立,促进流动人口社会融合的路线图已经明确,这将为中国流动人口社会融合实践工作整体推进指明方向。

(2)中观层面:户籍制度改革和基本公共服务均等化

户籍制度改革和基本公共服务均等化是影响当前中国流动人口社会融合这一体的两翼,即户籍制度促进农业转移人口或流动人口进城,基本公共服务常住人口全覆盖保障进城农业转移人口或流动人口在城市获得均等发展机会,公平享受均等化的基本公共服务的权利。不过,由于我国户籍制度不仅具有户籍登记管理功能,同时还是基本公共服务和权利的载体,因此,在讨论户籍制度改革时,往往也就附带着基本公共服务和权利的实现。而且,随着户籍制度的进一步深化改革,城镇化进一步深入推进,人民群众对物质文化需求进一步提高,原有的城镇基本公共服务和权利的外延将不断扩大。

在"顶层设计"导引下,户籍制度改革和基本公共服务覆盖流动人口群体方面取得一定积极进展。2014年,国务院颁布《国务院关于进一步推进户籍制度改革的意见》,该意见取消了农业户口与非农业户口性质区分和由此衍生的蓝印户口等户口类型,统一登记为居民户口,体现户籍制度的人口登记管理功能。该意见虽然突出户籍制度的人口登记管理功能,但户籍制度的社会福利和社会权利功能并未随之消失,而是通过实施居住证制度来承接这一功能,也就是2016年1月1日实施的《居住证暂行条例》。中国户籍制度改革具有显著渐进性质,所以该条例的出台,主要是通过居住证来保障基本公共服务和权利常住人口全覆盖,保障公民合法权益,促进社会公平正义,促进新型城镇化健康发展,户籍制度附带的社会福利和社会权利功能并未真正脱钩。2016 年 9 月 30 日,国务院办公厅关于印发《推动 1 亿非户籍人口在城市落户方案》,该方案进一步拓宽落户通道,突出重点群体,使有能力在城镇稳定就业和生活的农业转移人口举家进城落户。

"户籍制度改革意见"主要贡献是,破除农业与非农业二元身份,统称为居民,使人们不再有标签化的社会身份区隔。居住证制度实际明确了基本公共服务和权利的供给面,也就是说,主要是将非本地户籍且居住半年以上的流动人口群体,纳入基本公共服务保障范围,确保他们与本地户籍人口享有均等化的基本公共服务和权利。"推动 1 亿非户籍人口落户",进一步提出落户目标、规模和流动人口中的重点群体。这些户籍制度的革新,导向目标明确,为加速农业转移人口市民化,尤其是居住在半年以上的流动人口较快融入城市社会奠定制度性基础,为顺利实现新型城镇化战略任务提供基础条件。

(3)微观层面:示范试点创新

在促进流动人口社会融合过程中,国家卫计委认真贯彻落实中央相关方针、政策,专门就流动人口社会融合这个专题开辟示范试点工作新路,探索流动人口社会融合理论和政策研究成果"落地",尝试从试点城市实践中总结提炼流动人口社会融合工作机制。2014 年,国家卫计委下发《关于开展提高流动人口家庭发展能力促进流动人口社会融合示范试点工作的通知》,确定大连市等 15 个城市为开展提高流动人口家庭发展能力,促进流动人口社会融合示范试点城市,2016 年新增拉萨等 7 个示范试点城市。随着示范试点工作不断深入推进,示范试点内容、区域范围也在不断拓展。同时,这些示范试点城市经验成果颇丰,在流动人口社会融合的网点建设、服务覆盖、信息管理、社区融合等方面取得了积极成效。

为应对流动人口社会融合新挑战,在梳理流动人口社会融合实践进展基础上,有必要总结流动人口社会融合工作的好经验,以便为下一步深入推进流动人口社会融合提供可借鉴的实践经验。当前中国流动人口社会融合实践模式主要有:制度导向型、服务融合型、载体支撑型、主体协同型(如表 5-7)。

表 5-7　中国流动人口社会融合实践模式

| 模式类型 | 模式基点 | 模式内容 | 模式案例 |
| --- | --- | --- | --- |
| 制度导向型 | 以统筹城乡发展,破除城乡二元结构体制为基点 | 统筹城乡综合配套改革在促进流动人口社会融合方面的作用 | 重庆、成都 |
| 服务融合型 | 以基本公共服务常住人口全覆盖为基点 | 保障流动人口享有均等化基本公共服务方面的作用 | 厦门 |
| 载体支撑型 | 以政策、服务落地的载体为基点 | 实体性载体:社区型,虚拟性载体:网络型,在促进流动人口社会融合方面的作用 | 成都、合肥 |
| 主体协同型 | 以多元主体与流动人口社会融入为基点 | 政府主导、政社合作、政企合作以及流动人口主动参与在促进流动人口社会融合方面的作用 | 泉州、太仓、青岛、杭州 |

　　中国城乡二元分割的制度体系深刻影响经济社会协调发展,深刻影响城镇化进程,当然也深刻影响流动人口,尤其是占流动人口绝对数量的农民工群体市民化。解决流动人口社会融合,问题在城市,根在城乡二元结构体制。因此,统筹城乡发展,实现城乡发展一体化是解决城乡二元经济社会体制的根本出路,也是解决流动人口融入城市社会的根本途径。而成渝全国统筹城乡综合配套改革试验区,正是在党的十六届三中全会后提出"五个统筹"顶层设计引导下,按照统筹城乡发展的基本要求,进行制度设计与创新,形成"重庆经验""成都经验"。在"中国流动人口社会融合评估"排序中,重庆、成都分列 1、3 位,名列前茅。

　　2007 年 6 月,国务院批准重庆为全国统筹城乡综合配套改革试验区,拉开了重庆探索城乡统筹的序幕。2009 年国家出台"3 号文件",提出要求重庆加快转变发展方式,加快城市化、工业化、城乡一体化的进程。近年来,重庆市政府推进城乡统筹发展的各种实践也不乏亮点,如"一圈两翼"对口帮扶机制、发展特色效益农业、创新土地流转机制等举措。

　　在流动人口融合上,首先专注技能培训,促进农村劳动力转移。重庆把大力发展农村劳务经济,促进农村就业合理流动,引导农民工有序转移作为统筹城乡发展的一项战略性任务,主要从三个方面入手。第一,抓好技能培训。通过建立校企合作、社企合作等职教平台,对农民工进行职业指导、职业介绍、职业教育等多种培训形式,帮助农民掌握各种实用技能。如永川区的"城校互动"职教发展模式,成功打出了"永川技工"的人才品牌,切实提高了农民的竞争力。第二,拓宽输出渠道。重庆积极探索各种有序转移输出方式,大力发展市内第二、第三产业,吸纳农村劳动力就近转移。通过区县帮扶,形成一对一的劳动力输出方式。走出重庆,为市外用工企业提供合格的从业人员。在劳务输出网络上及时发布用工信息,保障信息流通。积极鼓励农民创业,辅以优惠创业贷款政策。第三,完善配套服务。取消农民工进城就业的各种行业和工种限制,建立城乡一体的劳动力市场,真正让农民工能够与城市居民有平等的就业机会。通过简化农民工进城办证手续,实行"一证式"管理制度。同时逐步落实最低工资保障制度,切实保障农民工的工资收入,维护农民工权利。

其次,重庆建立了以户籍制度改革为核心的综合配套改革,包括土地处理机制、住房保障机制、社会保障机制、教育保障机制等七大配套机制,最大限度地保障了农民的利益。户籍制度改革对主城区、郊区和基层乡镇居民实施"差别对待",让农民轻松成为"城里人"。土地处理机制是配套改革的关键,重庆设立健全的地票交易机制和土地流转机制,为农民减压。在住房方面,针对新生代就业人员和城市中低收入家庭,政府制定"低端有保障、中端有市场、高端有遏制"的发展思路,大规模投资建设公共租赁房、经济适用房等保障性住房,有效缓解了"夹心人群"的住房压力。在社会保障方面,重庆市从建立新型农村养老保险制度、创新农村医疗保险制度和最低生活保障制度等三个方面着力推进,建立起覆盖城乡的社会保障制度。

## 城市抢人大战 2.0

2017年3月以来,武汉、成都、南京、天津、西安、东莞、郑州、长沙等新一线、二线城市放出"降门槛""送户口""送房补""免费租借办公区"等大招来吸引人才,再是力求控制人口规模的"北上广深"等一线城市分别出台针对高端和相关产业的人才引进办法。不经意间,这场人才争夺"大战"已经在全国打响,战火蔓延至50多个城市。

(1)"抢人大战"背后是人口红利的衰减和二线城市的崛起

之所以要"抢人",正是因为"人"变得稀缺了,而更深层次的原因在于全国范围内人口红利的衰减。改革开放40年来,充足的劳动力一直是中国经济尤其是城市的核心竞争优势之一。但随着人口红利的逐渐消失、长期低生育率、老龄化加速等问题,中国的人口规模和结构也发生了巨变。

各地出现的"抢人大战"说明各地对各类人才的倍加重视和极度渴求。尤其是随着全面深化改革开放,国内各大城市都在以强劲的竞争活力,倾力推进供给侧结构性改革和产业转型升级,驱动创新的发展态势异常迅猛。这无疑给社会就业提供了更加广阔的空间,人才需求量也越来越大,人才竞争必然成为新时代的一种新潮流。特别是在国家"新型城镇化道路"的战略部署下,许多二线城市的建设突飞猛进,硬实力早已颇为雄厚,某些指标甚至超过了一线城市,此时更加需要来自人口质量提高的"软实力"补充。只有软硬两方面的齐头并进,才能丰富城市原有的阶层结构,并为城市发展注入新的活力。

(2)相比于"抢人","留人"的难度更大

近年来,尽管许多二线城市拿出极其优惠的政策来吸引人才入驻,效果也确实立竿见影,但仍有不少年轻人正在向一线城市"回流",吸附效应与溢出效应并存。如此一来,非但没有帮助二线城市形成长期稳定的人力资本红利,到头来,城市的未来发展还会受到一定程度的制约。这种反差不得不引人深思。

对目前这波"抢人大战",我们必须持冷静思维和慎重态度。时下,有的地方把"引才引智"的着力点偏重于"放开户籍"和"高薪吸引"上,竞相出台了一些"你好我更好""你优我更优"的系列优惠政策和超常规定,使各类人才蜂拥而至。住房补贴、降低户籍门槛等优惠政策确实能够吸引部分人才,但是人才更加看重的是有没有才华用武之地、足够的成长空间以及相应的配套措施。

(3)"人才"视角归于狭隘,城市发展需要系统性人口

然而,事实上,人才的正常流动是一种自然现象,每个人都想在竞争中谋求生存与发展,都渴望找到自己施展才干、实现人生价值的理想舞台。但作为用人之地,尤其是人才缺口较大的城市,一定要因地制宜,坚持一切从实际出发,别盲目攀比和跟风。

但另一方面,正当"抢人大战"进行得如火如荼之际,各地目前抢人的城市大都侧重于争夺顶端的人才,至少主要关注点在大学学历以上。其实一个城市不仅需要位于金字塔尖的人力资源,也需要大量的普通劳动者。金融和高科技行业也离不开餐饮、保洁、安保、快递等服务业的支撑。一座城市的发展既需要金领、白领,也离不开蓝领。从短期来看,各地人才争夺战瞄向高学历、高科技等人才无可厚非,但也要注意技工、服务人员、基础设施建设等职业人才的培养和引进,尤其是20~35岁新生代外来人口,否则将会影响城市宜商宜居环境以及综合竞争力。

(4)推拉理论下的流动人口城市融入影响因素

国家卫计委的《中国流动人口发展报告2017》报告指出,2016年我国流动人口规模为2.45亿人,其中新生代("80后")流动人口的比重不断上升,2016年已达64.7%,成为流动人口中的主力军。流动人口居住长期化趋势愈加明显,人

口的流动整体上趋于稳定化、家庭化,定居意愿普遍增强,但定居能力日趋分化。

虽然"推拉理论"对人口的迁移流动具有很好的解释力,但这并不意味着流动人口能够在城市完成定居。从国内外相关研究看,流动人口个体特征、人力资本特征、流入地的经济特征是影响流动人口城市居留意愿的重要因素。一定的工作经历(30～39岁)、良好的教育程度(大专及以上)和较高收入(6000元/月以上),以及阶层地位、身份认同都会提高流动人口的长期居留意愿,研究表明子女随迁确实显著增进了农民工的城市融入感,"家庭迁移"模式下的农民工的城市融入意愿、长期定居意愿以及其本地人身份认同感均显著高于个体迁移者。流动人口在城市的长期居留意愿受其收入和住房支出的双重影响。高收入的流动群体因在城市面临着高额的住房支出,其居留意愿会因住房支出的因素而降低。

(5)城市地位与流动人口特征:以宁波为例

根据人口迁移的推拉理论,"拉力"的三点:经济因素、距离因素以及资源吸引力,正所谓"一线城市容不下肉体,三四线城市容不下灵魂"。宁波作为一个二线城市(新一线城市)是一个优秀的候选者。

● 经济因素:薪酬高、竞争小

从经济角度,迁移人口的迁移决策主要受两方面影响,一方面在于迁移目的地的经济发展趋势,另一方面则受到迁移人口所处地区与目的地之间的经济差距大小影响,追求更高的工资水平和就业机会是主导因素。我们比较了各个地区工资收入水平和净迁入人口的关系,结果显示两者呈现非常明显的正相关,证明具备较高的经济发展水平的地区对迁移人口产生巨大的吸引力。2018年第一季度,宁波居民人均可支配收入为16534元,列浙江省第一位。根据智联招聘在线数据库监测2016年春季求职期竞争指数(简历投递量/职位数),宁波为18.9位居全国主要城市的第31位,而同期的平均薪酬则为7122元/月,位列上海、北京、深圳、杭州和广州之后全国第6位,2017年秋季则超过广州,以7843元/月位列全国第5位。

● 距离因素:高净流入,近邻省份为主

人口省际流动的近域特征、空间依赖关系并存。高铁等重要交通基础设施极大削弱了当前我国的地理空间的阻力。根据百度迁徙大数据,大规模人口流动活动发生在以京津冀、长三角、珠三角、成渝城市群构建的菱形框架内,同时前三者主导了中国人口的空间流动。净流入率的高集聚极化分布在由上海、苏州、嘉兴、绍兴、宁波、台州、金华、温州构成的长三角人口集聚中心和由深圳、东莞、广州、佛山、中山、惠州构成的珠三角人口集聚中心。2017年末浙江常住人口

5657万(全国第10),增量为67万(全国第2),其中,宁波2017年新增常住人口13万,位列全国第6。根据百度2017年春节后流动人口数据,宁波最主要的流入地有:安徽阜阳(22.0%)、江西上饶(18.2%)、河南商丘(14.0%)。2018年春节后主要有安徽阜阳(10.75%)、河南商丘(10.61%)、安徽亳州(10.33%)、江西上饶(6.36%)。宁波属于人口高度流入城市(净流入118万),流入区域主要以近邻安徽、河南为主。

● 资源吸引力:教育中等,医疗落后

区域资源因素包含多种要素,包括城市基础设施配套、医疗设施、教育设施等,其中尤其教育资源决定了一个区域高素质劳动力以及购买力的潜在供给。2017年宁波每万人拥有普通中学0.3735所(相比较西安0.4699,郑州0.4473,长沙0.3953,杭州0.3496,南京0.2783),小学0.5496所(相比较西安1.1799,郑州0.9331,长沙1.1593,杭州0.4837,南京0.4187)均处于中等水平,而每万人拥有医院数量0.19家(相比较西安0.44,南京0.43,合肥0.58,杭州0.32)差距较大。

在迁移人口文化素质的差异和变化上,研究发现近年来不同教育程度的劳动力在迁移选择上也是出现了分化:受过初等教育的人口省际迁移活跃度更高。全国省际迁移人口中,初等教育以下的人口比重有所提高,而受过中高等教育迁移人口的比重明显下降,显示迁移人群主要以城镇化过程中的农业人口为主。高等教育人口更偏向于省内迁移,具有高等学历人口省内迁移比重上升了6.4个百分点,而省际迁移比重下降了3.6个百分点。浙江省受过高等教育的迁移人口以省内迁移为主,跨省流入人口教育程度相对较低。

● 流动人口特征:农业人口导入,沉淀不强

相对于超大城市集聚模式的北上广,内生城镇化模式的中西部,浙江属于外来农业人口导入模式。这些地区具备相对较高的城镇化水平(低于第一种模式),处于快速增长城镇化阶段,人口处于净迁入状态,但人口沉淀性不强,农业户口人口的迁移比重较高,以乡—城流动人口为主。这意味着这些地区未来常住人口市民化任务及其艰巨。这些地区往往是城市群人口集聚的次中心和农业转出人口"阶梯型迁移"中以城市群核心城市为终极目标的"中间站"。

(6)培育留人环境,吸引流动人口融入宁波

● 就业:自由职业是趋势也是外来人口城市就业的主流

获得就业、提高收入进而改善生活是大多数中国乡镇剩余劳动力由乡镇流向城市的主要目标。非正规就业(灵活就业、自由职业、自我雇佣)因其灵活性和

多样性为乡镇剩余劳动力提供了更广阔的就业空间,从而成为乡镇剩余劳动力就业的最主要形式。无论是基于宏观统计数据还是微观住户调查,均表明中国乡镇进城劳动者(尤其女性)存在显著的就业非正规化趋势。

在美国有 5300 万人从事者自由职业,占总工作人口的 34%,其中包括 2100 万(40%)独立合同工、1430 万(27%)兼职工、930 万(18%)从事多样化的工作,550 万(10%)做临时工,还有 280 万(5%)自由业务的小生意主。英国有 480 万个体经营者,占英国劳动力的 15%。87% 的个体营业者表示绝不会再受雇于他人。而自由则是人们选择个体经营的最主要原因(67%)。平衡工作与生活也是人们选择个体经营的原因之一(50%)。过去 15 年来,英国全职就业人数一直在下降,取而代之的是外包、临时工、零工时合同,以及各种临时项目等多样化的工作方式。这些"非正规"工作模式适应日益灵活的劳动力市场和自主就业的趋势,也在改变着"传统"的工作模式。

面对就业机会,劳动者会选择不同的部门和就业类型来使他们的效用最大化。这种就业效用依赖于个人的条件、性格和偏好,包括工作的货币收入和非货币层面。收入和工作的稳定性并不是决定效用的唯一标准,其他因素——比如自主性、灵活性、工作时间、工作出行距离也是衡量工作选择的决定性因素。实际上,新生代外来乡镇劳动者非常重视自主性、工作距离、弹性工作时间。比如微商、街头散工、流动销售、无牌店铺经营者、餐饮小时工,以及大多数娱乐休闲行业存在大量的自由职业和自我雇佣。按照 Ports 的非正规经济(就业)三悖论(市场化悖论、国家控制悖论、部门统计悖论),对于自我雇佣和其他非正规就业的政府及社会管理来说,政府的默认、社会的接受是对非正规就业的发展或许更为有利。尤其在"大众创业、万众创新"浪潮的带动下,更应鼓励各类人才自主创业、自我雇佣从事各类自由职业。

● 住房保障:人才住房、安居型商品房和公共租赁住房

住房不仅是人们遮风挡雨的物理空间,也是流动人口在流入地生活环境和社会交往的场所,是获得其他城市资源、积累人力和社会资本,实现社会融合的重要窗口和平台。近 10 年以来,流动人口群体虽然拥有住房和租住公房的比例波动上升,但其占比仍然极低(尤其公租和廉租占 0.4%),主要住房来源仍是租住私房。乡-城流动人口拥有住房的比例大大低于城—城流动人口,乡—城流动人口的安居梦想还很遥远。

自《国家新型城镇化规划(2014—2020 年)》实施以来,流动人口的居住状况取得了积极的进展(至少在理念上),但住房保障仍然困难重重。无论是国家新

型城镇规划,还是党的十九大报告,无不强调"以人为本",保障流动人口"住有所居"。党的十九大报告强调,多谋民生之利、多解民生之忧,在住有所居、弱有所扶上不断取得新进展。推动流动人口从寄居走向安居是一项重大的民生工程。如何有效突破现有住房保障体系的制度瓶颈,是政府和企业必须共同应对的重大课题。

根据房天下(fang.com)统计,宁波老的 6 个城区 30 万套二手房,均价在 1.7 万元/平方米左右,而新房几乎没有在 2 万元以下的。根据抽样调查,外来流动人口在宁波购房的心理总价在 100 万元左右,意味着二手房面积在 60 平方米以下,新房面积在 40 平方米以下。而小面积的房源在宁波的市区非常稀少。镇海区 2017 年常住人口仅增长了 2000 人左右,而户籍人口增长了 8448 人,得益于镇海区相对较低的房价,使得相当一部分外来人口购房落户,常住人口与户籍人口比例达 194%,居宁波各区之最。

为了吸引外来乡镇流动人口,宁波可以考虑进行精准住房政策,借鉴深圳住房制度的改革(2035 年前,建设 100 万套约 60%总量的保障房),集中力量建设人才住房、安居型商品房和公共租赁住房(35~60 平方米,总价约 100 万元),或在市区商业性开发住宅地产中鼓励设置一定比例小户型。优先提供给外来无房户,并在购买时推出一定的优惠政策。在小户型二手房的购买中,对于外来无房户提供一定的税收减免。

● 教育:简化入学申请制、降低就学门槛

根据研究,子女随迁显著增进了农民工的城市融入感,"家庭迁移"模式下的农民工的城市融入意愿、长期定居意愿以及其本地人身份认同感均显著高于个体迁移者。宁波在义务教育上具有极大的比较优势,在 15 个副省级城市中,宁波教育公平指数蝉联首位,教育质量位列第三。2017 年接受外来务工人员随迁子女占全市义务段学生总数 40%以上,其中公办学校接纳率占八成多。根据宁波学前教育发展第三轮行动计划(2018—2020 年),将继续扩大普惠性学前教育资源,进一步提高普惠性幼儿园的比例,建立以公办幼儿园和普惠性民办幼儿园为主体、选择性民办幼儿园为补充的学前教育发展格局。到 2020 年,普惠性幼儿园覆盖率(公办幼儿园和普惠性民办幼儿园在园幼儿数占在园幼儿总数的比例)达 85%以上,逐步实现按规定班额招生和就近入园;新建、改扩建普惠性幼儿园 120 所以上,重点增加城镇学位供给,应对城镇新一轮入园高峰。

目前宁波市各区所采用的流动人口量化积分申评办法以及外来务工子女积分入学政策,考虑到了年龄结构、文化程度、就业情况、职业技能、社会保险、居住年限、住房情况、任职情况等基础项目,也考虑了紧缺岗位、投资纳税、发明创造和表彰等加分项目以及违法犯罪扣分冻结项目。审核单位涉及教育局、人社局、公安局、经信局、税务局、科技局、住建局、国土局等单位,依证明材料审核评分及人工核查评分十多项。对于外来人口,无论从资料收集以及申报都相对复杂,至少感觉上就很繁,让人产生极大的畏惧心理。宁波需要进一步简化外来务工人员子女申请积分入学项目及方法,利用大数据以及移动 APP,结合"最多跑一次"实践成果多推进系统自动评分,并多进行相关辅导和说明,降低畏难情绪、申请复杂度和入门门槛。

## 【后案例】城市新市民——晓晓

晓晓是来自河南信阳的姑娘,爸爸妈妈很早就出来到省外城市打工,是生产线上的工人,工厂在城市郊区的镇上。在晓晓 17 岁那年,带她来到这座城市,通过老乡介绍在一个养发馆里做学徒工,店里管吃住,也有微薄的薪水。晓晓做事很细心,善于观察和交流,很快成为店里的熟练工,甚至比带她的小师傅手艺都好。店里有 6 位女员工,5 位男员工,主要来自河南、安徽。该养发馆是专门为顾客提供养疗修复头发的场所,主要通过对头皮、毛囊、头发进行系统养疗,从而达到保养、预防和治疗效果,例如防脱、养发、防白、乌黑、控油、舒屑、防敏、止痒等。顾客主要是三四十岁的女性,店里都叫她们姐姐。晓晓按摩手法好,沟通能力强,就积累了好多顾客(顾客到店前可以联系,点名叫哪位技师来服务),在服务中,通过沟通(其实就是陪说话、唠嗑)也可以推广店里的各种套餐,有些顾客会不定期通过充值来购买多种套餐,用于以后到店的消费。晓晓从服务的顾客购买的套餐中能获得提成,比仅仅提供头发护理服务收益更多。店里上班技师分两班,早班 9:00 到 21:00,晚班 12:00 到 24:00,店里有专门阿姨给她们烧饭送餐,还给她们提供住处(一般两室一厅住 4 人,三室一厅住 6 人)。几年后,晓晓成为店里的老技师了,她下面又有几位学徒工,其中一位是她堂妹。22 岁那年,晓晓结婚了,老公是养发馆里同事,同样来自河南,在另外分店工作。婚后第二年,她们小夫妻获得养发馆的一家分店的管理权,在所在城市也买了自己的房子,还生了一个大胖儿子,基本上算是在外省的这座城市定居下来了。

# 第六章　休闲是人与城市的标签

## 【前案例】"活到老,玩到老"

在对老年人的规箴中,常听说"活到老,学到老",没错,于光远先生晚年力倡的"活到老,玩到老",与之相得益彰,堪称老年人健康生活的"两端"。如果说,前者是知识更新,与时俱进,那么,后者则是调整心绪,添趣益智。

作为当代中国一位百科全书式的大学问家,于光远有着诸多的称谓:革命家、经济学家、哲学家、社会活动家等,但垂暮之年,他坦陈自己是"玩学家"。晚年的于光远颇为关注玩学(休闲学)。20世纪80年代,他写了《玩具小论》《玩具大纲》等。进入新世纪,他的玩学专著《论普遍有闲的社会》问世。他自侃"长寿自'玩'中来",晚境显得很是淡定、潇洒、乐观。

"休闲"是现代社会经济发展的产物。相较而言,西方发达国家进入普遍的有闲社会比我国要早得多,一个多世纪前,西方学者就开始关注和研究人的休闲生活,形成了较系统的理论体系。然而在我国,则长期对此充满偏见:一说到"玩"便是"玩物丧志",一说到"闲"便是"闲生是非",理直气壮地说"玩"、心安理得的"休闲"也是改革开放之后所带来的景观,它一改"教化至上"的传统习俗,生活不仅得以丰富性,也呈现了多元化。

于老极而言之:"人之初,性本玩。"人一生下来就喜欢"玩",它不只是孩子的专利,老年人也有"玩"的理由。纵观一个人的不同年龄段,其实,最有时间"玩"的是儿童和老人。背上书包,繁重的学业使得学子少有"玩"的工夫;踏上社会,为生计殚精竭虑,无暇"休闲";养儿育女,操持家务,寡知"玩"滋味。一旦退休,百无牵挂,老年人不只是卸任"社会大舞台"的主角,连家庭这一"社会小舞台"也忝为"跑龙套"而已。既然如此,何不痛痛快快地潇洒"玩"一把?

　　老年人当有自己的"玩"法,而且不同阶层者,"玩"的内容也是相异的。收藏鉴赏、书法丹青,显得高雅,似是文化老人所"玩",大众化的"玩"法也会给普通老人带来几多情趣、几多品味。我有一位年逾七旬的朋友,退休10多年来,他每天所"玩":公园晨锻,上午电脑炒股,午休后与街邻或闲聊,或弈棋,或打牌,晚饭后,看会儿电视、报纸,就寝。偶尔还约上几个知己郊游,生活甚有规律,怡然自得。时下,社区盛行老人歌咏、跳舞、打球,只要"玩"得舒心,都是应当提倡的,即使养花养鸟养猫养狗,亦然。社会要有一个共识:尽可能创造条件,让老年人走出斗室,参与积极有益的娱乐和休闲,支持其健康的、有情趣的、有文化品味的"玩"。

　　于老说:"休闲是人们对可以不劳动的时间的一种利用,它是人的行动,是可以自我做主的。"作为一种进步的社会文化现象,休闲对人们的日常生活结构以及人们的行为方式产生着深刻的影响,在一定意义上说,它也丈量着社会文明、和谐、健康的刻度。老年人的"玩"(如有没有心情和时间玩、玩哪些内容、玩得是否自悦)似可"窥斑见豹"矣!——这,便是我们为"活到老,玩到老"鼓与呼的理由。

　　来源:东方网　2014年3月31日

## 休闲与健康中国

　　中国休闲学研究的开拓者马惠娣女士(2003)认为,从休闲学的角度研究休闲的本质,应把休闲看作是人的一种存在状态、一种生命状态、一种精神状态,是人"成为人"的过程,是人的一生中持久的、重要的发展舞台。休闲的最好状态应是以欣然之态做心爱之事,休闲应成为人类美丽的精神家园。正如于光远先生所说,"人之初,性本玩",人在悠然自得、无拘无束的玩耍中学会了许多生存的本领,然后才逐渐成为人的自觉的、有意识的文化活动,并随着语言文字的形成和发展,文字乃至其他各种符号的意义才成为休闲活动的重要内容。

　　2016年8月,习近平总书记在全国卫生与健康大会上发表重要讲话,指出:人们常把健康比作1,事业、家庭、名誉、财富等就是1后面的0,人生圆满全系于1的稳固。习近平在会上提出"要把人民健康放在优先发展的战略地位",顺应民众关切,对"健康中国"建设作出全面部署,"切实解决影响人民群众健康的突出环境问题""推动全民健身和全民健康深度融合""为老年人提供连续的健康管理服务和医疗服务"等要求,明确了环保、体育、食品安全、公共安全、民政养老等部门须"守土有责",也契合了"把以治病为中心转变为以人民健康为中心"的新主旨。

2017年10月18日,习近平总书记在十九大报告中指出,实施健康中国战略,要完善国民健康政策,为人民群众提供全方位全周期健康服务。坚持预防为主,深入开展爱国卫生运动,倡导健康文明生活方式,预防控制重大疾病。积极应对人口老龄化,构建养老、孝老、敬老政策体系和社会环境,推进医养结合,加快老龄事业和产业发展。

2016年10月,中共中央、国务院印发了《"健康中国2030"规划纲要》。这是把国民的身心健康问题提高到国家战略的高度,是一桩与每个中国人都息息相关的大事。该《纲要》指出,推进健康中国建设,是全面建成小康社会、基本实现社会主义现代化的重要基础,是全面提升中华民族健康素质、实现人民健康与经济社会协调发展的国家战略。2019年7月15日,国务院印发《国务院关于实施健康中国行动的意见》,并强调,国家层面成立健康中国行动推进委员会,制定印发《健康中国行动(2019—2030年)》。2019年7月15日,国务院办公厅印发《健康中国行动组织实施和考核方案》。该《方案》提出,建立健全组织架构,依托全国爱国卫生运动委员会,成立健康中国行动推进委员会。

世界卫生组织根据近半个世纪的研究成果,将"健康"定义为"不但是身体没有疾病或虚弱,还要有完整的生理、心理状态和社会适应能力"。中国符合世界卫生组织关于健康定义的人群只占总人口数的15%,与此同时,有15%的人处在疾病状态中,剩下70%的人处在"亚健康"状态。通俗地说,就是这70%的人通常没有器官、组织、功能上的病症和缺陷,但是自我感觉不适,疲劳乏力,反应迟钝、活力降低、适应力下降,经常处在焦虑、烦乱、无聊、无助的状态中,自觉活得很累。亚健康状态多种多样,几乎每种疾病都可能有与之相近的亚健康表现。医学界,包括医学教育界应将工作的重点从单纯的防病、治病转到关注健康、关注亚健康上来,把70%的亚健康人群争取到健康队伍中来。世卫组织数据显示,中国人均健康支出不足美国的5%,距离全球人均健康支出差距也很大,仅为1/5。未来健康事业,将是人人都需要的事业。真正从事这个领域的人,都将为社会提供帮助,成为人们的福星。新的模式正在形成,成为传统医疗的补充和部分替代。

妇女儿童的健康向来被认为是全民健康的重要基石,一是健康的女性对于健康下一代的孕育、健康家庭的关爱是根本保障;二是中国女性劳动力参与率一直很高,大量涉及健康及养护工作的从业人员都是女性。因此职场女性的健康对于健康中国的建设至关重要。激烈的职场竞争与工作压力以及工作-家庭双重兼顾给职场女性带来诸多身心健康隐患,亚健康状态十分普遍。清华大学国际传播研究中心与澳大利亚澳佳宝研究院(Blackmores Institute)联合公布的《2018中国城市职场女性健康绿皮书》指出,无论是当今职场的中流砥柱"80后"还是初入职场的"90后",都呈现明显的亚健康状态,她们平均每人面临着四个以上的健康问题。睡眠/失眠、肠胃不适、皮肤问题、颈椎/腰椎酸痛、月经不调是职场女性提及次数最多的健康问题,尤其是睡眠问题,有近50%的受访者表示经常受到失眠或睡眠问题的困扰,更有近27%的女性表示她们"经常失眠"。

2017年11月,在杭州召开的以"全域旅游、田园城市与休闲发展"为主题的2017中国(国际)休闲发展论坛上,中国健康促进基金会副理事长兼秘书长、军事科学院原副院长徐卸古少将发表了主旨演讲,主要阐述了三个问题:健康中国战略是休闲产业发展的新引擎;休闲产业发展与健康中国密切相关;休闲产业与健康促进融合发展。他认为,休闲产业的发展与健康中国密切相关。休闲产业的发展将助力于健康中国的实施。休闲也是一种国际趋势,在实施健康中国过程当中,很重要的是要养好心神,改善亚健康。休闲产业和大健康都体现了以人为本的理念,与健康中国战略目标完全一致。休闲产业与健康产业互相促进、融合发展。健康的休闲、科学的休闲,让休闲成为一种健康的生活方式,是一种积极的生活态度,这不是单纯的玩,更是一种精神上的放松。

2016年6月27日,国务院总理李克强出席2016年夏季达沃斯论坛开幕式并发表特别致辞。他明确指出,消费的主导作用、服务业成为第一大产业的优势在不断显现,智能通讯、手机、新能源汽车等新兴消费迅速扩大,旅游、文化、体育、健康、养老"五大幸福产业"快速发展,既拉动了消费增长,也促进了消费升级。

业内分析人士认为,在夏季达沃斯论坛这一重要的、高规格的国际性会议上,李克强总理提出旅游、文化、体育、健康、养老"五大幸福产业"的概念,旅游业还被置于"五大幸福产业"之首,这是继2016年《政府工作报告》将旅游列为"消费升级"的重要组成部分后,又一次被国家领导人进行高规格定位,进一步凸显了旅游产业在国民经济社会发展全局中日益重要的功能与作用。

2016年11月国务院办公厅发布《关于进一步扩大旅游文化体育健康养老教育培训等领域消费的意见》(国办发〔2016〕85号)认为,当前,我国国内消费持续稳定增长,为经济运行总体平稳、稳中有进发挥了基础性作用。顺应群众期盼,以改革创新增加消费领域特别是服务消费领域有效供给、补上短板,有利于改善民生、促进服务业发展和经济转型升级、培育经济发展新动能。要按照党中央、国务院决策部署,牢固树立和贯彻落实创新、协调、绿色、开放、共享的发展理念,坚持以供给侧结构性改革为主线,发挥市场配置资源的决定性作用和更好发挥政府作用,深入推进简政放权、放管结合、优化服务改革,消除各种体制机制障碍,放宽市场准入,营造公平竞争市场环境,激发大众创业、万众创新活力,推动一二三产业融合发展,改善产品和服务供给,积极扩大新兴消费、稳定传统消费、挖掘潜在消费。经国务院同意,提出着力推进幸福产业服务消费提质扩容,围绕旅游、文化、体育、健康、养老、教育培训等重点领域,引导社会资本加大投入力度,通过提升服务品质、增加服务供给,不断释放潜在消费需求。

五大幸福产业涵盖的"旅游、文化、体育、健康、养老"构成了休闲产业的主体。以五大幸福产业为代表的中国休闲产业站上了国家战略高度,说明了休闲产业的扩容升级,正成为我国经济增长的主要支撑。

时任国家旅游局局长李金早在2015年全国旅游工作会议上认为,一说到旅游,人们就会提及旅游六要素"吃、住、行、游、购、娱"。六要素精辟概括了旅游活动,是直到现在对旅游业描述最简洁、最准确、传播最广的概念。"如今,激发人们旅游的动机和体验要素越来越多,需要拓展新的旅游要素。总结旅游业这些年的发展,在现有'吃、住、行、游、购、娱'旅游六要素基础上,可否概括出新的旅游六要素:'商、养、学、闲、情、奇'? 前者为旅游基本要素,后者为旅游发展要素或拓展要素。"

李金早表示,"商"是指商务旅游,包括商务旅游、会议会展、奖励旅游等旅游新需求、新要素;"养"是指养生旅游,包括养生、养老、养心、体育健身等健康旅游新需求、新要素;"学"是指研学旅游,包括修学旅游、科考、培训、拓展训练、摄影、采风、各种夏令营冬令营等活动;"闲"是指休闲度假,包括乡村休闲、都市休闲、度假等各类休闲旅游新产品和新要素,是未来旅游发展的方向和主体;"情"是指情感旅游,包括婚庆、婚恋、纪念日旅游、宗教朝觐等各类精神和情感的旅游新业态、新要素;"奇"是指探奇,包括探索、探险、探秘、游乐、新奇体验等探索性的旅游新产品、新要素。"拓展出'商、养、学、闲、情、奇'旅游发展六要素,也只是基于现阶段实践的总结,随着旅游不断升级,今后还会拓展出更新、更多的旅游发展要素,这是旅游业蓬勃发展的大趋势。"见图6-1。

2018全国旅游工作会议上,时任国家旅游局局长李金早在会上所做的工作报告中指出,2017年,我国人均出游已达3.7次,其中国内游、出境游市场出游人次突破50亿人次。我国旅游业已从小众旅游向大众旅游转变,从景点旅游向

图 6-1 旅游新旧六要素

全域旅游转变,旅游已真正成为衡量现代生活水平的重要指标,成为人民幸福生活的刚需。来自国家旅游局数据中心的测算,过去三年,我国旅游综合最终消费占同期国民经济最终消费总额的比重超过 14%,旅游综合资本形成占同期国民经济资本形成总额的比重约 6%,旅游综合出口占国民经济出口总额的比重约 6%。其中,2017 年旅游业综合贡献 8.77 万亿元,对国民经济的综合贡献达 11.04%,对住宿、餐饮、民航、铁路客运业的贡献超过 80%,旅游直接就业 2825 万人,旅游直接和间接就业 8000 万人,对社会就业综合贡献达 10.28%。同时,李金早指出,旅游产业社会综合效益已更加凸显。2017 年,我国人均出游已达 3.7 次,旅游成为衡量现代生活水平的重要指标,成为人民幸福生活的刚需。同时,旅游成为生态文明建设的重要力量,并带动大量贫困人口脱贫,很多地方的绿水青山、冰天雪地正在通过发展旅游转化为金山银山。

据世界旅游及旅行业理事会(WTTC)第三届亚洲(旅行界)领导人论坛相关数据发布显示,2019 年旅游业对中国 GDP 的贡献达到 11%,十个最大的旅游城市中,有 6 个位于亚洲,上海和北京名列前三名。根据联合国世界旅游组织(UNWTO)的数据显示,2018 年全球国际旅游总人次达到 14 亿,同比增长近6%。联合国世界旅游组织在 2010 年曾预计,到 2020 年全球的国际游客将达到14 亿,而随着经济的增长,高性价比航班的进一步加入,商业模式的变革发展以及出境游的便利化,全球旅游总人数已经提前两年完成了 14 亿的指标。目前,休闲旅游已成为世界旅游发展最新的潮流。根据世界旅游城市联合会发布的报告,休闲度假占世界旅游的比重已超过 60%。与一般的观光旅游不同,休闲旅游更加强调舒适性和体验度。作为一种新型业态,休闲旅游已成为第三产业的核心载体和世界旅游价值链的高端形态。2015 年左右,发达国家已经率先进入了休闲时代,休闲旅游已经成为人们生活的一部分。据美国权威机构预测,休闲娱乐活动旅游将成为下一个经济浪潮,并席卷全球各地。

### 深度休闲与核心性活动

如果宏观经济学之父凯恩斯还活着,他一定会对 2019 年的世界大惑不解。1930 年,凯恩斯在他的论文《我们后代的经济前景》中提出了两个十分美好的猜测:生活在 2030 年的人,会比 1930 年的人富裕 8 倍;因此,那时候我们每天只需工作 3 个小时,然后发愁如何打发漫长的时间。而真相如何呢? 加班、疲惫、彻夜亮灯的中央商务大楼、少到可以忽略不计的休假时间。日本经济学家、大阪过劳死防止协会会长森冈孝二在他的书《过劳时代》里提出这样一个疑问:为什么在经济如此发达的今天,人们曾经期待的“休闲型社会”却仍未到来,过度劳动的时代却开始了? 一件更可惜的事情是,在写完《过劳时代》中文版序言不到一个月后,森冈孝二本人就因为“过劳”辞世,享年 74 岁。

表面上看,多工作、多劳动,不是应该能创造更多的价值吗? 但是再深入研究,你会发现到了一定阶段,进入到严重的过度劳动时,它就会带来一系列的损失。企业虽然还在赚钱,但社会已经开始“赔钱”了。比如员工的疲劳工作,最直接的是影响员工的身体健康,给家庭带来风险,严重的操作事故,还会对整个生产链条产生负面影响,但这些却是社会在承担。

休闲与工作相对立,是非工作时间或闲暇时间个体自由支配的感受。休闲是居民生活水平和经济发达程度的标志(Roberts,1999),休闲与旅游是紧密相关的概念,随着旅游与休闲研究的不断深入,两者的概念已相互借鉴(Ryan,1991),至少在个体的感知里,休闲和旅游之间的区别已经变得无关紧要(Jansen-Verbeke & Dietvorst,1987)。旅游研究本质上是对富人群体的研究,而对那些没有出游行为和流动较少的群体的旅游研究还比较缺乏(Hall,2005)。加里·奇客等人(Garry Chick et al.,2012)用实证研究的方法重点分析了 13 个与休闲相关的词语,还使用特征拟合进一步研究数据中的潜在关系,从正面、积极的角度包括了娱乐(Entertainment)、游乐(Amusement)、游憩(Recreation)、玩耍

(Play)、放松（Relaxation）、自由时间（Free time）、爱好（Hobby）等词汇与休闲相关。

休闲对于人的幸福生存具有本质性、本原性的意义。但是，并非所有的休闲形式都能够提升人们的享受、生活满意度、心理健康和幸福感，因此，探究何种类型的休闲活动是有益的成为一种必然。斯特宾斯（Stebbins）于1982年首次提出深度休闲（Serious Leisure）的概念，并认为深度休闲对幸福具有正向的影响。深度休闲是指一个业余人员、兴趣爱好者的系统性专业化追求，甚至将其作为一个事业，致力于获取相关的技能和经验，在此过程中，个人获得了积极的情感体验，如自我提升、自我实现、自我定位、自我表达和自我满足。与此相对应的是无需技能、短暂的、即刻满足的随意休闲（Casual Leisure）以及有计划的、短暂的基于项目的休闲（Project-Based Leisure）。

梳理国外文献中的深度休闲活动可以发现，主要涉及业余爱好、体育运动、文化艺术和志愿服务4种类型。其中，业余爱好主要包括：飞机、越野驾驶、疯狂轮滑、斗狗、犬业俱乐部、垂钓捕鱼、徒步旅行、象棋、跆拳道具。体育运动主要包括：骑乘、冲浪、跳伞、滑雪滑冰、攀岩、铁人三项、马拉松、球类比赛。艺术文化主要包括：啤酒鉴赏、食品评论、绗缝、电影制作、职业戏剧、摄影、舞蹈。志愿服务主要为园艺。

深度休闲活动的参与和开展对于社区发展和管理能够产生积极的影响。社区服务经验可能产生持续的公民参与，因此具有重要的社会意义。此外，深度休闲能够改善自我形象和自我表达，进而改进社会关系，有助于个人的成长和幸福。尤其是，深度休闲活动能够给老年人带来较高的畅爽体验和主观幸福感。

Kelly和Godbey（1992）提出休闲活动包括核心性活动和平衡性（Core and Balance）活动。核心性活动是指一些定期从事的活动，通常在家或者附近进行，价格不高，基本不需要特别组织，如公园散步、参加广场舞、茶馆喝茶打牌等。平衡性活动是一种特定的、有计划的活动，需要一定组织和经费，通常远离居住地，如旅行。

Zabriskie和McCormick（2003）提出了休闲活动的核心和平衡框架，以此为参照可以根据参与场所离家距离的远近，将深度休闲大致分为室内、社区和户外3种类型。在有关室内深度休闲的研究文献中，Stalp（2004）考察了美国家庭女性绗缝休闲活动，发现传统固有观念下绗缝仍存在时间和空间的诸多限制，而美国女性则希望抵制这些限制和固有观念，追求深度休闲的体验。进一步发现，尽管绗缝在金钱、荣誉的获取和国际认可度方面获得了成功，但是因参与者大多为女性仍未被充分重视,然而此类活动应给予必要的家庭空间支持。Kraus(2013)则通过对美国肚皮舞者深度休闲生涯性别属性的研究发现,虽然男性与女性均被舞蹈的艺术和历史所吸引,但是女性却需要经历一些主要的生活转变,例如,减少家庭责任及工作、教育和社会关系的改变等。

我国政府往往更关心平衡性活动,尤其是旅游,而实际上,现在更需要关注核心性活动的提供——那些几乎每日都要做的、居家或附近的活动,因为它涉及更多人的福利和更频繁的参与体验。平衡性休闲活动反映了个体收入的增长,提供了展现财富和地位的机会。而核心性休闲活动则是反映时代变革,提升日常生活质量,尤其核心性休闲活动涉及收入不高的城市居民以及众多外来流动人口。

贝壳找房(www.ke.com)发布的《2019 城市社区宜居报告》中评估宜居城市采用的算法中,以社区为中心,计算方圆 1.5 公里(美食、购物为 1 公里)内各维度数值。这也充分体现了宜居包含的休闲活动中的核心性活动。其中生活便捷指数(30%)包括美食(10%)、购物(10%)、休闲娱乐(7%)、丽人(1%)、酒店(2%);出行便利指数(20%)包括公交(10%)、地铁(10%);医疗教育指数包括教育(10%)、医疗(10%);居住适宜指数(2%)包括绿化率(1%)、是否老旧小区(1%)以及收入房价指数(28%)。具体包括美食:小吃、中餐馆、蛋糕店、茶座;购物:超市、购物中心、便利店、百货商场;休闲娱乐:洗浴、剧院、休闲广场、电影院;丽人:美发;酒店:快捷酒店、公寓式酒店、星级酒店;教育培训:高等院校、幼儿园、中学、小学、亲子教育、图书馆、书店;医疗:药店、诊所、综合医院;价格指数:计算收入房价比,并进行标准化。

## 居民日常休闲

目前关于休闲活动类型的划分多种多样。如邓伟志(1985)结合国外有学者研究将休闲活动分为四类:堕落型、消遣型、积极型和发展型。楼嘉军(2005)将居民日常休闲活动概括为七大类:消遣娱乐类、怡情养生类、体育健身类、旅游观光类、社会活动类、教育发展类、消极堕落类。宋子千、蒋艳(2014)以休闲活动的动机作为切入点,同时参考休闲活动内容的划分方法,将休闲活动分为以休息为目的的活动、以享乐为目的的活动、以社交为目的的活动、以运动为目的的活动、以自我提升为目的的活动五种类型。

马惠娣(2001)认为休闲产业是指与人的休闲生活、休闲行为、休闲需求(物质的、精神的)密切相关的领域。特别是以旅游业、娱乐业、服务业和文化产业为龙头形成的经济形态和产业系统，一般包括国家公园、博物馆、体育（运动场馆、运动项目、设备、设施维修）、影视、交通、旅行社、餐饮业、社区服务以及由此连带的产业群。

像小雪这样在社区附加的娱乐休闲场所工作的外来女性不知道有多少人，可以通过百度地图和大众点评网的搜索来做大致的判断，如表6-1（以浙江省某城市为例），需要说明的是表中的平均工作人数以晚上场景（晚上20点前后）为主，因为串场重叠会导致人数估计过多。

表 6-1　浙江某城市的休闲（娱乐）场所与就业人数

| 娱乐休闲类型 | 场所数量 | 平均工作人数 | 类型总人数 | 备　注 |
|---|---|---|---|---|
| 美食 | 750 | 10 | 7500 | |
| 舞厅 | 181 | 100 | 18100 | |
| 足浴 | 3789 | 10 | 37890 | |
| KTV 会所 | 380 | 30 | 11400 | 除去量贩式 KTV |
| 洗浴会所 | 525 | 30 | 15750 | |
| SPA | 750 | 20 | 15000 | 包含男女 SPA |
| 酒吧 | 407 | 20 | 8140 | |
| 演艺 | 57 | 10 | 570 | |
| 总计 | 6839 | 10～100 | 114350 | |

一个超过800万人口的城市，仅以上8类娱乐休闲场所，估计外来的从业人员超过10万，这个数字在300多万外来劳动力数量中，也只占3%，并不突出。

再来看看浙江某城市里的一个典型的休闲聚集地的各场所分布，这片城区长3公里、宽2公里，围绕着20多个小区，其中一半是老小区，始建于20世纪80年代至90年代。在这一带开设有舞厅6家，KTV会所8家。尤其在最核心的一条长约900米的街道两旁分布有各类店铺数百家，统计如表6-2所示。

表 6-2　娱乐休闲典型街区的场所类型

| 序号 | 店铺类型 | 数量 | 序号 | 店铺类型 | 数量 |
|------|----------|------|------|----------|------|
| 1 | 美容美发 | 11 | 21 | 香烟店 | 2 |
| 2 | 美甲化妆 | 9 | 22 | 建材店 | 2 |
| 3 | 棋牌室 | 2 | 23 | 修鞋店 | 1 |
| 4 | 小吃店 | 28 | 24 | 眼镜店 | 1 |
| 5 | 中式快餐 | 5 | 25 | 首饰品店 | 1 |
| 6 | 土特产店 | 3 | 26 | 保健品店 | 1 |
| 7 | 水饺店、馄饨店 | 2 | 27 | 快递点 | 1 |
| 8 | 面包店、蛋糕店 | 3 | 28 | 典当、调剂店 | 2 |
| 9 | 面馆 | 3 | 29 | 手机通讯 | 2 |
| 10 | 川菜馆、湘菜馆 | 2 | 30 | 手机维修 | 2 |
| 11 | 蔬菜、水果店 | 7 | 31 | 福利彩票 | 1 |
| 12 | 服装、服饰店 | 17 | 32 | 房产中介 | 5 |
| 13 | 杂货店 | 7 | 33 | 小宾馆 | 3 |
| 14 | 小超市、便利店 | 7 | 34 | 大药房 | 2 |
| 15 | 配锁、电动车维修 | 7 | 35 | 书报亭、复印店 | 2 |
| 16 | 化妆品店 | 4 | 36 | 浴室 | 1 |
| 17 | 小家电、小五金 | 4 | 37 | 小诊所 | 1 |
| 18 | 干洗店 | 2 | 38 | 幼儿托管 | 1 |
| 19 | 银行办事处 | 1 | 39 | 幼儿园 | 1 |
| 20 | 小书店 | 1 | 40 | 门窗安装 | 1 |

　　这俨然构成了一个相对封闭的自循环生态链。许多像小雪这样的外来女性在这个陌生的城市里几乎都待在这样一个熟悉的社区里,吃、住、上班和社交基本都在这里可以获得。

　　**案例1**:老赵(男,本地人,资源输出者),今年65岁,已经退休7年,每月有退休金3500元,除了自己住处外,在附近小区有70平方的旧房子一套,出租给外来工作的小吴(女,23岁,外地人,服务提供者),租金2200元/月。老赵经常去小王(男,32岁,外地人,服务提供者)开的小饭店吃饭,一次15元左右。有时

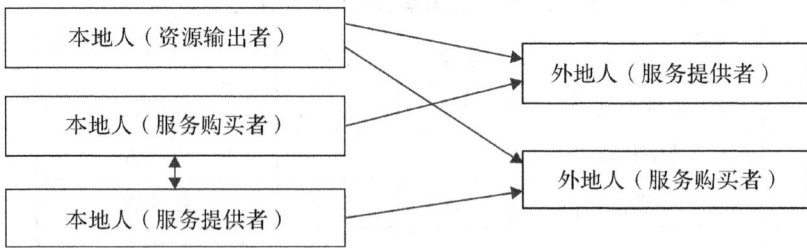

图 6-2　娱乐休闲服务对象关系图

会去舞厅坐坐,找小夏(女,27 岁,外地人,服务提供者)跳舞,一整场下来 200 元。有时去家私城门口跳广场舞,经常去附近老张(男,35 岁,外地人,服务提供者)开的小店买饮料和香烟。

**案例 2:**小李(男,外地人,服务购买者),今年 40 岁,在这个异乡城市工作了 15 年了,一直在工厂上班,工资一般在 5000 元左右。因为老婆小孩还在老家,所以周末有时约几个同乡一起去 KTV 玩,和 KTV 里的梦梦(女,22 岁,外地人,服务提供者)玩得很熟,经常点她的钟,有时玩到半夜一起外出到老刘(男,45 岁,外地人,服务提供者)开的大排档吃夜宵,有时老乡一起去老王(男,38 岁,本地人,服务提供者)开的足浴店洗脚,和足浴店 100 号技师妞妞(女,21 岁,外地人,服务提供者)混得很熟。

休闲是人的天性,也是人的共性,不分中外,无论古今。从古代商朝的纣王和妲己的宫廷娱乐到现在各类民众歌舞娱乐,3000 多年过去了,有些爱好和行为一直保留不变,成功男士还是抱着美女喝酒唱歌。骂一个人好吃懒做、沉迷酒色,是很严重的批评。中国人拥有强烈的工作责任感,一说到休闲、消遣就会有罪恶感。其实,"好吃懒做"也是人的天性,没有人生来就是勤快的,只是因为有了社会责任、家庭负担、道德评价,勤劳刻苦才会成为一个社会的主流价值观。从社会生活来看,"好吃懒做"恰恰是进步的动力。试想,人如果不贪图便宜、爱慕虚荣怎么会有淘宝网的红红火火;人如果不懒惰,怎么会有有各类外卖风风火火;人如果不无聊消遣,怎么会有网红直播到处打赏收钱。甚至,那些智能家电、智能家居、智慧城市在某种意义上都是为了迎合人懒惰的天性。

我们一般把打牌、喝酒、唱歌、洗脚、按摩、上茶馆、跳广场舞认为是市井的休闲文化,其实,这一套老百姓的休闲文化是具有强大的生命力的。据中商产业研究院的数据显示,2016 年全国足浴桑拿中心营业收入超过 3200 亿元,2017 年计划营业收入超 3300 亿元,行业市场规模不断扩大。据了解,足疗、足浴、桑拿行业作为一个新兴的传统行业,发展迅速。有关部门统计,中国足疗行业目前拥有超过百万家,从业人数上千万人,行业正在经历一个快速升级的发展阶段。

以足浴(足疗)为例,古人曾经有过许多对足浴的经典记载和描述:"春天洗脚,升阳固脱;夏天洗脚,暑湿可祛;秋天洗脚,肺润肠濡;冬天洗脚,丹田温灼。"还有句流行的俗语:"富人吃药,穷人洗脚",足浴保健在今天更是蔚然成风。

虽然中华文明史已历经数千年的演变,但这一中华传统保健术之精华并未因此而被人们遗弃,相反它不但被继承下来,而且得到了更大的发展。今天它仍然是一种深得人心的保健养生方法。随着药物副作用的增多和药源性疾病的不断涌现,越来越多的人更加崇尚自然保健法。作为绿色疗法其中之一的足浴疗法,由于其操作简单,方便舒适,效果显著,由北往南再次掀起广泛流传,满街林立的足浴屋就是对足浴保健效果的最好佐证。

2007 年 10 月 18 日,商务部姜增伟副部长给"洗脚"正名"足浴保健",并且让有关部门制订了《足浴保健服务行业经营和管理技术规范》,从政策法规上指导足疗行业的发展。

再比如广场舞,广场舞是舞蹈艺术中最庞大的系统,因多在广场聚集而得名,融自娱性与表演性为一体,以集体舞为主要表演形式,以娱乐身心为主要目的。包括佳木斯舞步、坝坝舞、水兵舞等。广场舞是居民自发地以健身为目的在广场、院坝等开敞空间上进行的富有韵律的舞蹈,通常伴有高分贝、节奏感强的音乐伴奏。广场舞在公共场所由群众自发组织,参与者多为中老年人,其中又以大妈居多。广场舞是人民群众创造的舞蹈,是专属于人民群众的舞蹈,因为民族的不同,地域的不同,群体的不同所以广场舞的舞蹈形式也不同。

我们可以看到广场舞是"不限人群、不限场地、不限时段、不限环境"的全民健身运动——这背后是中国 1 亿广场舞人群的巨大潜在市场。首先,广场舞的存量形态是这样的,存量:场景(社区楼下)+人群(有闲)+方式(自组织)+(健康/社交)价值。根据 2016 年百度运动意图大数据(具体分析工具包括百度指数、百度司南、百度探星、百度关键词规划师等),在全民健身运动燃点榜中广场舞名列第一。从绝对意图指数上看,广东、山东等网民大省当仁不让;而在人均意图指数上,一线城市跃升明显。北京从前一项指标的第 9 名上升至第 1 名,上海从第 16 名上升至第 6 名;而河南、河北、浙江等几个省份无论从绝对指数还是人均指数上看,都保持在前 10 名的位置(如图 6-3)。

在健身运动服务业中,场馆场地服务是最基本保障性条件。从网民对场馆场地的意图指数上可见:不同运动需求对专业场馆的需求程度各有不同,在八大国民主流健身运动中,跑步、广场舞这类运动更多依赖广场、公园、步道等公共休闲场地,在检索意图上表现相对较弱,而游泳、现代健身等对专业场馆要求较高的运动检索意图较强。

在政策端,自1993年起国家就开始推行社会体育指导员等级制度,鼓励竞技体育等专业机构以外的各类运动教练人员对群众性体育活动进行技能传授、锻炼指导和组织管理。目前全国社会体育指导员超过180万人,但由于多为义务性劳动且需要大量空闲时间,这一群体存在年龄结构偏大等问题。

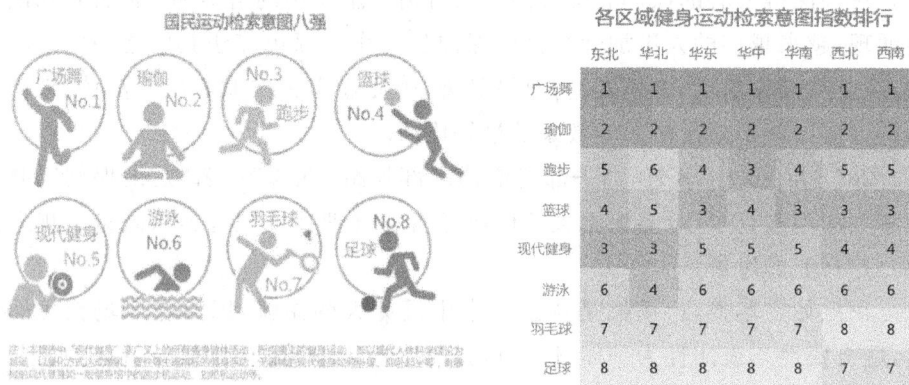

国民运动检索意图八强

| | 东北 | 华北 | 华东 | 华中 | 华南 | 西北 | 西南 |
|---|---|---|---|---|---|---|---|
| 广场舞 | 1 | 1 | 1 | 1 | 1 | 1 | 1 |
| 瑜伽 | 2 | 2 | 2 | 2 | 2 | 2 | 2 |
| 跑步 | 5 | 6 | 4 | 3 | 4 | 5 | 5 |
| 篮球 | 4 | 5 | 4 | 4 | 3 | 3 | 3 |
| 现代健身 | 3 | 3 | 5 | 5 | 5 | 4 | 4 |
| 游泳 | 6 | 4 | 6 | 6 | 6 | 6 | 6 |
| 羽毛球 | 7 | 7 | 7 | 7 | 7 | 8 | 8 |
| 足球 | 8 | 8 | 8 | 8 | 8 | 7 | 7 |

各区域健身运动检索意图指数排行

图 6-3 全国运动健身意图指数

人民日报刊文《我国社会体育健身指导员:人数多结构不均衡》(2014年8月2日)指出,当前,我国人民群众对体育健身的需求正在从欣赏向参与转化,从"要我健身"到"我要健身",再到"我爱健身""我会健身",需要大量的社会体育指导员。在这样的转化过程中,如何使群众健身既健康有趣又科学合理,社会体育指导员肩上的担子不轻。在我国注册的社会体育指导员中,中老年人超过六成,而在一线的中老年指导员还要远高于这个比例。截至2014年7月,我国已经拥有147万名社会体育指导员,这意味着平均每千人就有一位社会体育指导员。在社会体育指导员的指导、带动下,越来越多的人投身全民健身活动。

北京、上海许多锻炼者的运动原因更多是"缓解焦虑"或是"工作压力大"——这和中小城市的人回答截然不同,后者大多为了"好玩",或者并没有什么原因,"只是饭后运动一下"。西安的一位小米手环用户向我们解释为何当地人每天步数都很高时说，"我们那儿的人食量比较大，要消化"。

因此想要制作一份"中国运动城市排行榜"时，看重的也就不再只是当地的球队或运动的自然环境——它更像是去描述每座城市综合的运动环境，它包含了城市运动的基础设施，城市人的运动消费表现，对运动项目本身的关注和参与度，以及城市整体的运动成熟度。考虑到运动规模需要有一个入门门槛，只选取了大众点评上健身场所数量排名前 30 的城市。

从最终结果看，一线城市的位置依然无法撼动，但在许多细分领域上，诸如苏州、南京、杭州、福州、东莞、佛山、厦门、宁波这样的城市多次出现——生活在中小城市的人，比大城市的人多了天然的环境资本和时间资本去享受运动。

在这份排行榜中（如图 6-4），研究公司提出了运动成熟度的概念：一座城市是否拥有不同类型的体育赛事和运动场馆，消费者是否有不同层次的运动消费，以及它拥有多少个"10 分钟健身圈"——即在步行一公里范围内，能够找到运动场所。

| 01 | 深圳 | 100 |
| 02 | 北京 | 78 |
| 03 | 上海 | 68 |
| 04 | 广州 | 62 |
| 05 | 厦门 | 55 |
| 06 | 佛山 | 50 |
| 07 | 东莞 | 47 |
| 08 | 成都 | 40 |
| 09 | 南京 | 39 |
| 10 | 武汉 | 38 |

公园密度指数×0.26
人均健身房数量指数×0.24
空气质量指数×0.22
大型赛事场馆数指数×0.28

基础设施总分

**人均健身房数量排名** 万人健身房拥有量（单位：个／万人）

| ❶ 北京 | 5.85 | ⓫ 长沙 | 2.22 |
| ❷ 上海 | 4.55 | ⓬ 成都 | 2.21 |
| ❸ 深圳 | 4.44 | ⓭ 大连 | 2.20 |
| ❹ 厦门 | 3.81 | ⓮ 郑州 | 2.19 |
| ❺ 广州 | 3.51 | ⓯ 天津 | 2.14 |
| ❻ 南京 | 2.99 | ⓰ 合肥 | 2.09 |
| ❼ 西安 | 2.78 | ⓱ 青岛 | 2.00 |
| ❽ 武汉 | 2.77 | ⓲ 济南 | 1.94 |
| ❾ 沈阳 | 2.55 | ⓳ 佛山 | 1.85 |
| ❿ 杭州 | 2.47 | ⓴ 常州 | 1.74 |

数据来源：美团大众点评新健康研究院　统计时间截至2016年8月

**图 6-4　休闲健身基础设施及场馆排名**

不难理解为什么深圳能在基础设施这一项上排名第一。2016 年 1 月至 5 月，深圳空气质量优级的天数有 184 天，仅次于厦门的 193 天。和厦门类似，深圳也是一个有山有海有公园的城市，平均每 100 平方公里就有 23 个公园。许多南方城市在这两项上都表现突出。邻近的佛山和东莞在相同范围内有 11 个公园。

北上广深以外，厦门的基础设施建设在 15 个新一线城市中位列第一。如果你去厦门旅游，很容易被那里的休闲、运动氛围感染——每个清晨或是傍晚，你会遇见许多在公园或海边散步、跑步、骑车、跳广场舞的人。厦门作为"海上花园城市"每年吸引了不少游客,生活在厦门的人们,也常常都有一种一出家门就是公园的错觉。不少厦门本地市民手头都有一张厦门旅游年卡,市民每年只要花130元的年费,就可以无限次畅游18个主要核心景区,而从2019年8月开始,来厦门旅游的外地游客也可以享受到类似的待遇。新推出的厦门旅游通卡,让游客花220元就可以畅游23个厦门的景区以及游乐项目。并且这两种卡都实现了"电子化"使用。当然,厦门更多的休闲去处是免费的,比如2018年9月开放的厦门马銮湾新城带状公园,这座长约2公里、总面积达20万平方米的公园将常态化开放,满足市民休闲锻炼、观光赏景的需求,进一步提升新城的宜居度。

## 【后案例】比肩杭州、成都,宁波成为国家级"休闲之都"

2017年8月4日,来源:中国宁波网 记者 张正伟 通讯员 林轶男

说起中国的休闲旅游城市,人们首先想到的可能是杭州、成都这样或山清水秀,或生活气息浓的地方。但今天要告诉你的是,宁波其实也很休闲哟! 今天,我市从国家旅游局拿回了"中国旅游休闲示范城市"的标牌。

据悉,此次共有10座城市获此称号,而对于宁波这样一座非传统意义上的旅游城市,获此殊荣,既是对宁波旅游休闲发展的肯定,更是对宁波城市生活品质、文明程度和幸福指数的认同。

据介绍,中国《旅游休闲示范城市》行业标准对"旅游休闲示范城市"进行了明确的定义,即"旅游休闲功能突出、旅游休闲产业完善、旅游休闲环境和谐,能同时满足旅游者和本地居民旅游休闲需求、在全国具有典型示范意义的城市"。

随着大众旅游时代的到来,人们对生活品质的要求越来越高,提供更多具有体验性、创新性的休闲产品,成为一个城市旅游业发展的重点。近年来,宁波市委、市政府高度重视旅游休闲业的发展,按照建设"中国一流休闲旅游目的地"的目标,制定一系列引导旅游休闲业发展的政策意见、规划纲要和行业标准,推进旅游休闲业融合发展,完善城市休闲环境和服务功能,不断提高旅游休闲消费水平和质量。

宁波积极引导旅游产业从单一的观光产品向多样化的休闲度假和专项产品转型,构建以观光旅游产品为基础,以休闲度假产品为特色,以文化体验、康体养生、会议会展、购物美食、节庆娱乐等专项产品为亮点的现代旅游产品体系。不仅建设形成滨海度假、森林温泉、山水人文、运动休闲、商务会展、都市游憩等休闲旅游基地,还培育了健身步道、海钓、攀岩、露营、休闲渔船、自行车、漂流、滑翔伞等旅游休闲新业态。目前,宁波正式对外开放的旅游景区160余家,3A级以

上旅游景区50家、各类市级休闲旅游基地115处,省级工业旅游示范基地、老年养生旅游示范基地、运动休闲旅游示范基地(优秀项目、精品线路)、中医药文化养生旅游示范基地、果蔬采摘旅游基地等63处。连续三年荣获"中国最佳休闲城市"称号。

借助此次成功创建"中国旅游休闲示范城市"的机会,宁波旅游将立足"名城名都"建设,大力推进全域旅游和国旅游际合作,朝着"打造国际性休闲旅游目的地"的目标前行。

宁波将研究制定全域旅游发展政策体系,创建各级全域旅游示范区,构建全域共享、全域共融、全域共享的休闲旅游目的地升级版;提炼城市旅游整体形象,大力推动国际旅游市场合作,讲好"宁波故事",不断提升宁波的国际影响力和知名度;加强休闲旅游新业态创新,推动旅游与相关产业的融合发展,提升都市旅游、乡村旅游、海洋旅游、生态旅游,大力发展文化旅游、运动休闲旅游、养生养老旅游、商务会展旅游、工业旅游、研学旅游、房车自驾车营地、邮轮游艇等新兴业态,丰富旅游产品供给,不断满足多样化、个性化旅游消费需求。

# 第七章　非正规就业管制的悖论

## 【前案例】咸阳市委书记为何力推"洗脚"业

近年来,为解决下岗工人再就业,陕西咸阳市委书记张立勇大力推动发展足疗行业,足疗被当地政府明确定义为"支柱产业",公安不能随便查,张立勇因此有了"足疗书记"的称号。

足疗能不能成为一地的支柱产业加以扶持？对这个问题,我觉得不能一概而论。咸阳地处西北,资金流、技术流与信息流都滞后,经济发展缓慢,就业压力很大。在找到更合适的发展模式之前,当地政府把从业门槛较低的足疗行业当作经济发展的突破口,未尝不是一个值得一试的办法。

在满足先富裕阶层的休闲需求同时,给下岗工人与农村富裕人员提供大量的工作岗位,也拓宽当地的税源,可谓三赢。从这个角度看,张立勇作为一地的主政官,他的"支柱产业"设想与实施并无不妥,甚至可以说,和那些不管百姓死活热衷于搞政绩工程的地方官员比起来,他务实多了,更有一份顾及民生疾苦的责任感。

具有讽刺意味的是,张立勇的良苦用心遭到舆论的嘲笑,就是当地官员也颇有微词,"足疗书记"这个带有浓厚戏说意味的绰号就是明证。而所有这一切,都源于足疗被舆论认定是暧昧的行业,是色情服务的代名词。

因为一些经营者以足疗为幌子搞色情交易牟取暴利,就一口咬定整个足疗行业,所有的经营者、甚至倡导者都是道德堕落者,都在搞不法勾当,我觉得,这是对足疗的妖魔化与有罪推定。如果以足疗具有"原罪"为理由,怀疑与否定张立勇所倡导的足疗产业,在逻辑上无法自圆其说,在证据上也不充足。

足疗作为服务行业中的一种,在本质上和茶馆、咖啡厅是一样的,无所谓道德不道德之分。有人可以搞咖啡厅连锁经营大赚其钱,张立勇为什么就不能把足疗当作支柱产业呢? 在反对者看来,是不是为了维护地方经济发展的"道德纯洁性",可以无视咸阳大量下岗工人无事可做的痛苦? 如果这样,这和"饿死事小,失节事大"的封建残余又有什么区别呢?

当然,这样论述,并不意味着张立勇的"支柱产业"就无可指摘。足疗能不能成为咸阳的支柱产业,已不是问题,市委书记能不能成为"足疗书记"也不是问题,问题在于:通过怎样的监管方式使"支柱产业"走上合法、健康、良性的发展之路?

作为咸阳市的一把手,张立勇明智的选择应该是:为"支柱产业"营造一个同等准入、公平竞争、监督到位的市场环境,让那些守法经营、照章纳税、服务周到、质量上乘的足疗企业壮大实力,扩大规模,而把那些想以足疗为挡箭牌搞不法经营的企业淘汰出局,形成"良币逐劣币"的竞争格局。也就是说,张立勇要让他的"支柱产业"逐渐为舆论认可,唯一的途径就是依法监管。

遗憾的是,为了给"支柱产业"保驾护航,张立勇选择了一个错误的监管模式——"公安不能随便查"。我们没有证据认为张立勇本意是为足疗行业中的色情交易充当保护伞,但他以行政强权制止公安部门依法履行职能,显然是一大败笔,客观上必然导致这样的双输局面:一些不法经营者有了"尚方宝剑",肆无忌惮地大搞色情交易,使"支柱产业"背离预期的轨道,走向违法犯罪的不归路;第二,进一步加深人们对"足疗书记"的成见,怀疑张立勇是色情交易最大的保护伞,张立勇更将处在舆论的风口浪尖,甚至为此要付出政治上的代价。

在足疗成为支柱产业的事件上,很多人都停留在道德层面争议,而忽视了真正的症结——"公安不能随便查"——这是很多地方官员惯性的治理思维,出于发展的焦虑与冲动,多快好省地以人治的方式促进当地特色经济,但他们忘了,阻碍经济发展的最大绊脚石,恰恰是他们手中的强权代替了法治,越界干预市场竞争,结果适得其反。

来源:2006 年 11 月 16 日《南方周末》,作者:修仰峰

## 需要管制吗?

在是否需要对非正规就业进行管治上,西方制度边缘化理论有专门的研究和判断。制度边缘化理论主要从制度和管理属性的差别上研究正规就业与非正规就业,他们认为,非正规部门或非正规就业产生的真正原因是制度弱化的结

果,而不是就业机会不足状况下产生的生存机制。一旦制度边界发生变化,非正规就业的生存空间也会相应发生变化。因此,国际劳工组织的贫困就业理论并不能完全、本质地揭示非正规就业或者非正规经济活动的特性。

在拉美地区的一些发展中国家,政府严格的、歧视性的行政和立法干预迫使很多企业,尤其是中小企业在法律框架以外寻求生存机会,从而使得非正规部门得以长期存在。Castells 和 Portes(1989)对发达国家非正规就业产生的原因进行了分析,他们认为,一方面,全球经济一体化使得企业组织发生了深刻的变化:垂直的、集权式的组织结构逐渐失去了效率,取而代之的是扁平式的、利用网络连结起来的平行组织结构的快速发展,在此背景下,转包合同等新的交易形式的出现使得非正规经济和非正规部门快速发展起来;另一方面,二战后,很多发达国家政府加大了对企业的管制,这种管制无形中加重了企业的经营负担,为了规避政府监管,减少税收,降低成本,很多企业采用了制度边缘化的非正规生产方式从事经营活动。由于非正规部门或者非正规经济的规模比较小、经营分散而无法纳入到国家制度框架内,因而非正规经济受到了政府的排斥或者漠视。对于非正规就业的合法性,Castells 和 Portes(1989)还认为"非正规"实际上只是一个标签,依据标签的不同定义,非正规就业所代表的内涵就不同,如果拿掉这个标签,非正规经济就与正规经济一样,在整个经济活动中具有合理性。换句话说,非正规就业与正规就业的划分往往是变动的、没有严格界限的。

此外,Portes(1989)特别指出了政府在非正规经济中所应该发挥的作用:尽管非正规就业者不管是从工资福利、工作环境还是进入壁垒上看,他们都处于市场就业的低层,从体面就业以及政府税收的角度来讲,政府的管制的确是有必要的,但有时候政府的默认对非正规就业的发展或许更为有利。因为非正规经济(就业)存在着以下三个悖论(Portes,1994):

(1)市场化与关系网络悖论:非正规经济越是脱离政府管制接近真实市场,其有效运转越是依赖于社会关系而非市场契约,非正规经济及其就业者越是依赖非正式关系网络来维持市场化运作。

(2)政府控制与个体能动悖论:国家越是试图通过制定规则和控制来消灭之,便越是提供了产生的条件,反向推动了非正规经济及其就业的发展。

(3)科学统计与政策边界悖论:政府对经济部门定义和统计的原则性越强,反而会遗漏许多特殊情形,其政策基础越薄弱。科学地设计出来的非正规经济统计指标体系在进行概念界定的同时总会创造新的边界而无法穷尽所有的经验现象。

　　一般地说来，数量庞大的外来女性自雇就业者是市场需求、制度监管和流动人口个体选择多种因素交互作用的产物，同时也与中国多年来的城市化与老龄化发展密切相关。从就业效果来看，经营性自雇就业要好于单纯劳务性就业；从工作性质来看，自雇就业人群依附于街边小店、住宅社区、餐饮及娱乐的市场需求而存在，主要为城市消费者提供劳务与休闲服务，或为正规的注册企业、非正规的无照小店提供劳务或外包服务而生存。在一般的认知中，作为城市劳动力市场中的一种重要的就业形态，一方面，外来女性自雇就业的存在与经济发展和市场需求密不可分；另一方面，她们的就业行为及其生存状态更多地依靠地缘网络、社区熟人等初级关系的支持，难以形成规范、稳定和有序的市场秩序。

## 市场化与关系网络悖论

　　关系网络的正向支持功能已经被大量的经验研究所证实，无论高端或低端劳动力市场都是适用的。但是，相对于非正式的外来女性自雇就业者而言，其关系网络除了正向支持功能和不同阶段的作用强弱的动态演变之外，还具有随着市场竞争的阶段性发展和制度环境的不确定性而出现网络变异和功能替代等特性：在刚进入自雇就业的早期阶段，分散的个体行动者面临着严重的生存压力和激烈的市场竞争，倾向于借助血缘和地缘关系网络以获得市场机会。当行业聚集规模较大和市场发展较为成熟时，由于相对狭小的社会网络，这些行动者就会在特定的市场空间里形成竞争关系。此时关系网络的支持功能逐渐被竞争关系所替代，网络内部互相熟悉的自雇就业者可能成为争夺市场的竞争对手。可见，自雇就业者的社会网络具有不同于以往理论和经验研究一贯支持的"普遍性"功能，需要结合其不同阶段的工作特征、所处的制度环境、所在行业的规模化程度与聚集程度等来考虑其功能的适用边界问题。也就是说，在不同的制度环境和行业发展阶段，关系网络的功能性质会发生较为明显的改变。

　　对于外来女性的非正规工作，关系网络特殊作用在于有助于形成一种非正式的劳动力供—培训和就业复制—繁殖的再生产体系。在美国的移民社会学研究中，有人曾以"非正式培训体系"的概念来解释族裔聚居区的技术培训与劳动力供给。非正式培训系统的关键在于店铺和服务人员都可以从这种技能获得中得到实际效用，以降低培训的投资风险以及生活的成本。其主要机制是采取关系网络和"外部性的"（非由店铺投资的）非正式方式实现求职和雇用以及对新手的技术培训以及聚集式的一起吃住（如图7-1）。在城中村的农民工自雇就业中存在着类似的情形。自雇就业者在开办店铺过程中，较多的是两夫妻一起经营，

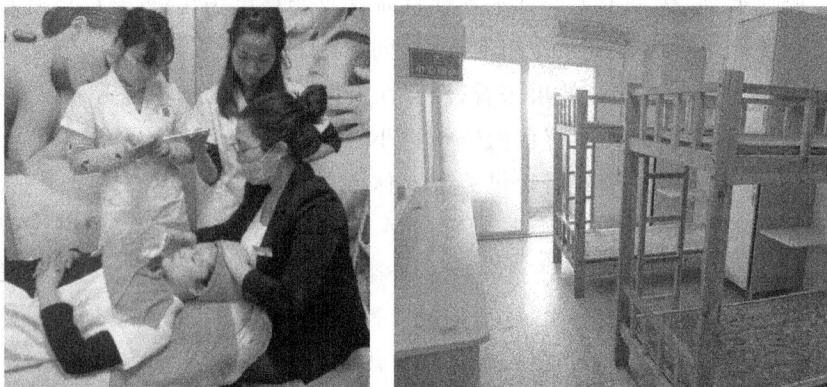

图 7-1　工作技能辅导与生活互助

或者是父子合作。但如果规模较大或者发展较好需要帮手,一般都是请子女、兄弟姐妹或其他关系较近的亲戚(如娘家兄妹、堂表兄妹、甥侄等)或关系密切的乡亲邻里来帮忙。然后,当这些帮手有了一定的(然而并不需要很多)经验和积累时,则可能在附近或另一个城中村复制一个同样的小店铺,实现第二代自雇就业。这样便完成了自雇就业的自我繁殖。因此,可以认为,在处于"同一空间内"的城乡二元结构中的劳动力市场隔离和身份隔离的背景之下,农民工自雇就业者较为封闭的乡土社会网络(以家人亲戚等强关系为主)可能有助于产生一种非正式的劳动力"供应—培训"和就业"复制—自我繁殖"的再生产体系。

总之,非正规就业外来女性的关系网络所提供的各种支持有助于她们进入城市和维持生存。这些关系网络多属于乡土性的初级关系,资源蕴涵量少,社会支持有限,更多的是基本生存和日常生活的互助,在就业、市场供需对接、融资扩张等方面帮助几乎没有。与正式就业者利用关系网络在就业支持和维权抗争中的集中性、集体性相比,非正式就业外来者的关系网络利用具有分散性和"原子化"特点,她们需要直接地、独立地面对不稳定的甚至是内部竞争的市场,对就业效果可能具有正反两方面的作用。

那么,是哪些基本因素决定了非正规就业和正规就业两类外来求职者网络特征(形态、运作模式以及作用机制)的差异?一个合理解释是:社会网络中信任度。非正规就业的外来女性寻职和工作获得主要通过个人的社会网络(有基于地缘和血缘的强关系,也有基于业缘的弱关系),但是,与正规就业依靠的社会网络不同的是,非正规就业的社会网络更隐蔽,彼此信任度更高。这与美国社会学家格兰诺维特（Mark Granovetter）的弱关系理论比较符合。格兰诺维特认为能够充当信息桥的关系必定是弱关系（互动次数少、感情较弱、亲密程度低、互惠交换少而窄）。强关系维系着群体、组织内部的关系，弱关系在群体、组织之间建立了纽带联系。通过强关系获得的信息往往重复性很高，而弱关系比强关系更能跨越其社会界限去获得信息和其他资源。之所以弱关系信任度高，是因为外来女性非正规就业的职业信息绝大多数是以某一女性自身的亲身体验作为信息真实性的背书，这种"耳听为虚，眼见为实"可以起到很好的宣传示范作用。

在 Portes"市场化悖论"中，脱离政府管制的非正规经济只是表面上接近真实的自由市场，公平竞争和自由选择的市场契约可能并不是普遍有效的规则，反而可能更多的是依赖于社会关系来控制其有效运转。在中国的城中村的实践中，非正规就业者从事的都是低层次和分散性的就业，其商品和服务供应具有规模小、边缘性、不稳定和弹性特征，又没有纳入法律、法规、政策等正式的市场体制的监管中来，难以建立制度化的（并且受到政府监管的）信用体系和市场契约。但是，非正规就业者处于一种由劳动力市场隔离、政府限制、社区出租屋的供求状况等多因素组合而成的空间夹缝之中。由于自身的弱势地位和原子化特征，随时可能被驱赶，以及陌生的、不稳定与低预期的环境，再加上其网络关系的资源数量有限，她们一方面可能借助于关系网络尤其是家庭的支持以实现最初的进入和维持基本的生存，另一方面则可能采取主动竞争和自发地形成市场契约规则（如现货、现金、现场"三现"交易）的方式，以便获得更好的就业效果，并依赖自己的技术和经验来增强竞争能力以及应付市场可能的欺诈、拒付等陷阱。也即是说，城中村的非正式就业有可能在某种程度上逐步跨越关系网络的作用而进入到自发性的市场主导之中。因而，Portes 所谓"非正规经济的有效运转更多地依赖于社会关系而不是市场契约的控制"的命题在中国城市休闲行业的外来女性非正规就业者身上不具有普遍适用性，或者说其适用性有被夸大的嫌疑。也许外来流动人口或移民的来源地和社会网络的可公开性差异正是 Portes 悖论适用性的分水岭。

从行业及内容来看，休闲被认为是与自由、选择的权利以及自治等密切相关的问题，因此，它似乎是一个私人问题，无需政府的干预。我国许多学者提出，要对普通人利用休闲的方式加以指导，经常呼吁要引导人们"文明""健康""理性""科学"地休闲，对人们的休闲活动质量十分关注。但是，究竟什么是"文明的""健康的""理性的""科学的"休闲方式，却鲜有具体确切的探讨。休闲并不是管理和控制的终结，它只是将控制和管理的权力从社会组织让渡给了个体而已。

此外,市场的有效运作需要政策和整体性与明晰度。

随着我国经济进入新常态,居民消费,尤其是其中的服务型消费受到空前重视。无论是制定和修改法律,还是出台政策文件,以文化、旅游、体育、养老等为代表的休闲领域都成为政策制定者的关注重点。2016 年以来新出台的相关政策、法规充分体现出政策制定者对城乡居民休闲需求的重视,并将其作为提升幸福感、获得感的重要途径。

不过令人遗憾的是,尽管这些政策的具体内容均覆盖或针对城乡居民的休闲需求和休闲活动,但是没有一项清晰而直接地冠以休闲之名。究其原因,大体有三个方面:一是我国社会长期以来对"休闲"一词存在偏见,对其不以为然甚至存在负面认知从而避之不及;二是考虑到相关部门的行政管理权限,政策名称和关注范围仅限于政策者本部门管辖范围内与休闲相交叉的部分;三是休闲涉及内容极为广泛,哪些活动算是休闲活动,哪些政策应该归为休闲政策,依然存在诸多争议。

人们的休闲活动范围很广,休闲供给多种多样,与休闲相关的管理部门也为数众多。包括:国家旅游局(对应人们消遣旅游活动);文化部(对应与文艺、演艺、网络游戏等有关的文化休闲活动以及涉及文物、文化遗产的休闲活动)(2018年 3 月后国家旅游局与文化部合并,组建文化和旅游部);国家体育总局(对应各种体育健身休闲活动);住房与城乡建设部(管理各类公园和风景名胜区);工业和信息化部(对应与互联网相关各种休闲活动)。此外,还有许多综合职能部门间接与人们的休闲活动相关。如国家发改委、财政部、商务部、国土资源部、环境保护部、国家工商总局、公安部、国家统计局等。

人们享有休闲的程度是一个国家(地区)生产力水平高低的标志,也是其社会文明程度的体现。早在 20 世纪 90 年代,英国学者 K. Roberts 在《现代社会中的休闲》一书中就已指出,"休闲已成为人们日常生活中的重要组成部分,也是人们生活质量的标志……休闲时间、休闲花费、人们对休闲活动的参与比例都在不断增加。人们的财富——物质的、精神的、社会的,都越来越取决于其休闲"。

随着我国社会经济的发展,休闲在社会经济中的作用日益凸显。除其显著的经济功能外,休闲对于促进个体身心健康、融洽家庭关系、增进文化交流、促进社会和谐、推动社会进步都具有不可替代的作用。因此,政府、媒体和相关主体应充分重视休闲的社会经济价值,纠正对休闲的负面理解。在公共政策的制定中,要改变目前将休闲混同在旅游、体育、文化等相关领域之中用"社会领域"等概念加以称呼的做法,给予休闲应有的正名、清晰的界定和整体的考虑。

未来要在明确国家休闲发展总体思路和顶层设计的基础上,对所有涉及休闲发展的政策进行必要的梳理,强化政策之间的衔接性。同时要对既有政策的实施效果进行全面评估。以广大民众最为关注的休假制度为例,《国民旅游休闲纲要(2013—2020)》中提出"到2020年全面推行带薪休假制度";2015年出台的《关于进一步促进旅游投资和消费的若干意见》中提出2.5天休假模式。这些政策的实施效果如何,应给予全面评估和足够重视。

## 休闲教育及相关政策的不足

目前我国休闲教育相关政策的制定并不能满足当下产业发展的需求,也明显落后于发达国家。相比休闲教育政策发展较早、发展程度更高的美国,我国休闲教育政策主要存在以下三点不足。

(1)政策主体欠缺协同性。休闲教育的发展具有很高的综合性,在我国休闲教育政策发展不完善的情况下,各政策主体合作才能使我国的休闲教育政策更加全面化和系统化。我国在休闲教育政策制定过程中主要以教育部为主,多部门合作制定的休闲教育政策很少,参与部门比较单一,更没有社会团体等社会组织的参与;而美国在政策制定时,注重政府机构与社会组织合作,联邦政府和州政府协作。

(2)政策制定缺乏数据支撑。虽然"大数据"概念在各领域被频繁使用,但我国的休闲教育政策制度显然缺乏科学合理和系统性、全国性的数据支撑。以美国为例,美国科学完善的全国性休闲数据调查的一个主要目的就是为政策制定提供科学依据。如美国公共用地基金会(the Trust for Public Land)每年都会提供一份内容全面的美国城市公园现状报告(City Park Facts Report),为政府及相关部门在制定城市休闲设施建设政策提供参考。又如,"关于公众艺术参与的调查"是全美国规模最大、可信度最高的有关美国成年人(18周岁及以上)如何参与各项艺术的调查。受美国国家艺术基金会所托,美国人口普查局自1982年以来已进行过六次该项调查,最近一次于2012年进行。该调查主要收集公众的艺术参与、文学作品阅读、通过电子媒介进行的艺术消费、艺术创作与表演、艺术学习等五方面的数据。还有美国劳工统计局所做的美国时间使用调查(American Time Use Survey),美国林业部的"游憩与环境全国调查""全国游客使用检测项目"和"全国少年儿童游憩调查",美国内务部土地管理局的"游客满意度调查",美国内务部鱼及野生动物局的"全国钓鱼、狩猎及野生动物游憩"调查,美国内务部国家公园局的"国家公园局美国公众调查",美国卫生部和公众服务部的"全国健康和营养检测调查""全国少年儿童健康调查",等等。这些长期系统全面的调查,涉及美国公众的游憩、闲暇时间、阅读、艺术欣赏、运动健身、垂钓……包括公众休闲生活和休闲行为的方方面面。这些不同休闲活动及休闲时间使用的调查,为美国制定各项休闲政策包括休闲教育政策奠定了坚实的数据基础。目前我国还没有全国性、权威性的休闲调查、统计体系,政策制定没有科学的依据和支撑。

(3)政策实施条件不完备。根据2014年12月公布的第六次全国体育场地普查结果,我国人均体育场地面积仅为1.46平方米,不足美国现有相应数值的1/10、日本的1/12。而且,教育系统所管理的体育场馆达到66.05万个,面积占全国体育场馆总面积的53.01%,其中开放率不足1/3。也就是说,实际上,人均体育场地面积会更小。人民群众有健身的需求,但是场地和公共健身设施的缺失,无疑是横亘在健身路上的拦路虎。一方面,于老城区而言,建设初期的规划不合理,仅有的健身设施面临着老化、维护不善等诸多问题;另一面,于现代城市而言,公共健身体系建设已成为城市治理新考题,尤其是在寸土寸金的当下,城市规划如何更好地让利于民,无疑考验着城市的管理者。2015年9月,文化部、体育总局、民政部、住房和城乡建设部公布《关于引导广场舞活动健康开展的通知》,对大家关心的广场舞噪声扰民、活动场地缺乏、管理不规范等问题,提出了解决的具体举措。广场舞"新规"旨在解决场地不足,确保导向正确,建立管理机制。4年过去了,广场舞场地不足问题没有得到根本改善。2019国家公务员考试时政热点还出现"广场舞扰民,必须加强治理"的问题。

(4)重视消费及服务业拉动经济,但对行业就业人员关注不足。党的十九大报告指出,要完善促进消费的体制机制,增强消费对经济发展的基础性作用。促进消费提质升级有助于满足人民对美好生活的需要,是我国以人民为中心发展理念的"显示仪"。消费是最终需求,是人民对美好生活需要的直接体现。随着居民收入稳步提升、消费产品和服务标准不断完善、监管体系逐步健全,居民消费能力和意愿将持续增强,消费结构持续优化,享受型、改善型消费需求将逐步得到释放,人民日益增长的美好生活需要将得到更好满足,从而进一步推动经济社会发展互促共进。2019年5月29日国务院常务会议部署进一步促进社区养老和家政服务业加快发展的措施,决定对养老、托幼、家政等社区家庭服务业加大税费优惠政策支持。一是加大社区养老服务设施有效供给。二是放宽准入,引导社会力量广泛参与社区养老服务。三是按规定以财政补贴等方式,支持大范围开展养老服务人员培训,扩大普通高校、职业院校这方面培养规模,加快建设素质优良的专业队伍。四是优化财政支持养老服务业发展的支出结构，相关资金更多用于支持社区养老服务。整合高龄津贴、护理补贴等，集中补贴经济困难高龄、失能老人长期照护费用。但是对于社区服务人员以及该行业实际从事的大量的非正规就业人员没有关注和提及。

### 移动互联时代将对城镇休闲空间进行重构

社交媒体时代，信息传播的新特点极大地影响着居民的行为和需求，从而重构了居民对空间的要求。信息的碎片化，线上线下活动的交互，产生了更为多元的休闲形式，便捷社交媒体鼓励人们更多的自我表达和分享，从而促进了休闲信息的快速扩散和休闲行为的流行。因此，这些有别于以往的新的休闲行为和需求对城镇休闲空间的建设提出了新的要求，重塑着中小城镇的休闲空间。

（1）引入体验业态和活动。电商和生活服务 O2O 平台简化了信息搜集和购买的流程，体验便成了居民休闲决策中的决定性因素。人们去往某地休闲的动机不再仅仅是物质产品，更在于能得到怎样的环境、氛围、互动和服务（如图 7-2）。对于公益性休闲空间而言，除了实现一些简单的基本功能，还应注重参与

图 7-2　足浴及其社交平台上的评论

感和氛围的营造,使人与空间、人与人之间产生互动,而不只是静态的场地或场馆。中小城镇的公益性休闲空间普遍体量较小,物质条件较为简单,与大城市丰富的物质条件相比具有很大不足,但是参与体验活动的设计可以极大地弥补这些物质条件的不足,从而帮助居民产生更好的休闲体验。例如,美国的很多城镇社区图书馆每周举办读书会、工作坊、亲子室等线下参与活动,加强了居民的休闲体验。对于商业性休闲空间而言,实体空间所提供的休闲购物和娱乐体验是网购无法取代的。电商的兴起虽然对实体零售业产生了强烈的冲击,但各种体验业态和一站式的商业综合体仍然大受消费者欢迎。中小城镇的商业性休闲空间一般体量较小,跨界活动和休闲生活方式的引导将大大增加居民对这些商业休闲空间的认可和需求黏性。

(2)复合空间,多样化经营。不同群体的社交需求各异,开展的休闲活动也不尽相同,城镇休闲空间也应向复合型、多元化的方向发展,通过灵活的设计,塑造功能丰富、形态有序的空间,以迎合不同形式的休闲需求。中小城镇休闲空间的经营需要整合相关产业资源,充分挖掘其功能,承办多样化的活动。例如体育馆在满足居民日常的锻炼活动和承办体育赛事的基础上,可以整合配套健身培训、体育用品销售、大型活动、展览接待、洗浴休闲、晨练等服务项目,形成以健身为中心的产业链,实现复合空间的整合化、专业化发展。

(3)公开性与社交化运营。休闲空间的经营者可通过建立自己的官方网站和自媒体账号、在用户常用的移动APP上建立入口或在网络社区中运营相关的互动话题等方式,增进与用户的互动,了解用户反馈,甚至销售产品或提供服务。中小城镇的休闲空间主要是满足本地居民的休闲需求,不需要一味追求流量和影响力,重要的是通过移动互联网跟居民联系起来,通过打动人的体验和服务融入居民的生活中。

## 服务流程规范化是休闲行业管理的方向

人们对部分休闲行业经营项目和服务内容的质疑和误解基本上是出于对相关信息不了解和误读,公开、透明和明晰化是最合适的解决方法。通过开展娱乐休闲场所经营服务规范工作,进一步规范经营行为,提高服务质量,完善服务设施,强化服务功能,提高服务质量,做到经营有规范、服务有标准、操作有程序,促进娱乐场所规范化、标准化管理,不断提升娱乐场所经营服务水平,推动文化娱乐业健康繁荣发展。

现在,标准作业流程已经在服务行业普遍推广。标准作业流程(Standard

Operation Procedure,SOP)就是将某一事件的标准操作步骤和要求以统一的格式描述出来,用来指导和规范日常的工作。SOP 的精髓,就是将细节进行量化,用更通俗的话来说,SOP 就是对某一程序中的关键控制点进行细化和量化。

比如中餐服务一般有 18 个步骤流程,其中的前三个步骤如下:

● 引宾入席:微笑迎宾,距离客人五步远时,应先点头视礼,距离约三步远时,再主动跨前招呼问候客人,对熟识的客人应以其姓附别头衔作称呼:"您好,欢迎光临! 请问您几位?"合理安排餐位。

● 拉椅让座:双手挟椅背,轻拉出,客人坐前,用膝盖轻推向前,道:请坐!

● 递巾问茶:站在客人的右侧,双手拿餐巾两角,将餐巾铺在骨碟下面。站在客人的右后方,距客人一步远,语音轻柔,面带微笑,注视客人,先生/小姐,请问您用什么茶,我们这里有为您准备的……茶。(问茶时同时铺餐巾、翻茶杯、脱筷套。)

又比如 70 分钟足浴中的一个作业流程"双脚放松",时间为 1 分钟,却包含 7 个标准作业,类似服务如图 7-3。

● 双掌握脚底,左右抖动;

● 双手握脚,内三圈,外三圈,双手叠压双脚,上压、下压;

● 用掌跟搓脚内侧;

● 用大拇指指腹点压(从足底反射区的鼻到直肠肛门);

● 用大拇指指腹揉拨两遍;

● 从小腿内侧拨经到膝盖,抖膝盖;

● 抓小腿外侧,手握脚背抖脚,再提抖。

娱乐场所一般的经营规范包括:

(1)娱乐场所应在明显位置悬挂以下经营证照:《娱乐经营许可证》《工商营业执照》《卫生许可证》《消防验收合格证》《环境噪声污染评估意见书》等。

(2)歌舞娱乐场所不得接纳未成年人;除国家法定节假日外,游艺娱乐场所设置的电子游戏机不得向未成年人提供。

(3)歌舞娱乐场所的歌曲点播系统不得与境外的曲库连接。

(4)歌舞娱乐场所播放的曲目、屏幕画面,游艺娱乐场所的电子游戏机内的游戏项目,不得含有《娱乐场所管理条例》第十三条禁止内容。

(5)娱乐场所容纳的消费者不得超过核定人数。

(6)应悬挂未成年人禁入或者限入标志和法规宣传牌。

(7)变更有关事项,应申请重新核发娱乐经营许可证。

图 7-3　足浴服务流程的规范化

（8）不得在规定的营业时间外营业。

宁波固元保健有限公司是一家集预防、保健、医疗、康复、教学、科研为一体的综合性连锁保健企业，提供中药外治疗法、火罐疗法、灸疗、针刺疗法、穴位注射疗法、钩活术、整脊疗法等特色项目。在宁波开设有 10 家分店。所提供的项目单次价格从 168 元到 349 元不等（项目可叠加）。图 7 4 为固元保健有限公司门店（一般叫固元堂）展示的服务项目与价格。服务的技师有男有女，以女性为主。技师的等级体现不同的档次和价位，但是固元堂女技师档次与服务员长相没有任何关系,主要依据技师的守法和顾客的服务评价。可见类似于足浴、按摩等服务也是可以通过服务的标准化、透明化实现运营的规范化。

图 7-4　宁波固元堂服务项目细则

其他生活服务类一般的服务规范还包括:

(1)经营场所门店标志醒目,装饰良好,外部环境整洁。

(2)经营场所内部装修良好,布局合理,照明、光线充足。

(3)有与经营场所相适应的制冷和供暖设施,温度适宜。

(4)配有消毒间及相应的消毒设施,确保各类食品、酒水、餐具、饮具干净卫生。

(5)消防设施完备有效,消防安全通道畅通,消防、应急疏散等消防标识明显,须设置应急照明设备。

(6)保证经营场所监控设备正常运行。

(7)所有专用停车场或停车位,设专人管理,保证车辆停放安全。

(8)卫生间男女分设,标志明显,有专人管理。

（9）实行明码标价，不欺客、宰客，不强买强卖。

（10）履行服务承诺，不擅自减少服务项目，不随便降低服务标准。

（11）切实加强安全管理，确保顾客人身、财产安全。依法、合理、及时处理顾客投诉。

（12）应建立从业人员名簿、营业日志。

（13）服务人员必须取得《健康证》，具有相应的业务知识和技能，通过培训后统一着装，佩戴工号牌上岗，举止端庄，态度和蔼，微笑周到服务。

# 附录1　足浴保健经营技术规范

## 1　范围

本标准规定了足浴保健经营技术规范的术语和定义、专业要求、安全要求、经营管理要求和从业人员岗位技能要求。

本标准适用于单独开设或设在其他场所内的提供足浴保健的营业场所。

## 2　规范性引用文件

下列文件中的条款通过本标准的引用而成为本标准的条款。凡是注日期的引用文件,其随后所有的修改单(不包括勘误的内容)或修订版均不适用于本标准,然而,鼓励根据本标准达成协议的各方研究是否可使用这些文件的最新版本。凡是不注日期的引用文件,其最新版本适用于本标准。

GB 5749《生活饮用水卫生标准》

GB 9665《公共浴室卫生标准》

GB 18883《国家标准室内空气质量标准》

公共娱乐场所消防安全管理规定　公安部第 39 号令〔1999〕

公共场所集中空调通风系统卫生管理办法　卫监督发〔2006〕53 号

公共场所卫生管理条例　国发〔1987〕24 号

## 3　术语和定义

下列术语和定义适用于本标准。

### 3.1　足浴保健(foot massage)

以中国传统的保健养生阴阳整体学说和神经体液调控学说为理论基础,结合现代的生物全息理论,通过热水或中药制剂等递质泡脚后,再由专业的足部按摩师施用一定的力度及有规律的手法对人体进行保健按摩,其中以人体膝关节以下为主,兼及其他相关部位为辅,形成的"保健与心理—生理—社会—自然"相适应的整体调节模式。

3.2  足浴保健店(foot massage place)

提供整洁、卫生的营业场所,运用专业的技术、方法和专业用品为消费者提供足浴保健等服务的场所。

**4  专业条件**

4.1  营业服务场所

4.1.1  足浴保健场所的面积应不小于 200㎡,席位配置不少于 20 个;社区服务性质的足浴保健店的面积应不小于 50㎡,每个席位服务区域不少于 4㎡。

4.1.2  建筑物外立面保持完好、整洁、美观。行业标志明显规范,店招、店牌等服务标志按规定设置,完好整洁。

4.1.3  房屋结构安全,墙体和楼板防水性能强,墙体牢固,室内采光,通风良好,地面平整防滑,墙壁保温。

4.1.4  各功能区应布局合理,相互间的设置比例适当。

4.1.5  足浴保健区域、房间等休息场所应当空气流通,无异味,空气主要卫生指标符合 GB9665 和 GB18883,使用集中通风空调系统的应符合《公共场所集中空调通风系统卫生管理办法》的规定,有调温设备。

4.1.6  污水排放和处理、锅炉燃烧排气、噪声以及图标等相关内容应符合政府相关管理部门的基本要求。

4.2  营业服务设施

4.2.1  经营服务设施,包括泡脚用的木桶、瓷盆、浴足器皿、保健按摩沙发、护脚巾、垫脚巾、按摩使用的消毒设施、按摩工具、修脚用具、茶具、毛巾、拖鞋、足浴保健用液等齐全完备,应当符合卫生标准;服务场所的沙发、茶几、搁脚凳牢固安全。

4.2.2  有与足浴保健区域相适应的男女卫生间、操作间、洗涤消毒操作室。

4.2.3  房间的装修设施符合有关职能部门的规定。

4.2.4  职工生活区应与经营场所分开。

4.3  服务卫生要求

4.3.1  机构及人员职责

4.3.1.1  足浴保健场所经营单位(包括个体经营者,下同)应当建立健全卫生管理制度,明确卫生主管负责人,配备专职或兼职卫生管理人员,制定完善的部门和人员岗位责任制度。足浴保健场所的法定代表人或负责人应当是该场所卫生管理的第一责任人,对场所的卫生管理负全面责任。

4.3.1.2 做好从业人员健康检查和卫生知识培训的组织安排和督促检查工作,并根据健康检查的结果,对患有《公共场所卫生管理条例》第七条规定的疾病者调离其直接为顾客服务的工作岗位。

4.3.2 卫生培训、管理制度(自检、公示)

4.3.2.1 足浴保健场所经营单位应建立卫生知识培训考核制度,定期对本单位的从业人员进行卫生知识培训和考核并做好记录。

4.3.2.2 建立公示制度。对从业人员卫生知识培训考核、自身检查及自身检测结果应当及时在足浴保健场所醒目处向顾客公示。

4.3.3 环境卫生管理

4.3.3.1 落实市容环境卫生责任区制度,做到内外环境整洁卫生、舒适,室内配有垃圾桶(箱)。

4.3.3.2 配备充足干净的清扫工具,定期做好卫生清扫工作,及时清运废弃物并统一定点处理。卫生间和装废弃物容器无病媒虫害滋生,无积水、无异味。

4.3.3.3 入口处应设有"禁止有传染性皮肤病或其他传染性疾病患者进行足浴保健"的文字或标志。

4.3.3.4 供足浴保健用的器具在每个顾客使用前必须保持清洁,使用后必须清洗、消毒,使用时应加设防渗、防破的一次性塑料袋或更科学的保护材料。

4.3.3.5 消毒设施、设备齐全,应有相应明显标记的清洗、消毒、保洁设施,足浴器皿应每次清洗、至少每周消毒一次,茶具、毛巾、拖鞋、客服、垫巾、床单等公共用具应一客一换一洗一消毒。

4.3.3.6 修脚师所使用的修脚工具必须一客一消毒,每名修脚师至少应有1套修脚刀,并提倡使用一次性修脚刀片。

4.3.3.7 供宾客足浴后的浴足水应及时处理,不得重复使用。

4.3.3.8 足浴保健场所应使用经卫生行政部门批准的、安全有效的消毒药剂和消毒器械以及其他符合要求的卫生用品。

4.3.3.9 提供的按摩膏、足浴保健用液和其他护肤品应符合国家相关规定。给顾客的饮用水水质应符合 GB5749 的要求。

4.3.3.10 使用各种器械、设施及饮水设备应符合国家有关质量和卫生标准。

4.3.3.11 卫生间应及时清洗消毒,有座式便器的应提供一次性垫圈纸。

4.3.3.12 直接为宾客服务的从业人员在服务过程中,应符合卫生要求,为每个宾客提供足浴保健服务前必须洗手清洁,并使用消毒制剂对手部进行消毒。

**5 安全要求**

5.1 对宾客在进行足浴保健服务过程中,应确保宾客的消费安全和财物安全。

5.2 消防安全条件应符合《公共娱乐场所消防安全管理规定》等消防法规要求,建筑结构应达Ⅰ级、Ⅱ级耐火等级要求。消防设施齐备完好,紧急出口畅通无阻碍,有明显标志,走廊通道畅通,应有疏散指示标志和应急照明灯。

5.3 锅炉安装使用符合相关部门有关规定。使用电热水器供水的店铺,电热水器的安装及使用必须符合安全要求。

5.4 应有齐全的供暖、保温、通风系统和供应冷热水设备,并设有明显的标志。上下水道及闸门开关等设备完善安全。

5.5 平面布局、装修材料及电器线路的铺设应符合消防规定和有关国家强制标准的规定。

5.6 消防和使用特种设备,都应有应急救援预案,并适时演练。

**6 经营管理要求**

6.1 证照齐全,并悬挂在经营场所的醒目处。

6.2 严格按照政府的有关法律、法规和行业的规定组织经营和管理,有健全的规章制度和各工种的操作程序、质量标准、服务规范。

6.3 有完善的财务制度、营业结算制度和保护宾客财物的制度。

6.4 卫生消毒设备、设施保持齐全完好,有检查和维修制度。

6.5 应明示本企业的服务项目、收费标准、营业时间和注意事项。

6.6 应急预案、事件报告:

a) 足浴保健场所应当制定预防传播传染性疾病的应急预案,当发生可能通过场所传播传染病疫情时,应按照卫生行政部门的要求启动应急预案。

b) 事故报告责任人是经营单位负责人及卫生负责人,其他人员也有义务报告。

6.7 档案管理:足浴保健场所应建立完善本单位各种管理档案。相关档案有:

a) 各类证照:包括营业执照、卫生许可证、税务登记证、消防验收合格证、从业人员健康合格证等。

b) 企业管理制度:包括培训考核制度、自身检查与检测制度、公共用品清洗消毒更换制度、禁忌制度、组织领导机构和人员岗位职责等。

c) 有关记录：包括公共用品清洗消毒更换记录、自身检查与检测记录、培训考核记录、集中空调通风系统清洗消毒记录等。

d) 有关证明：包括预防性建筑设计审核、集中空调通风系统竣工图纸、有关消毒设施、消毒药物、饮水设备、护肤品等的有效卫生许可证或卫生许可批件的复印件等。

## 7 从业人员岗位技能要求

### 7.1 人员基本要求

7.1.1 信守职业道德，遵守国家法律法规和有关规定，熟悉本行业服务程序和规范要求，坚决抵制一切不健康的行为。

7.1.2 身体健康、无传染性疾病，有良好的卫生习惯。

7.1.3 具有鉴别足部传染性皮肤病的常识。

7.1.4 能妥善处理店内一般突发事件。

7.1.5 各工种服务人员的配置应与经营项目和接待能力相适应，上岗人员应穿着整洁的工作服并佩戴标志。

7.1.6 直接从事为宾客服务的各工种服务人员应每年进行一次健康检查，并持《健康合格证》上岗。

### 7.2 经营管理人员

了解国家和行业主管部门各项相关的法律、法规和规定，规范经营。掌握企业管理、经营项目的有关专业知识及专业技术。

### 7.3 足浴保健人员资格

7.3.1 经有关部门批准认可的职业培训学校培训，培训时间不少于240标准学时。

7.3.2 上岗人员符合国家职业标准要求，具备由国家认可的发证部门核发的相应职业资格证书，持证上岗。

7.3.3 足浴保健店内提供以足浴保健为主的按摩服务项目时，从业的专业技术人员应具有国家劳动和社会保障部门核发的《足部按摩师职业资格证》。

### 7.4 足浴保健人员技能要求

7.4.1 具有一定的专业基本理论和专业基本技能；身体健康，有一定的语言表达能力或肢体表达能力；动作灵活协调，观察、理解、判断能力强；善解顾客心理。

7.4.2 具有判断宾客身体健康状况的一般能力，避免操作过程中造成意外事故发生。

7.4.3　能够掌握

a）足部反射区的分布规律和准确定位。

b）人体各部位肌肉、穴位按摩的一般按摩手法。

c）轻重适度的足部按摩力度。

d）较为合理的足部按摩选区与配区。

e）全足按摩重点加强的原则。

f）急症、慢性病症的保健按摩原则。

7.5　修脚技术人员

7.5.1　熟悉修脚的操作规程和脚病的卫生防治，掌握各类修脚刀具等设备的使用、保养与消毒方法。

7.5.2　能够运用专业技术，稳妥进行足浴保健。

# 附录2 70分钟足疗操作流程及手法简介

**上肢(14分钟)：**

1.分压手臂,从肘关节分向肩关节和内关;

2.双手拿揉内侧;

3.双手大拇指拨三条筋;

4.用大鱼际揉内侧;

5.拿岗上肌,点肩井穴,拿外内侧,点手五里、曲池、手三里、内关、外关、合谷,用大拇指关节弯曲刮大小鱼际,五指放血,从手腕点前侧筋,拇指分内外侧筋,上下活动手腕,顺理手背并牵拉手指;

6.双手拇指搓热手心,五指挤血,大拇指点大小鱼际和劳宫穴,掌心搓热,上下扳腕关节,再压肘关节,再反压腕关节,双手握住客人腕关节,用力向上提,放松手臂,抖动放松。

**洗脚(5分钟)：**

1.双手揉大腿;

2.压气冲穴,放松;

3.分小腿,搓脚后跟内外侧,双手一上一下搓脚后跟,双手用鱼际分脚背,用食指搓脚丫,用刷子刷脚底。

**刮脚皮(5分钟)：**

先将酒精喷洒在脚上消毒,然后是刀子、锉刀等工具消毒,消毒完后,才开始刮脚皮,刮脚皮从大指开始,依次是刮脚前掌,脚心,脚跟,来回刮;

脚皮刮完后,将刮刀消毒,放入工具箱。然后用锉刀刮每个脚趾及脚丫,在做的过程中,要注意力道的控制,以免将客人指丫弄伤;用干毛巾捏脚丫并把脚擦干。

**双脚放松（1分钟）**

1. 双掌握脚底，左右抖动；

2. 双手握脚，内三圈，外三圈，双手叠压双脚，上压、下压；

3. 用掌跟搓脚内侧；

4. 用大拇指指腹点压（从足底反射区的鼻到直肠肛门）；

5. 用大拇指指腹揉拨两遍；

6. 从小腿内侧拨经到膝盖，抖膝盖；

7. 抓小腿外侧，手握脚背抖脚，再提抖。

**打火罐：**

首先把油抹在左脚肾上腺位置上用手掌搓热，先用镊子将棉花占上酒精，然后用打火机点燃棉花，放入火罐内，对准肾上腺的位子打稳，最后用毛巾包住，以免火罐掉落下来，摔坏。

注意：因刮脚与打火罐都有一定的危险性，在操作的过程中，一定要注意自己的方法，平时多加练习。

**足底（40分钟）：**

来回搓脚；向上、向下、向内、向外各自压；

敲小腿外侧、前侧；

敲脚底：由拇指向小指方向；

敲后跟：划圈似的敲；

掌心来回推脚趾，轻轻牵拉每个脚趾；

两拇指指腹搓脚心；

脚底的基本反应区从心脏（左脚）——肾上腺——肾脏——横结肠——小肠——直肠——失眠点——生殖腺——肛门——膀胱——输尿管——十二指肠——胰——胃——甲状腺——肾上腺——肾脏——心——脾——降结肠——坐骨神经——生殖腺——失眠点——直肠——小肠——横结肠——肾脏——肾上腺——肺支气管——斜方肌；

从脚趾开始：颈——眼——耳——鼻子——三叉神经——小脑（脑干）——大脑——脑垂体——额窦——眼——额窦——耳——额窦；

放松脚来回搓5遍；

脚内侧：鼻子——颈椎——甲状旁腺——胸椎——腰椎——膀胱——底骨——尿道——尾骨内侧——前列腺及子宫——直肠肛门——三阴交；

脚外侧：内耳透路——肩——肘——肩胛骨——膝——尾骨外侧——生殖

腺——下腹——坐骨神经；

脚背：上颚——下颚——扁桃体——喉、气管、声带——内耳透路——腺淋巴——横隔膜——肋骨——闪腰点——胸——横隔膜——肋骨——闪腰点——上、下半身淋巴系统——腹股沟——内外髋关节——坐骨神经；

打油：先把整只脚的油抹匀，油抹之后，单手掌搓内侧、外侧，两手掌抱搓脚背，单手掌搓脚底，两手来回搓脚后跟；

用拇指指腹从膀胱推到肾上腺，再用拇指关节由肾上腺刮到膀胱；

四指弯曲用指背面旋转刮脚心；

四指弯曲，用指背向关节竖刮脚底；

拇指弯曲用拇指外侧横刮脚底内侧、外侧；

用食指、中指弯曲中心竖推脚底外侧；

拇指弯曲，用拇指外侧横刮脚底中心和竖刮脚底中心；

四指弯曲，用手指背面关节竖刮脚底；

拇指弯曲，用拇指外侧竖刮后跟，旋转刮跟部；

用拇指指腹交替推脚内侧和外侧；

用手指指腹来回横推脚底；

两手拇指弯曲，关节分八字刮脚底，再用两手拇指指腹推脚底；

拇指指腹上下推脚趾的外、前、内三侧；

拇指弯曲横刮和竖刮每个脚趾的前、内、外三侧；

拇指弯曲，外关节上下刮脚趾前侧和内外刮颈窝；

用拇指来回搓脚丫；

牵拉每个脚趾；

手指伸直掌心向上用食指外侧边沿来回推脚趾跟部；

用掌心、前后、左右来回放松脚趾尖；

用拇指指腹上、下各推脚内、外侧，来回搓脚内、外侧，两手推脚内、外侧绕髋关节；

用拇指指腹来回竖推、横推脚背；

用拇指指腹拨脚背三条筋，再来回横推脚背，腹股沟揉；

绕圈推内、外髋关节，两手来回脚后跟部；

手指弯曲来回刮脚背内、外侧，前侧；

用拇指弯曲来回刮脚背，顺理脚背；

把脚内、外、脚背、脚底各自搓，来回拍打脚背，用实心敲脚背；

用两手拇指指腹由上向下推脚底,用掌心推脚底,来回敲脚底;

擦油,把油擦干净之后,再次放松和第一次一样,上下抖动腿。脚底拔罐;

打水清脚,并用热毛巾敷脚。

下肢(10分钟):

1.拿揉内、外、前侧三条筋,点大腿前侧筋两遍(从气冲穴点到膝盖),再分揉腿前侧筋,再点大腿外侧——梁丘-足三里;

2.分膝盖两遍和膝周边穴位(阴陵泉,期眼,曲泉),再点血海;

3.拿小腿内外两条筋,搓揉内外两条筋,四指分小腿后侧筋,点四点,抱揉内外侧肌肉,挤揉,放松;

4.双手拇指点大腿后侧筋,四指分大腿前侧筋,双手拇指点内外侧两条筋,抱揉大腿肌肉,搓揉(内外上下),敲四下,将客人膝关节弯曲向内,双手分压内前侧肌肉,拇指分拨揉前两条筋,掌揉小腿内侧筋,分压膝关节,活动膝关节内外,向下压脚,向内外压;

5.将脚横放于膝盖下压,在向下压小腿,再将脚竖放于膝盖,侧板腰,再将腿拉直,放松。

背部(30分钟):

1.双手交叉分压背部两边,再分压大椎到尾椎,双手揉膀胱筋一边;

2.双手拇指拨两遍肩胛骨,再拨、点筋;

3.肘拨膀胱筋一边,再用肘点两边膀胱筋;肘揉两边膀胱经

4.拿岗上肌,点岗上肌,点肩胛骨周边,再点天宗穴;

5.分点肋骨两边,到腰部,拇指单拨腰段,再点肾俞、腰眼、腰俞;

6.单掌揉腰部左右,双手大鱼际挤揉腰部肌肉,推拨腰部;

7.双手分压腰段,双掌推压腰部,并抖动腰段。

后下肢:

1掌揉尾椎,掌揉环跳,肘点环跳,双手拿后下肢内侧,分压、揉前侧,双手拍打前侧;

2.双手揉左右腿前侧,用拇指点承扶、阴门、委中、承山、昆仑、涌泉,双手抖动后下肢。

跪背:

1.双膝从委中开始,点揉,再点揉阴门和承扶,双膝滑到环跳,点揉;

2.双膝滑到腰部,分压腰部;

3.双膝点两边膀胱筋到大椎,双膝分压肩胛骨到手臂;

4.双膝点揉天宗穴,双膝同时由上至下滑到腰部,再用单膝点拨两边膀胱经,再来回推滑。

5.用双膝压两遍膀胱筋;

6.双膝滑到阴门穴,用双手将客人双手对拉,用力向后将客人拉起,活动踝关节左右,上下左右,敲足底;

7.用左脚踩住客人尾椎,双手与客人双手对拉,用力向后将客人拉起;

8.左脚不动,左手拉住客人左手,右手将客人右脚提起,同时用力向上提客人;

9.右脚不动,右手拉住客人右手,左手将客人左脚提起,同时用力向上提客人;

10.让客人双手抱头,双手从客人腋下穿向客人手腕处,用力向后将客人提起;

11.双脚踩在客人承扶穴上,让客人脚背靠住自己膝盖处,用力向下压,双手同时点压客人背部,压膝关节;

12.左手压住客人腰部,右手抱起客人左腿,内外旋转,手用力向上将客人左腿提起;

13.右手压住客人腰部,左手抱起客人左腿,内外旋转,左手用力向上将客人右腿提起;

14.双手掌揉后下肢,将膝关节直压、交叉压,右手压住脚背,左手用力向上扳膝关节;

15.双手掌揉后下肢,将膝关节直压、交叉压,左手压住脚背,右手用力向上扳膝关节,双手抖动小腿和大腿肌肉;

16.放松背部和后下肢,揉敲拍。

**肩颈(3 分钟):**

双手扣在后脑,双手拇旨恰好点在风池穴位,进行点揉,由左向右。

**头部(5 分钟):**

1.放松印堂拇指指腹来回推;

2.两手拇指分印堂至太阳穴;

3.点内三圈,点外三圈、太阳穴;

4.掌揉三叉神经,掌压三叉神经;

5.点睛明,点眉头,眉中,眉尾;

6.放松前额三条线;

7. 从印堂点到百会；

8. 五指轻揉头皮；

9. 手掌蒙耳，并轻敲手背；

10. 两手压耳，轻放；

11. 点揉耳周围的穴位；

12. 从耳尖点、揉头皮到百会，并轻揉头皮；

13. 四指拨胫动脉；

14. 分胫动脉，顶膝椎；

15. 点揉风池，风府；

16. 放松头皮，轻敲整个头部。

# 附录 3　娱乐场所管理条例

《娱乐场所管理条例》是为了加强娱乐场所管理而制定的法规。2006 年 1 月 18 日国务院第 122 次常务会议通过,2006 年 1 月 29 日发布,自 2006 年 3 月 1 日起施行。根据 2016 年 2 月 6 日中华人民共和国国务院令第 666 号《国务院关于修改部分行政法规的决定》第一次修订。

## 第一章　总则

第一条　为了加强对娱乐场所的管理,保障娱乐场所的健康发展,制定本条例。

第二条　本条例所称娱乐场所,是指以营利为目的,并向公众开放、消费者自娱自乐的歌舞、游艺等场所。

第三条　县级以上人民政府文化主管部门负责对娱乐场所日常经营活动的监督管理;县级以上公安部门负责对娱乐场所消防、治安状况的监督管理。

第四条　国家机关及其工作人员不得开办娱乐场所,不得参与或者变相参与娱乐场所的经营活动。

与文化主管部门、公安部门的工作人员有夫妻关系、直系血亲关系、三代以内旁系血亲关系以及近姻亲关系的亲属,不得开办娱乐场所,不得参与或者变相参与娱乐场所的经营活动。

## 第二章　设立

第五条　有下列情形之一的人员,不得开办娱乐场所或者在娱乐场所内从业:

(一)曾犯有组织、强迫、引诱、容留、介绍卖淫罪,制作、贩卖、传播淫秽物品罪,走私、贩卖、运输、制造毒品罪,强奸罪,强制猥亵、侮辱妇女罪,赌博罪,洗钱罪,组织、领导、参加黑社会性质组织罪的;

（二）因犯罪曾被剥夺政治权利的；

（三）因吸食、注射毒品曾被强制戒毒的；

（四）因卖淫、嫖娼曾被处以行政拘留的。

第六条　外国投资者可以与中国投资者依法设立中外合资经营、中外合作经营的娱乐场所，不得设立外商独资经营的娱乐场所。

第七条　娱乐场所不得设在下列地点：

（一）居民楼、博物馆、图书馆和被核定为文物保护单位的建筑物内；

（二）居民住宅区和学校、医院、机关周围；

（三）车站、机场等人群密集的场所；

（四）建筑物地下一层以下；

（五）与危险化学品仓库毗连的区域。

娱乐场所的边界噪声，应当符合国家规定的环境噪声标准。

第八条　娱乐场所的使用面积，不得低于国务院文化主管部门规定的最低标准；设立含有电子游戏机的游艺娱乐场所，应当符合国务院文化主管部门关于总量和布局的要求。

第九条　娱乐场所申请从事娱乐场所经营活动，应当向所在地县级人民政府文化主管部门提出申请；中外合资经营、中外合作经营的娱乐场所申请从事娱乐场所经营活动，应当向所在地省、自治区、直辖市人民政府文化主管部门提出申请。

娱乐场所申请从事娱乐场所经营活动，应当提交投资人员、拟任的法定代表人和其他负责人没有本条例第五条规定情形的书面声明。申请人应当对书面声明内容的真实性负责。

受理申请的文化主管部门应当就书面声明向公安部门或者其他有关单位核查，公安部门或者其他有关单位应当予以配合；经核查属实的，文化主管部门应当依据本条例第七条、第八条的规定进行实地检查，作出决定。予以批准的，颁发娱乐经营许可证，并根据国务院文化主管部门的规定核定娱乐场所容纳的消费者数量；不予批准的，应当书面通知申请人并说明理由。

有关法律、行政法规规定需要办理消防、卫生、环境保护等审批手续的，从其规定。

第十条　文化主管部门审批娱乐场所应当举行听证。有关听证的程序，依照《中华人民共和国行政许可法》的规定执行。

第十一条　娱乐场所依法取得营业执照和相关批准文件、许可证后，应当在

15 日内向所在地县级公安部门备案。

第十二条 娱乐场所改建、扩建营业场所或者变更场地、主要设施设备、投资人员，或者变更娱乐经营许可证载明的事项的，应当向原发证机关申请重新核发娱乐经营许可证，并向公安部门备案；需要办理变更登记的，应当依法向工商行政管理部门办理变更登记。

### 第三章 经营

第十三条 国家倡导弘扬民族优秀文化，禁止娱乐场所内的娱乐活动含有下列内容：

（一）违反宪法确定的基本原则的；

（二）危害国家统一、主权或者领土完整的；

（三）危害国家安全，或者损害国家荣誉、利益的；

（四）煽动民族仇恨、民族歧视，伤害民族感情或者侵害民族风俗、习惯，破坏民族团结的；

（五）违反国家宗教政策，宣扬邪教、迷信的；

（六）宣扬淫秽、赌博、暴力以及与毒品有关的违法犯罪活动，或者教唆犯罪的；

（七）违背社会公德或者民族优秀文化传统的；

（八）侮辱、诽谤他人，侵害他人合法权益的；

（九）法律、行政法规禁止的其他内容。

第十四条 娱乐场所及其从业人员不得实施下列行为，不得为进入娱乐场所的人员实施下列行为提供条件：

（一）贩卖、提供毒品，或者组织、强迫、教唆、引诱、欺骗、容留他人吸食、注射毒品；

（二）组织、强迫、引诱、容留、介绍他人卖淫、嫖娼；

（三）制作、贩卖、传播淫秽物品；

（四）提供或者从事以营利为目的的陪侍；

（五）赌博；

（六）从事邪教、迷信活动；

（七）其他违法犯罪行为。

娱乐场所的从业人员不得吸食、注射毒品，不得卖淫、嫖娼；娱乐场所及其从业人员不得为进入娱乐场所的人员实施上述行为提供条件。

第十五条　歌舞娱乐场所应当按照国务院公安部门的规定在营业场所的出入口、主要通道安装闭路电视监控设备，并应当保证闭路电视监控设备在营业期间正常运行，不得中断。

歌舞娱乐场所应当将闭路电视监控录像资料留存30日备查，不得删改或者挪作他用。

第十六条　歌舞娱乐场所的包厢、包间内不得设置隔断，并应当安装展现室内整体环境的透明门窗。包厢、包间的门不得有内锁装置。

第十七条　营业期间，歌舞娱乐场所内亮度不得低于国家规定的标准。

第十八条　娱乐场所使用的音像制品或者电子游戏应当是依法出版、生产或者进口的产品。

歌舞娱乐场所播放的曲目和屏幕画面以及游艺娱乐场所的电子游戏机内的游戏项目，不得含有本条例第十三条禁止的内容；歌舞娱乐场所使用的歌曲点播系统不得与境外的曲库联接。

第十九条　游艺娱乐场所不得设置具有赌博功能的电子游戏机机型、机种、电路板等游戏设施设备，不得以现金或者有价证券作为奖品，不得回购奖品。

第二十条　娱乐场所的法定代表人或者主要负责人应当对娱乐场所的消防安全和其他安全负责。

娱乐场所应当确保其建筑、设施符合国家安全标准和消防技术规范，定期检查消防设施状况，并及时维护、更新。

娱乐场所应当制定安全工作方案和应急疏散预案。

第二十一条　营业期间，娱乐场所应当保证疏散通道和安全出口畅通，不得封堵、锁闭疏散通道和安全出口，不得在疏散通道和安全出口设置栅栏等影响疏散的障碍物。

娱乐场所应当在疏散通道和安全出口设置明显指示标志，不得遮挡、覆盖指示标志。

第二十二条　任何人不得非法携带枪支、弹药、管制器具或者携带爆炸性、易燃性、毒害性、放射性、腐蚀性等危险物品和传染病病原体进入娱乐场所。

迪斯科舞厅应当配备安全检查设备，对进入营业场所的人员进行安全检查。

第二十三条　歌舞娱乐场所不得接纳未成年人。除国家法定节假日外，游艺娱乐场所设置的电子游戏机不得向未成年人提供。

第二十四条　娱乐场所不得招用未成年人；招用外国人的，应当按照国家有关规定为其办理外国人就业许可证。

第二十五条　娱乐场所应当与从业人员签订文明服务责任书,并建立从业人员名簿;从业人员名簿应当包括从业人员的真实姓名、居民身份证复印件、外国人就业许可证复印件等内容。

娱乐场所应当建立营业日志,记载营业期间从业人员的工作职责、工作时间、工作地点;营业日志不得删改,并应当留存 60 日备查。

第二十六条　娱乐场所应当与保安服务企业签订保安服务合同,配备专业保安人员;不得聘用其他人员从事保安工作。

第二十七条　营业期间,娱乐场所的从业人员应当统一着工作服,佩戴工作标志并携带居民身份证或者外国人就业许可证。

从业人员应当遵守职业道德和卫生规范,诚实守信,礼貌待人,不得侵害消费者的人身和财产权利。

第二十八条　每日凌晨 2 时至上午 8 时,娱乐场所不得营业。

第二十九条　娱乐场所提供娱乐服务项目和出售商品,应当明码标价,并向消费者出示价目表;不得强迫、欺骗消费者接受服务、购买商品。

第三十条　娱乐场所应当在营业场所的大厅、包厢、包间内的显著位置悬挂含有禁毒、禁赌、禁止卖淫嫖娼等内容的警示标志、未成年人禁入或者限入标志。标志应当注明公安部门、文化主管部门的举报电话。

第三十一条　娱乐场所应当建立巡查制度,发现娱乐场所内有违法犯罪活动的,应当立即向所在地县级公安部门、县级人民政府文化主管部门报告。

### 第四章　监督管理

第三十二条　各级文化主管部门、公安部门和其他有关部门的工作人员依法履行监督检查职责时,有权进入娱乐场所。娱乐场所应当予以配合,不得拒绝、阻挠。

文化主管部门、公安部门和其他有关部门的工作人员依法履行监督检查职责时,需要查阅闭路电视监控录像资料、从业人员名簿、营业日志等资料的,娱乐场所应当及时提供。

第三十三条　文化主管部门、公安部门和其他有关部门应当记录监督检查的情况和处理结果。监督检查记录由监督检查人员签字归档。公众有权查阅监督检查记录。

第三十四条　文化主管部门、公安部门和其他有关部门应当建立娱乐场所违法行为警示记录系统;对列入警示记录的娱乐场所,应当及时向社会公布,并加大监督检查力度。

第三十五条　文化主管部门应当建立娱乐场所的经营活动信用监管制度，建立健全信用约束机制，并及时公布行政处罚信息。

第三十六条　文化主管部门、公安部门和其他有关部门应当建立相互间的信息通报制度，及时通报监督检查情况和处理结果。

第三十七条　任何单位或者个人发现娱乐场所内有违反本条例行为的，有权向文化主管部门、公安部门等有关部门举报。

文化主管部门、公安部门等有关部门接到举报，应当记录，并及时依法调查、处理；对不属于本部门职责范围的，应当及时移送有关部门。

第三十八条　上级人民政府文化主管部门、公安部门在必要时，可以依照本条例的规定调查、处理由下级人民政府文化主管部门、公安部门调查、处理的案件。

下级人民政府文化主管部门、公安部门认为案件重大、复杂的，可以请求移送上级人民政府文化主管部门、公安部门调查、处理。

第三十九条　文化主管部门、公安部门和其他有关部门及其工作人员违反本条例规定的，任何单位或者个人可以向依法有权处理的本级或者上一级机关举报。接到举报的机关应当依法及时调查、处理。

第四十条　娱乐场所行业协会应当依照章程的规定，制定行业自律规范，加强对会员经营活动的指导、监督。

## 第五章　法律责任

第四十一条　违反本条例规定，擅自从事娱乐场所经营活动的，由文化主管部门依法予以取缔；公安部门在查处治安、刑事案件时，发现擅自从事娱乐场所经营活动的，应当依法予以取缔。

第四十二条　违反本条例规定，以欺骗等不正当手段取得娱乐经营许可证的，由原发证机关撤销娱乐经营许可证。

第四十三条　娱乐场所实施本条例第十四条禁止行为的，由县级公安部门没收违法所得和非法财物，责令停业整顿3个月至6个月；情节严重的，由原发证机关吊销娱乐经营许可证，对直接负责的主管人员和其他直接责任人员处1万元以上2万元以下的罚款。

第四十四条　娱乐场所违反本条例规定，有下列情形之一的，由县级公安部门责令改正，给予警告；情节严重的，责令停业整顿1个月至3个月：

（一）照明设施、包厢、包间的设置以及门窗的使用不符合本条例规定的；

（二）未按照本条例规定安装闭路电视监控设备或者中断使用的；

（三）未按照本条例规定留存监控录像资料或者删改监控录像资料的；

（四）未按照本条例规定配备安全检查设备或者未对进入营业场所的人员进行安全检查的；

（五）未按照本条例规定配备保安人员的。

第四十五条　娱乐场所违反本条例规定，有下列情形之一的，由县级公安部门没收违法所得和非法财物，并处违法所得 2 倍以上 5 倍以下的罚款；没有违法所得或者违法所得不足 1 万元的，并处 2 万元以上 5 万元以下的罚款；情节严重的，责令停业整顿 1 个月至 3 个月：

（一）设置具有赌博功能的电子游戏机机型、机种、电路板等游戏设施设备的；

（二）以现金、有价证券作为奖品，或者回购奖品的。

第四十六条　娱乐场所指使、纵容从业人员侵害消费者人身权利的，应当依法承担民事责任，并由县级公安部门责令停业整顿 1 个月至 3 个月；造成严重后果的，由原发证机关吊销娱乐经营许可证。

第四十七条　娱乐场所取得营业执照后，未按照本条例规定向公安部门备案的，由县级公安部门责令改正，给予警告。

第四十八条　违反本条例规定，有下列情形之一的，由县级人民政府文化主管部门没收违法所得和非法财物，并处违法所得 1 倍以上 3 倍以下的罚款；没有违法所得或者违法所得不足 1 万元的，并处 1 万元以上 3 万元以下的罚款；情节严重的，责令停业整顿 1 个月至 6 个月：

（一）歌舞娱乐场所的歌曲点播系统与境外的曲库联接的；

（二）歌舞娱乐场所播放的曲目、屏幕画面或者游艺娱乐场所电子游戏机内的游戏项目含有本条例第十三条禁止内容的；

（三）歌舞娱乐场所接纳未成年人的；

（四）游艺娱乐场所设置的电子游戏机在国家法定节假日外向未成年人提供的；

（五）娱乐场所容纳的消费者超过核定人数的。

第四十九条　娱乐场所违反本条例规定，有下列情形之一的，由县级人民政府文化主管部门责令改正，给予警告；情节严重的，责令停业整顿 1 个月至 3 个月：

（一）变更有关事项，未按照本条例规定申请重新核发娱乐经营许可证的；

（二）在本条例规定的禁止营业时间内营业的；

（三）从业人员在营业期间未统一着装并佩带工作标志的。

第五十条　娱乐场所未按照本条例规定建立从业人员名簿、营业日志，或者发现违法犯罪行为未按照本条例规定报告的，由县级人民政府文化主管部门、县级公安部门依据法定职权责令改正，给予警告；情节严重的，责令停业整顿1个月至3个月。

第五十一条　娱乐场所未按照本条例规定悬挂警示标志、未成年人禁入或者限入标志的，由县级人民政府文化主管部门、县级公安部门依据法定职权责令改正，给予警告。

第五十二条　娱乐场所招用未成年人的，由劳动保障行政部门责令改正，并按照每招用一名未成年人每月处5000元罚款的标准给予处罚。

第五十三条　因擅自从事娱乐场所经营活动被依法取缔的，其投资人员和负责人终身不得投资开办娱乐场所或者担任娱乐场所的法定代表人、负责人。

娱乐场所因违反本条例规定，被吊销或者撤销娱乐经营许可证的，自被吊销或者撤销之日起，其法定代表人、负责人5年内不得担任娱乐场所的法定代表人、负责人。

娱乐场所因违反本条例规定，2年内被处以3次警告或者罚款又有违反本条例的行为应受行政处罚的，由县级人民政府文化主管部门、县级公安部门依据法定职权责令停业整顿3个月至6个月；2年内被2次责令停业整顿又有违反本条例的行为应受行政处罚的，由原发证机关吊销娱乐经营许可证。

第五十四条　娱乐场所违反有关治安管理或者消防管理法律、行政法规规定的，由公安部门依法予以处罚；构成犯罪的，依法追究刑事责任。

娱乐场所违反有关卫生、环境保护、价格、劳动等法律、行政法规规定的，由有关部门依法予以处罚；构成犯罪的，依法追究刑事责任。

娱乐场所及其从业人员与消费者发生争议的，应当依照消费者权益保护的法律规定解决；造成消费者人身、财产损害的，由娱乐场所依法予以赔偿。

第五十五条　国家机关及其工作人员开办娱乐场所，参与或者变相参与娱乐场所经营活动的，对直接负责的主管人员和其他直接责任人员依法给予撤职或者开除的行政处分。

文化主管部门、公安部门的工作人员明知其亲属开办娱乐场所或者发现其亲属参与、变相参与娱乐场所的经营活动，不予制止或者制止不力的，依法给予行政处分;情节严重的,依法给予撤职或者开除的行政处分。

第五十六条 文化主管部门、公安部门、工商行政管理部门和其他有关部门的工作人员有下列行为之一的,对直接负责的主管人员和其他直接责任人员依法给予行政处分;构成犯罪的,依法追究刑事责任:

(一)向不符合法定设立条件的单位颁发许可证、批准文件、营业执照的;

(二)不履行监督管理职责,或者发现擅自从事娱乐场所经营活动不依法取缔,或者发现违法行为不依法查处的;

(三)接到对违法行为的举报、通报后不依法查处的;

(四)利用职务之便,索取、收受他人财物或者谋取其他利益的;

(五)利用职务之便,参与、包庇违法行为,或者向有关单位、个人通风报信的;

(六)有其他滥用职权、玩忽职守、徇私舞弊行为的。

### 第六章 附则

第五十七条 本条例所称从业人员,包括娱乐场所的管理人员、服务人员、保安人员和在娱乐场所工作的其他人员。

第五十八条 本条例自 2006 年 3 月 1 日起施行。1999 年 3 月 26 日国务院发布的《娱乐场所管理条例》同时废止。

# 参考文献

[1]Alba R , Nee V . Rethinking Assimilation Theory for a New Era of Immigration [J]. International Migration Review，1997,31(4):826-874.

[2]Bianchini，Franco. Night Cultures，Night Economies[J]. Planning Practice & Research，1995,10(2):121-126.

[3]Castells,M. and Portes,A. World underneath: the origins and effects of the informal economy,in Portes,A. , Castells，M. and Benton，L. A. (Eds), The Informal Economy: Studies in Advanced and Less Developed Countries [M]. The Johns Hopkins University Press,Baltimore,MD,1989.

[4]Chen,M. Rethinking the informal economy: linkages with the formal economy and the formal regulatory environment，in Guha-Khasnobis et al (eds. ), Linking the Formal and Informal Economy: Concepts and Politics [M]. Oxford University Press，2004.

[5]C. 米歇尔·霍尔斯蒂芬·J. 佩奇. 旅游休闲地理学:环境. 地点. 空间[M]. 北京:旅游教育出版社,2007.

[6]Chatterton P , Hollands R . Urban Nightscapes[J]. Contemporary Sociology, 2004,33(6):693-694.

[7]E. S. Lee. A Theory of Migration[J]. Demography，1966(3):47-57.

[8]Feige,Edgar. Defining and Estimating Underground and Informal Economies: The New Institutional Economic Approach[J]. World Development 1990, 18(7):989-1002.

[9]Gagnon,J. ,T. Xenogiani and C. Xing. Are All Migrants Really Worse off in Urban Labor Markets:New Empirical Evidence from China[R]. OECD Development Centre Working Paper No. 278,2009.

[10]Garry Chick, Andrew Purrington, Careen Yarnal. Lexical and Connotative Meanings of leisure[J]. American Journal of Play,2012,4(4): 407-440.

[11]Hart, K. Informal income opportunities and urban employment in Ghana [J]. Journal of Modemrn African Studies, 1973,11, 61-89.

[12]Hemando de Soto. Poverty and property rights[M]. The Economist, 2001.

[13]Heckman, James J. Detecting Discrimination[J]. The Journal of Economic Perspectives, 1998(2):101-116.

[14]Hall C M. Tourism planning: policies, processes and relationships[M]. Harlow: Pearson Education Limited, 2005.

[15]ILO(Geneva). Employment, Income and Equity: A Strategy for Increasing Productive Employment in Kenya[R]. 1972.

[16]ILO(Geneva). Promoting Employment-Policies Skills Enterprises[R]. International Labor conference, 2004.

[17]Jansen-Verbeke M , Dietvorst A . Leisure, recreation, tourism: A geographic view on integration[J]. Annals of Tourism Research, 1987, 14 (3):361-375.

[18]Kallen H. M . Democracy versus the melting-pot: A study of American nationality[N]. http://www. expo98. msu. edu/, 1915. 2. 25.

[19]Kelly, J. , G. Godbey. the sociology of leisure[M]. State College, PA: Venture Publishing, 1992.

[20]Kraus, Rachel. I really don't do it for the spirituality: how often do belly dancers infuse artistic leisure with spiritual meaning? [J]. Implicit Religion, 2013,16:301-318.

[21]K Roberts. Leisure in contemporary society[M]. CABI, 1999.

[22]Marcouiller,D. ,V. R. de Castilla and C. Woodruff,Formal Measures of the Informal-Sector Wage Gap in Mexico,El-Salvador,and Peru[J]. Economic Development and Cultural Change,1997,45(2):367-392.

[23] Montgomery, J. The evening economy of cities. In: Lovatt, A, O' Connor, J, Montgomery, J, et al. (eds) The 24-hour City: Selected Papers from the First National Conference on the Night-time Economy[C]. Manchester: Manchester Metropolitan University,1994.

[24]Milton M. Gordon. Assimilation in American Life: The Role of Race, Religion, and National Origin[M]. New York: Oxford University Press, Social Forces, 1964.

[25]Park R . The Negro in the Reconstruction of Virginia. by A. A. Taylor; Negro Labor in the United States, 1850—1925. by Charles H. Wesley[J]. American Journal of Sociology, 1928, 33(5):832-833.

[26]Park, R. E. and Burgess, E. W. Introduction to the Science of Society [M]. University of Chicago Press, Chicago, 1921.

[27] Portes. The Informal Economy: Studies in Advanced and Less Developed Countries[M]. New York: Russell Sage Foundation,1989.

[28]Portes. The Informal Economy: Studies in Advanced and Less Developed Countries[M]. New York: Russell Sage Foundation,1989.

[29]Ravenstein E. G.. The Laws of Migration[J]. Journal of the Statistical Society of London, 1885 (2).

[30]Roerts Kennrth. Leisure in Contemporary society[M]. Wallingford, UK: CABI Pub, 1999.

[31]Ryan C . Leisure today[J]. Tourism Management, 1991,11(3):265-265.

[32]Saavedra, J., and A. Chong. Structural Reforms,Institu tions and Earnings: Evidence From the Formal and Informal Sectors in Urban Peru[J]. Journal of Development Studies, 1999,35(4):95-116.

[33]Sleightholm, D . Reviews: The Probation Volunteer ERIC STOCKDALE The Volunteer Centre[J]. Probation Journal, 1986, 33(1):30-30.

[34]Stebbins, R. A. Serious Leisure: A Conceptual Statement[J]. Pacific Sociological Review,1982,25:251-72.

[35]Stalp, Marybeth C . Negotiating Time and Space for Serious Leisure: Quilting in the Modern U. S. Home[J]. Journal of Leisure Research, 2004, 38(1):104-132.

[36]Veblen T . The Theory of the Leisure Class[M]. History of Economic Thought Books, 1899.

[37]Zabriskie, Ramon, B., McCormick, Bryan, & P. Parent and child perspectives of family leisure involvement and satisfaction with family life [J]. Journal of Leisure Research. 2003,3(35):163-189.

[38]保继刚,古诗韵.广州城市游憩商业区(RBD)的形成与发展[J].人文地理, 2002(05).

[39]白南生,何宇鹏.回乡,还是外出?——安徽四川二省农村外出劳动力回流 研究[J].社会学研究,2002(3).

[40]蔡昉.劳动力迁移的两个过程及其制度障碍[J].社会学研究,2001(4).

[41]陈涛,陈池波.人口外流背景下县域城镇化与农村人口空心化耦合评价研究 [J].农业经济问题,2017(4).

[42]陈丙欣,叶裕民.中国流动人口的主要特征及对中国城市化的影响[J].城市 问题,2013(3).

[43]陈沁,宋铮.城市化将如何应对老龄化——从中国城乡人口流动到养老基金 平衡的视角[J].金融研究,2013(6).

[44]第十五届国际劳工统计大会报告[R].引自 http://www.ilo.org.

[45]黛安娜·马尔卡希.零工经济:推动社会变革的引擎[M].陈桂芳,译.北京: 中信出版社,2017.

[46]段成荣.关于当前人口流动和人口流动研究的几个问题[J].人口研究,1999(2).

[47]邓伟志.生活的觉醒:漫话生活方式[M].上海:上海人民出版社,1985.

[48]非正规部门的困境·局长报告[R].日内瓦,1991.

[49]方文超.进城民工与非正规就业研究[D].杭州:浙江大学,2004.

[50]风笑天."落地生根"?——三峡农村移民的社会适应[J].社会学研究,2004(5).

[51]顾东东,杜海峰,刘茜.新型城镇化背景下农民工社会分层与流动现状[J]. 西北农林科技大学学报(社会科学版),2016(16):69-79.

[52]顾朝林.中国大中城市流动人口迁移规律研究[J].地理学报,1999(3).

[53]郭为,秦宇,王丽.旅游非正规就业的群体特征与行业满意度——以青岛和 烟台的旅游非正规部门调查为例[J].旅游学刊,2012,27(7).

[54]胡凤霞.农民工自雇佣就业选择研究[J].宁夏社会科学,2014(2).

[55]胡凤霞,姚先国.农民工非正规就业选择研究[J].人口与经济,2011(4).

[56]黄洋.对有偿陪侍合法化问题的探讨[D].北京:中国人民大学,2008.

[57]哈罗德·L.沃格尔(Harold L. Vogel).娱乐产业经济学:财务分析指南(第 8 版 最新版)[M].支庭荣,陈致中,译.北京:中国人民大学出版社,2013.

[58]何增科.中国社会管理体制改革路线图[M].北京:国家行政学院出版 社,2009.

[59]焦志伦.中国城市消费的空间分布与空间相关关系研究[J].经济地理,

2013,33(07).

[60]李强,唐壮.城市农民工与城市中的非正规就业[J].社会学研究,2002(6).

[61]李路路.制度转型与分层结构的变迁——阶层相对关系模式的"双重再生产"[J].中国社会科学,2002(6).

[62]李强.影响中国城乡流动人口的推力与拉力因素分析[J].中国社会科学,2003(1).

[63]李扬,殷剑峰.劳动力转移过程中的高储蓄、高投资和中国经济增长[J].经济研究,2005(2).

[64]李树茁.中国80年代的区域经济发展和人口迁移研究[J].人口与经济,1994(3).

[65]李若建.广东省乡镇人口外流状况及其对农村的影响分析[J].中国人口科学,2004(6).

[66]刘妍,李岳云.城市外来农村劳动力非正规就业的性别差异分析——以南京市为例[J].中国农村经济,2007(12).

[67]刘程.流动人口的永久迁移意愿及其决定机制[J].华南农业大学学报(社会科学版),2018,17(3).

[68]罗庆,李小建,杨慧敏.中国县域经济空间分布格局及其演化研究:1990年~2010年[J].经济经纬,2014,31(1).

[69]梁增贤,谢春红.旅游非正规就业:职业发展的末端还是通道[J].旅游学刊,2016,31(1).

[70]梁波,王海英.国外移民社会融入研究综述[J].甘肃行政学院学报,2010(2).

[71]楼嘉军.休闲新论[M].上海:立信会计出版社,2005.

[72]马西恒.社区建设:理论的分立与实践的贯通[J].浙江社会科学,2001(6).

[73]马惠娣.中国学术界首次聚焦休闲理论问题研究——"2002中国:休闲与社会进步学术研讨会"综述[J].自然辩证法研究,2003(2).

[74]马惠娣.休闲问题的理论探究[J].清华大学学报(哲学社会科学版),2001(6).

[75]马克·格兰诺维特(Mark Granovetter).镶嵌[M].罗家德等,译.北京:社会科学文献出版社,2015.

[76]宁光杰.自我雇佣还是成为工资获得者?——中国农村外出劳动力的就业选择和收入差异[J].管理世界,2012(7).

[77]彭华民.社会排斥概念之解析[J].中国社会工作研究,2004(1):12.

[78]齐岩兴,张晓峰.谈《娱乐场所管理条例》执行中的几个法律问题[J].公安学

刊(浙江公安高等专科学校学报),2000(1).

[79]任远,乔楠.城市流动人口社会融合的过程、测量及影响因素[J].人口研究,
2010(3).

[80]宋瑞,杰弗瑞·戈比.寻找中国的休闲——跨越太平洋的对话[M].北京:社
会科学文献出版社,2015.

[81]宋子千,蒋艳.城市居民休闲生活满意度及其影响机制:以杭州为例[J].人
文地理,2014,29(2).

[82]孙平军,丁四保.人口—经济—空间视角的东北城市化空间分异研究[J].经
济地理,2011,31(7).

[83]孙健,田明.留守家庭对外出劳动力的回流期望研究[J].北京师范大学学报
(社会科学版),2014(6).

[84]石美遐.非正规就业劳动关系研究[M].北京:中国劳动社会保障出版
社,2007.

[85]森冈孝二.过劳时代[M].北京:新星出版社,2019.

[86]谭琳,李军锋.我国非正规就业的性别特征分析[J].人口研究,2003(5).

[87]谭江蓉.乡城流动人口的收入分层与人力资本回报[J].农业经济问题,2016(2).

[88]田凯.关于农民工的城市适应性的调查分析与思考[J].社会科学研究,1995(5).

[89]童星,马西恒.“敦睦他者”与“化整为零”——城市新移民的社区融合[J].社
会学研究,2008(1).

[90]王克先.严厉的法律与弹性的执法[J].法制与社会,2011(16).

[91]王晴锋.正常的越轨者:戈夫曼论污名[J].河北学刊,2018,38(2):7.

[92]王桂新,王利民.城市外来人口社会融合研究综述[J].上海行政学院学报,
2008(6).

[93]王智勇.流动人口与经济发展——基于地级市数据的研究[J].现代城市研
究,2013(3).

[94]王晓毅.从摆动到流动:人口迁移过程中的适应[J].江苏行政学院学报,
2011(6).

[95]王秀芝、孙妍.我国城镇化进程中“迁移谜题”的解释——人力资本差异视角
[J].人口与经济,2015(3).

[96]王春光.新生代农村流动人口的社会认同与城乡融合的关系[J].社会学研
究,2001(3).

[97]王春光.农村流动人口的“半城市化”问题研究[J].社会学研究,2006(5).

[98]吴要武,蔡昉.中国城镇非正规就业:规模与特征[J].中国劳动经济学,2006,3(2).

[99]吴要武.中国城镇非正规就业问题研究[M].北京:中国社会科学出版社,2014.

[100]万向东.农民工非正式就业的进入条件和效果[J].管理世界,2008(1).

[101]万向东.农民工非正式就业研究的回顾与展望[J].中山大学学报(社会科学版),2009,49(01).

[102]魏津生.中国城市流动人口的基本概念、状况和问题[J].人口与计划生育,1999(6).

[103]魏后凯,苏红键.中国农业转移人口市民化进程研究[J].中国人口科学,2013(5).

[104]韦小丽,朱宇.流动人口居留意愿与就业特征[J].南京人口管理干部学院学报,2008(2).

[105]许杰兰,王亮.基于消费者娱乐休闲行为的RBD建设方向探讨——以长沙市为例[J].经济地理,2011,31(7).

[106]肖周燕.人口迁移势能转化的理论假说——对人口迁移推-拉理论的重释[J].人口与经济,2010(6).

[107]肖子华,徐水源,刘金伟.中国城市流动人口社会融合评估——以50个主要人口流入地城市为对象[J].人口研究,2019,43(5).

[108]杨菊华.从隔离、选择融入到融合:流动人口社会融入问题的理论思考[J].人口研究,2009,33(1).

[109]杨黎源.外来人群社会融合进程中的八大问题探讨——基于对宁波市1053位居民社会调查的分析[J].宁波大学学报(人文科学版),2007(6).

[110]杨菊华.流动人口在流入地社会融入的指标体系——基于社会融入理论的进一步研究[J].人口与经济,2010(2).

[111]杨菊华.中国流动人口的社会融入研究[J].中国社会科学,2015(2).

[112]杨菊华,等.中国流动人口的城市逐梦[M].北京:经济科学出版社出版,2018.

[113]杨云彦.劳动力流动、人力资本转移与区域政策[J].人口研究,1999(5).

[114]杨菊华.社会排斥与青年乡—城流动人口经济融入的三重弱势[J].人口研究,2012(9).

[115]杨雪,魏洪英.流动人口长期居留意愿的新特征及影响机制[J].人口研究,

2017,41(5).

[116]杨舸.流动人口与城市相对贫困:现状、风险与政策[J].经济与管理评论,2017(1).

[117]杨菊华.从隔离、选择融入到融合:流动人口社会融入问题的理论思考[J].人口研究,2009(1).

[118]曾湘泉.我国就业与失业的科学测量和实证研究[J].经济理论与经济管理,2006(6).

[119]曾永明.中国省际人口迁移的地缘效应与驱动机制:男女有别吗?[J].人口研究,2017(9).

[120]翟振武,段成荣,毕秋灵.北京市流动人口的最新状况与分析[J].人口研究,2007(3).

[121]翟振武.用新的视角研究人口发展问题——《社会性别与人口发展》评介[J].人口研究,2006(2).

[122]翟振武,段成荣,毕秋灵.北京市流动人口的最新状况与分析[J].人口研究,2007(3).

[123]张文宏,雷开春.城市新移民社会融合的结构、现状与影响因素分析[J].社会学研究,2008(5).

[124]张继焦.差序格局:从"村版"到"城市版"——以迁移者的城市就业为例[J].民族研究,2004(6).

[125]朱力.论农民工阶层的城市适应[J].江海学刊,2002(6).

[126]诸萍.流动人口社会融合现状及对策研究——以浙江省嘉兴市为例[J].南都学坛,2018,38(3).

[127]周皓.流动人口社会融合的测量及理论思考[J].人口研究,2012,36(3).